多维解读

中国梦

闫纪建 等 著

中国社会科学出版社

图书在版编目（CIP）数据

多维解读中国梦／闫纪建等著 . —北京：中国社会科学出版社，
2014. 12

ISBN 978 - 7 - 5161 - 5097 - 9

Ⅰ.①多…　Ⅱ.①闫…　Ⅲ.①社会主义建设模式—研究—中国
Ⅳ.①D616

中国版本图书馆 CIP 数据核字（2014）第 262072 号

出 版 人	赵剑英
策划编辑	郭沂纹
责任编辑	丁玉灵
责任校对	石春梅
责任印制	李寡寡

出　　版	中国社会科学出版社
社　　址	北京鼓楼西大街甲 158 号（邮编 100720）
网　　址	http://www.csspw.cn
	中文域名:中国社科网　　010 - 64070619
发 行 部	010 - 84083685
门 市 部	010 - 84029450
经　　销	新华书店及其他书店

印　　装	北京君升印刷有限公司
版　　次	2014 年 12 月第 1 版
印　　次	2014 年 12 月第 1 次印刷

开　　本	710×1000　1/16
印　　张	19.25
插　　页	2
字　　数	323 千字
定　　价	63.00 元

凡购买中国社会科学出版社图书,如有质量问题请与本社联系调换
电话:010 - 84083683

《多维解读中国梦》撰委会

前　言

　　2012 年 11 月 29 日，习近平总书记在国家博物馆参观《复兴之路》基本陈列时发表了热情洋溢、鼓舞人心的讲话，他指出："每个人都有理想和追求，都有自己的梦想。现在，大家都在讨论中国梦，我以为，实现中华民族伟大复兴，就是中华民族近代以来最伟大的梦想。"

　　梦想成就事业，梦想给人希望。中国梦，数千载传承，彰显了中华文明的从容、大器、包容、繁荣的大国气象。正是这些梦想，如普照之光，照亮了中华儿女默默前行的方向；正是这些梦想，如擂动的战鼓，激励着中华儿女勇往直前的豪情；正是这些梦想，如舒展的画卷，展现了中华儿女创造的灿烂文明。

　　纵观中国历史，我们可以看到，在波澜壮阔、风雷激荡的五千年历史长河中，中国梦的身影清晰可辨：安定，统一，幸福，是中国梦的三个关键词。在经过长期分裂、动荡之后的大一统国家初创期，人民往往憧憬着国家不再分崩离析，生活不再颠沛流离，能实现"安定梦"；在国家基本统一，仅存一隅之地尚未成为完整"金瓯"之一部时，人民最企盼能够早日统一，实现伟大国家的"统一梦"；在国家经济发展、国力强盛、欣欣向荣之时，人民自然渴望着能够长久保持这种美好生活，实现永久的"幸福梦"。

　　实现中华民族伟大复兴，这是近代以来最伟大的中国梦想。这个伟大复兴就是要让这个东方文明古国再现中华民族的历史辉煌，再创领先世界的卓越地位，再次成为世界最富强、最幸福的国家。这个梦想，凝聚了几代中国人的夙愿，是每一个中华儿女的共同期盼，体现了中华民族和中国人民的整体利益。

　　历史的发展从来不会固守千年不变的轨迹。近代中国，处于历史发展的漩涡，时代潮流把它从辉煌的文化峰顶，一下子冲到无底的深渊。曾经的泱泱大国文明之邦，沦落为西方列强肆意凌辱宰割的羔羊。为了摆脱中华民族的悲惨命运，为了洗刷中华民族身上的屈辱印记，为了砸碎中华民族身上的奴役枷锁，为了重振中华民族昔日的辉煌，不屈不挠的中华儿女，在近代百年神州大地上，演绎出一幕幕跌宕起伏的寻梦大剧，谱写了一曲曲惊天动地的探梦悲歌。

从洋务运动的"实业救国"，到维新派的"百日变法"，再到革命派的"共和梦断"，多少梦想昙花一现，多少热血付诸东流。直到中国人找到马克思主义这一科学理论，中国革命的面貌才焕然一新。在中国共产党的领导下，中国人民经过28年浴血奋战，终于赢得了民族独立和人民解放。1949年10月1日，毛泽东主席站在天安门城楼上向世界庄严宣告：中国人民从此站起来了！中国人民在通往中国梦的历程上，跨出了决定性的一步。历史不会忘记那艰苦卓绝的苦难岁月，历史更不会忘记那让人扬眉吐气的日子。

党的十一届三中全会重新拨正了中国航船前进的方向，改革开放重启了实现中华民族伟大复兴的梦想。改革开放35年来，中华女儿沿着中国特色社会主义道路，披荆斩棘，攻坚克难，推动中国经济列车高速前行，取得了举世瞩目的成就。中华儿女创造的一个个奇迹，让至今还深陷经济危机之中无法自拔的世界各国，惊叹不已。

党的十八大胜利召开，吹响了中华民族向实现伟大复兴的中国梦攀登的冲锋号。到2020年全面建成小康社会的蓝图已经绘制，到2050年建成富强民主文明和谐的社会主义现代化国家的宏伟目标已经确立。憧憬未来，豪情满怀。中国梦就是国家富强梦，民族振兴梦，人民幸福梦！经历中华儿女的奋力拼搏，不断开拓，我们实现中国梦的条件，从来没有现在这样好；我们距离中国梦的目标，从来没有现在这样近；我们眺望中国梦的前景，从来没有现在这样清晰。现在，我们对实现中国梦，比任何时候都更加自信，更加从容。

"功崇惟志，业广惟勤。"社会主义初级阶段的历史方位，决定了中国梦的实现并非一帆风顺。历史没有终点，追梦未有止境。我们不能有丝毫自满，不能有丝毫懈怠，必须再接再厉、一往无前；点滴之水，汇成江海。必须用中国精神凝聚13亿人的智慧和力量，坚定不移地走中国特色社会主义道路，发扬实干兴邦的精神，通过全面深化改革与科学发展，我们在不远的明天一定能够实现中华民族伟大复兴的中国梦。

　　与曾经风靡全球的"欧洲梦"和当今世界占主流地位的"美国梦"相比较，中国梦展现出了其独有的特质和魅力。中国梦追求的是促进世界共同发展、共同进步，建设和谐世界，这个伟大梦想不仅属于中国也属于世界。实现中国梦不仅有益于整个中华民族，而且也是全世界人民的福音，中国梦的实现定能造福于世界，造福于人类。

　　为了更好地解读中国梦，本书按照历史与逻辑、理想与现实、理论与实践相结合的原则，多维地探寻了中国梦的精神实质、中国梦内在的逻辑、中国梦实现的路径、中国梦的世界意义等内容。本书在结构上共分四编：第一编　中国梦的历程：回眸、求索、逐梦，主要从千载传承一梦间，百年屈辱寻梦急，峰回路转扬梦起三个章节论述了中国梦承载着全体中华儿女的共同向往，凝结着无数仁人志士的不懈努力。第二编　中国梦的实质：富强、振兴、幸福，主要从理论上深度地论述中国梦为什么是国家富强梦、民族振兴梦和人民幸福梦。第三编　中国梦的保障：道路、精神、力量，主要论述了实现中国梦必须走中国道路、必须弘扬中国精神，必须凝聚中国力量。第四编　中国梦的展望：考验、路径、影响，主要从面临的现实挑战入手，论述科学发展铸造中国梦，改革开放驱动中国梦，实干兴邦托起中国梦。最后，中国梦不仅仅是中国人民的梦，还具有重要的世界意义，中国梦不同于美国梦，但可以同处一个世界，相互竞争，各展风采。

《多维解读中国梦》撰委会

2014 年 6 月

目　录

第三编　中国梦的保障：道路、精神、力量

第四编　中国梦的展望：考验、路径、影响

第一编

中国梦的历程：
回眸、求索、逐梦

从古至今，每一个人，每一个民族，每一个国家，无不憧憬着美好生活，有着自己的美好梦想。作为一个既热爱生活又富有理想的伟大民族，中华民族在几千年的历史长河中，一直有着自己的不懈追求，努力实现自己的美好梦想。

　　回眸历史，我们发现中国人民在历史上曾经实现过无数的光荣梦想、创造过无数的辉煌，中国人民向来以勤劳、勇敢、友善闻名于世，中国人民自古以来都在努力追求着和平、发展、富足和幸福的中国梦。

　　历史的辉煌与近代的落后形成巨大反差，民族危亡唤醒中华民族的优秀分子开始求索复兴中国梦的道路，在列强肆意妄为、清廷腐朽不堪的多重挤压下，求索之路交替上演，最终都难逃失败之势，改造中国，重整山河，不知路在何方？

　　山重水复疑无路，柳暗花明又一村。俄国革命点燃了中国知识分子的希望，武装斗争开辟共产党人逐梦的漫长之路。镰刀斧头，第一次赋予如此崇高的信念；星星之火，开始慢慢地在神州燎原。28年艰苦卓绝的斗争，终于换得民族独立，人民解放。几多探索，几多曲折。党的十一届三中全会，重新确立实现中华民族伟大复兴的方向，多少代人追寻的中国梦在改革开放的征程中，正一步步向我们接近！

第一章

千载传承一梦间

　　千年华夏中国梦，一腔憧憬古今情。

　　千百年来，中国人民一直在寻求梦想、实现梦想。在中国的历史长河中，曾经留下无数的辉煌，它们既是当时人们梦想的实现，也是后世中国人民的光荣。中国不仅是世界四大"文明古国"之一，而且是这四大"文明古国"中唯一历史文明没有中断并绵延至今、具有强大生命力和影响力的独特文明体。无论是过去还是现在，抑或是未来，中国文明都已经对世界并将继续对整个人类做出巨大而不可替代的贡献，产生举足轻重的影响。"中国传统文明是典型的农业文明。中国的地理环境特别适合发展农业。从古至今，在中华大地上都是依靠优越的农业环境养活了大量的人口，供养着世界上数量最多的人口。正是在农业生产的基础上，传统的中国文化才得以形成和延续。中国传统文化，无论是物质的，还是精神的，都是建立在农业生产的基础上的，它们形成于农业区，也随着农业区的扩大而传播。"[①] "在西方近代文明兴起以前，中国的确是东亚乃至当时全世界最强大、最富足的国家。"[②]

　　历史，有时可以告诉我们现在和未来。

　　在中国历史上，向来以"雄汉盛唐"并称汉朝和唐朝这两个伟大的中国朝代，是因为这两个朝代都是在长期战乱后以其辉煌的成就、强盛的国力而成为中华民族引以为自豪的光荣过去，长期积淀在中华儿女的记忆中，成为激励他们不断进取、铸就中华民族新的伟大梦想的不竭动力。而

---

① 张贷年主编：《中国文化概论》，北京师范大学出版社2004年版，第21页。

② 同上书，第25页。

清朝，作为中国历史上最后一个封建王朝，也曾经拥有辉煌的历史，拥有当时世界上最多的人口和最大的经济总量，而且最终奠定了中国现代疆域的基本格局。尤其是其统一台湾的举措，在中国历史上具有特殊意义。它们都在某种意义上实现过伟大的中国梦。

因而，我们即以这三个朝代为代表，选取其中弥足珍贵的历史横断面，进行回顾和分析，以期为中华民族实现新的伟大中国梦提供启迪和精神力量。

现在，就让我们首先走入历史，从中国古代的辉煌和梦想中，汲取实现 21 世纪新中国梦的灵感和精神力量吧！

一　大风歌兮"安定梦"

安定祥和是国家和人民之福。国家四境之内和边疆之上，没有战乱，是这个国家及其人民能够过上幸福生活的最重要前提之一。

久经战乱思安定。汉王朝是中国历史上经过春秋战国时期数百年的分裂和战乱后，第一个真正实现长治久安的"大一统"封建王朝，也是在中国历史上打下了深刻烙印的伟大朝代。中华民族的主体民族——汉族，就是以这个伟大朝代的名字命名的。

汉王朝在中国历史上的特殊地位在于：经历了春秋战国时代的长期分裂和战乱后，王朝统治者吸取秦朝"二世而亡"的教训，采取一系列措施，实现并保持了中国较长时间的统一和繁荣，在政治、文化等诸多方面都给后世以极大影响。

汉王朝的创建者是汉高祖，高祖时期国力尚弱，国内和边防形势都不容乐观，因而高祖曾发出了"安得猛士兮守四方"之叹。然而，最终经过其继承人汉文帝和汉景帝的励精图治和休养生息，终于形成了秦朝以后中国古代的第一个盛世"文景之治"，为雄才大略的汉武帝时期汉王朝的国力鼎盛打下了基础。武帝统治时，国内的诸侯王问题和边境的匈奴威胁都得到解决，汉高祖"猛士守四方"的夙愿终于在数代后得到了实现。

（一）干戈扰攘盼乂安

春秋战国时期是中国历史上以分裂和混战著称的时代之一。在西周时期，周天子尚能保持"天下共主"的威权，整个国家也保持着相对稳定、安宁、统一的状态。然而，从周平王东迁、进入"东周"阶段以后，周王室的权力开始走向衰微，只保有"天下共主"的虚名，并无实际的控制天下各诸侯国的能力。在此情势下，各个诸侯国也因社会经济条件的彼此消长，出现了各大诸侯国相继而起、争夺天下"霸主"地位的局面。这种动荡不安的整体形势，在东周时期一直持续了数百年。我们必须看到，虽然一方面各国的兼并与争霸在某种程度上也促成了各个地区的民族融合。但是，另一方面，"春秋无义战"，战国时期较之春秋时期战争的"无义"程度更有过之而无不及。所以，频繁发生的各种战事、国家的分崩离析，也给广大人民和整个社会都造成了很大的苦难。在此情形下，人民渴望过上安宁的生活，有志之士也呼唤"一统"局面早日重现，国家的统一日益提上了历史日程。在长期的兼并战争之后，秦王朝终于统一了全中国。

然而，在某种意义上是顺应时代趋势统一全国的秦王朝，由于其统一手段的残酷和治理方法的不能"以民为本"，导致这个强大的王朝只是昙花一现、暴兴暴亡，仅仅持续了短短的 15 年时间，成为中国历史上第一个也是最著名的短命王朝。经过秦末农民起义洗礼的西汉王朝随后登上历史舞台。古代中国经历了数百年的混乱后，到西汉才真正实现了较长时间的统一和稳定。汉高祖刘邦，正是这一局面和汉王朝的奠基者。

公元前 202 年，刘邦即皇帝位，标志着汉王朝的正式建立。在汉高祖即位之初，汉王朝的统治并不稳固。主要问题是"异姓王"亦即各个在灭秦和楚汉战争中形成的强大军事集团的威胁。在击败项羽之后，这些异姓王由于战功卓著、实力强大，对汉朝的中央政权构成了巨大威胁，地方军事势力的各种异动或明或暗地显现，冲突不断发生。在公元前 196 年，淮南王英布（因为曾受"黥"刑，故又名"黥布"）起兵反汉。英布向来骁勇善战，反叛之后势力甚盛，面对英布咄咄逼人的攻势，刘邦不得不亲自出征。在击败英布、得胜还军途中，刘邦顺道回到了自己的故乡——沛县，把昔日的乡亲们都召集来，共同欢饮。酒酣之时，刘邦击起当时的乐器——筑，唱出了《大风歌》，同时慷慨起舞，伤怀泣下，其歌曰：

　　　大风起兮云飞扬,
　　　威加海内兮归故乡,
　　　安得猛士兮守四方![①]

　　《大风歌》虽然篇幅不长,但是却充分显现了一个伟大王朝缔造者在经历了千艰万险取得政权后,对政权能够长治久安的渴盼。在歌中,汉高祖希望能够得到"猛士"镇守四方,使自己的政权能够稳定存在,同时也是给刚刚获得喘息机会休养生息的百姓创造一个安定的生存和发展的条件。这种感慨,是一个胸有大志的王朝创建者由衷心声,也在一定程度上反映了所有久经战乱的人民对安定生活的梦想。同时,也折射出秦王朝"其兴也勃、其亡也忽"的命运,给后人尤其是汉初人士以极大刺激,使他们试图从秦朝命运中吸取经验教训,避免重蹈秦王朝的覆辙。

　　因而,《大风歌》成为中国历史上一首由开国帝王创作的著名歌曲,成为中华民族精神生活中的一个重要文化符号,成为所有渴望国家安定和长治久安者的共同心声。这种心声,至今仍有其不可磨灭的现实意义:对于一个国家而言,首先要保证"四方"能守、国家安定,这是经济发展、人民安居乐业的前提。

　　需要注意的是,汉高祖《大风歌》里的"守四方"应该不仅仅是针对当时的异姓王叛乱问题,同时也包括四方边境的安全问题尤其是匈奴的侵扰和威胁问题。而且,在国内异姓王被逐一剪除、汉朝大一统皇权日趋稳固之后,匈奴造成的边患问题,实则成为汉朝统治者"守四方"问题中最重要的方面。

　　那么,怎么才能"守"住"四方"呢?是仅仅靠武力就可以做到的吗?答案是否定的。汉高祖"白登之围"就充分说明了这一点。

　　在汉高祖刘邦建立汉朝之初,就已经面临着匈奴的强大威胁。公元前201年(汉高祖六年),异姓王韩王信在大同地区起兵反汉,联合匈奴攻打太原。为了平叛,汉高祖率领32万大军亲征,迎击匈奴。虽然在战争初期汉军告捷,但是后来在平城中了匈奴诱兵之计,刘邦及其先头部队,被围困于平城白登山长达七天七夜,和主力部队断绝了联系。后来刘邦采用陈平的计策,通过向单于的阏氏行贿,才侥幸脱险。"白登之围"表面

----

　　①　司马迁:《史记·高祖本纪》,中华书局1959年版,第390页。

上是战术上的失误或者巧合，其实是由于汉初的经济尚未恢复，国力不够强盛——因为给养供给的不足和战士的战斗力，实际上都与背后的综合经济实力息息相关。

经过"白登之围"之后，汉高祖认识到，在当时条件下想以武力手段解决与匈奴的袭扰是一时做不到的。在以后的相当一段时期里，汉朝统治者只好采取"和亲"的怀柔手段，笼络匈奴、维护边境安宁。真正要实现"守四方"的愿望，仅仅有"猛士"是不够的，还要有强大的综合国力作为后盾来支撑。要实现国力的提升，就需要较长时间的与民休息、恢复经济。这一任务的完成，是由汉高祖的几代继承人接力完成的，而"文景之治"就是汉朝人民得以休养生息、国家经济实力得以增强的政治保证。[①]

（二）休养生息国力强

"文景之治"，是指西汉文帝、景帝统治时期出现的中国古代历史上的治理"模范"时代，这一时代政治和社会稳定、经济恢复并得到很大发展，为后来雄才大略的武帝完成包括解决边患问题等一系列重大举措奠定了基础。

汉朝初年，由于连年战乱，社会经济凋敝，民生困窘。在这种情况下，汉朝统治者吸取秦朝灭亡的教训，一反"暴秦"的严刑峻法、繁苛政令、繁重徭役的做法，高祖、惠帝、吕后都致力于恢复农业生产，稳定统治秩序，收到了显著的成效。文、景二帝相继即位后，又在此基础上进一步采取了轻徭薄赋，与民休息的措施，使得国家经济得到了很大的恢复和增长，出现了社会安定、经济繁荣的局面。

文帝时大力推崇"黄老"之道治理国家，"萧规曹随"，采取了"轻徭薄赋"、"与民休息"的政策，在文帝二年（公元前178）和十二年（公元前168），政府分别两次免除一半赋税，将田赋减为很低的"三十税一"。文帝十三年还曾经全免田租。另外，不轻易用兵，尽量减少百姓服兵役、劳役的负担，以免耗损国力。作为最高统治者的文帝以身作则，大

---

① 以上汉朝初年的相关史实主要参考了白寿彝先生主编的《中国通史》（上海人民出版社，2004年版）相关章节，并作适当改写。下文"文景之治"、"贞观之治"、"开元盛世"、"康乾盛世"和"统一台湾"等处的史实亦主要依据此书并改写，不再一一注明。

力提倡节俭，这使得国家的开支大量减少，贵族和官僚多不敢奢侈无度，从而在一定程度上减轻了人民的负担。文帝还非常重视农业，曾多次下令劝课农桑，根据户口比例设置"三老"、"孝悌"、"力田"等名目的人员，给予他们赏赐，以鼓励农民讲求孝悌、重视农业生产。

景帝时基本上延续了文帝的统治政策。汉朝的生产在这种政策下，逐渐得到恢复并且迅速发展，出现了此前多年未见的稳定富裕的景象。西汉初年，大侯封国不过万家，小的五六百户；到了文景之世，流民还归田园，户口迅速繁息。列侯封国大者至三四万户，小的也户口倍增，而且比过去富实得多。农业的发展使粮价大大降低，文帝初年，粟每石十余钱至数十钱。史书上记载说府库里的钱太多了，以至于穿钱的绳子都腐朽了；粮食也太多了，以至于都变质了。可见，人民的生活水平得到了很大提升，汉王朝的综合国力和物质基础极大增强，为后来武帝征伐匈奴奠定了坚实基础。

"文景之治"是汉朝统治者顺应时代要求，采取了符合民心的各种有力措施，促进了政治进步、民生改善和经济的繁荣，从而成为秦代以后中国历史上第一个盛世。

(三) 终得猛士守四方

在经过西汉初年尤其是"文景之治"的休养生息之后，到了汉武帝时代，终于能够派出"猛士"，主动出击匈奴，基本上解决了长期困扰汉朝的边患问题，大致实现了汉高祖在近百年前的梦想——"安得猛士兮守四方"。

"白登之围"之后，迫于国家的综合实力不足以彻底击败匈奴，汉朝只好采纳了谋臣刘敬的建议，对匈奴实行怀柔性质的"和亲"政策，即把汉室宗女嫁给单于，并同时赠送一定数量的财物，还开放关市准许双方人民交易，用此换得边境的暂时安宁。之后的文帝和景帝也是沿用了"和亲"政策以休养生息。但是，匈奴并不满足于此，仍经常出兵侵扰汉朝边界、劫掠人民和财物。因而，匈奴造成的边患问题，一直是汉朝迟早要解决的重大国家安全问题。

彻底解决匈奴袭扰问题的这一天终于到来了。经过汉初到"文景之治"的休养生息、积累国力，到了汉武帝时期，汉朝的经济实力和综合国力都大大增强，改变了对匈奴的怀柔政策，从战略防御转为战略进攻，先后发动了数次战役，主动攻击和驱逐匈奴。

汉武帝在元朔二年（公元前127），首先派大将卫青驱逐匈奴势力，占领河套地区，使得匈奴失去了重要的根据地。之后，汉武帝又派卫青等人率兵击败入侵的匈奴骑兵。这些军事胜利，使得汉王朝逐渐占据了战略优势。到了公元前121年，汉武帝又派大将霍去病击败匈奴，夺取富庶的河西走廊，匈奴又失去了一个重要的根据地，其生存空间被进一步挤压。公元前119年，汉武帝又进一步派遣卫青和霍去病两人率兵，分东西两路进攻漠北的匈奴。霍去病一路追击匈奴，封狼居胥，奏凯而还；卫青则荡平了匈奴王庭。这次决定性的战事，使得匈奴势力几近崩溃，匈奴右贤王被迫率领四万余人投降汉朝。汉军则总共获俘匈奴士兵数万人，匈奴单于带领少数人逃走。这就是著名的"漠北之战"。此役给匈奴势力以近乎致命的打击，出现了"匈奴远遁，漠南无王庭"的局面。从此，匈奴只好远徙漠北并西迁。而汉朝则在战后以60万名吏卒屯田，加强防守。

总之，汉武帝时期取得了抗击匈奴战争的重大胜利，使得国家更加稳定、统一，长城内外人民过上了安定祥和的生活，为经济文化的发展创造了有利的条件，汉朝声威达到了前所未有的顶峰。至此，汉高祖"安得猛士兮守四方"的梦想基本实现。

当然，匈奴远遁避居漠北也只是为了休养生息、以利再战，并没有完全停止对汉朝的侵扰，但是已经不能构成威胁。而汉朝因人力、物资损失很大，同时还因为有其他边疆战事，也暂时停止了对匈奴的用兵。

为了彻底地解决匈奴问题，汉朝打算联合其他政权一起对付匈奴，其中包括乌桓、大月氏、乌孙和大宛等西域诸国。汉武帝两次派张骞出使西域，联络这些国家，用"和亲"和通商的方式结成反对匈奴的联盟，进一步挤压匈奴的生存空间。到了汉昭帝时期，由于匈奴骑兵仍然不断在北方边境进行袭扰，汉朝又多次出兵进击匈奴，这些战役，多以西域为主要战场。经过反复较量，汉军大获全胜，匈奴被迫放弃了西域，而汉朝则完全控制了西域，从而获得了巨大的战略缓冲空间。此后，匈奴实力大减，已经无力扰汉，汉朝边境的匈奴问题得以最终解决。

自汉高祖刘邦高歌出这一曲"大风歌"之后，"高歌大风"已经成为中国历史上渴求安定生活心声的代名词。从此之后，无数仁人志士和渴望有为的统治者，都以汉高祖这种治国安邦的情怀自许，渴盼国家安定、人民生活幸福康宁。

中华民族是一个极其爱好和平的民族，从不以袭扰和掠夺为荣。在长达数千年的历史中，中华民族一直秉承着与邻为伴、与邻为善和"和为贵"的传统，努力维护和平安定的国内外局面，反对和谴责侵略战争。

中华民族不仅过去有着强烈的"安定梦"，而且一直延续到现在。在新的历史背景下，中国人民继承了先辈们的光荣传统，正如习近平总书记所说的，中国梦的"基本内涵是实现国家富强、民族振兴、人民幸福。中华民族历来爱好和平。近代以来，中国人民蒙受了外国侵略和内部战乱的百年苦难，深知和平的宝贵，最需要在和平环境中进行国家建设，以不断改善人民生活。中国将坚定不移走和平发展道路，致力于促进开放的发展、合作的发展、共赢的发展，同时呼吁各国共同走和平发展道路。中国始终奉行防御性的国防政策，不搞军备竞赛，不对任何国家构成军事威胁。中国发展壮大，带给世界的是更多机遇而不是什么威胁。我们要实现的中国梦，不仅造福中国人民，而且造福各国人民"①。

中国共产党人及其领导的人民政权，充分继承了中国传统文化中的这种高尚情怀，向来以维护社会和国家的内政外交的安定局面为己任。特别是党的十八大以来，以习近平同志为总书记的党中央新领导集体，在涉及国家核心利益的问题上毫不含糊，坚决维护国家主权，我们对于我国固有领土钓鱼岛、南沙和西沙群岛的保护力度进一步加大，赢得了党心、民心，也得到了国际正义力量的支持和声援，为中华民族的"安定梦"书写了新的辉煌篇章。

二   盛唐气象"幸福梦"

中华民族向来乐观、善良，热爱现实生活。能够过上祥和幸福生活，是千百年来中华儿女的永恒追求。在中国历史上，曾经有过不少相对和平、稳定的时期，人民的生活比较安乐、幸福。这其中，唐朝的"贞观之治"和"开元盛世"是具有代表性的两个时期。

众所周知，唐朝是中国历史上又一个具有重要地位的封建王朝，自古以来"汉唐"往往并称，"雄汉盛唐"成为中华民族引以为自豪的话题，

①　习近平：《顺应时代前进潮流，促进世界和平发展——在莫斯科国际关系学院的演讲》（2013 年 3 月 23 日），《人民日报》2013 年 3 月 24 日第 1 版。

"唐人"也继"汉族"之后成为中国人最重要的代名词之一。在唐朝统治期间，在相隔不长的时间内，前后出现了"贞观之治"和"开元盛世"两个黄金时代，成为当时人民的幸福时光和后世念念不忘的美好记忆。人们习语中所谓的"盛唐气象"就是指这两个唐朝强大繁盛时代所体现出来的特有的和平、繁荣的气象。

盛唐气象千秋梦，人民幸福万年长。让我们走进盛唐，看一下"贞观之治"和"开元盛世"的美好图景，从而更好地建设我们现在的美好生活吧！

（一）贞观之治美名扬

唐太宗是中国历史上以英明著称的英主，其治绩一直为后世所传颂。唐太宗即位后，常读史书，对周朝和秦朝国祚长短不同的原因有深刻反思；更因目睹大隋的兴亡，所以常用隋炀帝作为反面教材，来警诫自己及下属。于是，他就从政治、经济各方面采取措施，促使国家走上富强的道路。

"贞观"是唐太宗李世民的年号（627—649），"贞观之治"是指李世民统治时期出现的太平盛世。在这一时期，唐太宗吸取隋朝灭亡的教训，以民为本，减轻徭赋，休养生息，提倡节俭，以减轻农民负担，并将隋朝创制的科举制度进一步完善，以赢得士人的拥护；在政治上，他能知人善任，重用房玄龄、杜如晦、魏征等贤臣，尤其是以虚心纳谏著称于世，政治清明。在这一系列政策下，使得贞观年间出现了非常安定的局面，经济也得到了很好的恢复，四境边防也很有成就。这是唐朝的第一个盛世，为后来的唐玄宗统治时期的开元盛世奠定了基础。

第一，唐太宗认为，解决百姓民生问题最重要，而要达此目的，统治者就要爱惜民力、与民休息、轻徭薄赋、不误民时。因此，他曾下诏停修劳民伤财的洛阳乾元殿；为了不误农时，还把太子举行冠礼的日子由二月改到十月。这充分说明唐太宗重视农业生产，吸取了隋炀帝大量征发徭役，迫使农民走投无路，从而暴动的教训。另外，他还尽量减轻农民负担，反对竭泽而渔。他还多次下诏减免赋税，竭力防止统治集团内部骄奢淫逸。所有这一切，都使得当时百姓的负担大为减轻。

第二，唐太宗还摒弃用人的畛域之见，任人唯贤。不管是哪一种政治力量，只要有德才即加以重用，反对以新旧为别，正是对各种政治力量一视同仁，广其德于天下。当唐太宗还是秦王的时候，为了加强自己的力量，就设置了文学馆十八学士，作为自己的智囊团。十八学士中的房玄龄、杜如晦等，都是唐太宗发动玄武门之变的骨干力量，可见文学馆学士都是唐太宗的亲信。但是，在他刚登上皇帝的宝座以后，武德九年（626）九月，就另设弘文馆学士代替文学馆学士，弘文馆学士不限18人，增加了原秦王集团以外的成员。而且，他对各种类型的人才还善于因才使用，并不求全责备。他对人各取其长，就能够使各类人都发挥作用。

第三，在改良政治方面，唐太宗尤其以善于纳谏著称，而成为千古流传的佳话。皇帝纳谏，是对臣下的极大尊重，臣僚必然竭力效忠皇帝。唐太宗与魏徵的关系，就是这种思想的典型，已经成为历史上的佳话。魏徵在隋末参加过瓦岗军，投唐后又为李建成的洗马，本来是唐太宗的敌对力量。但在玄武门之变以后，唐太宗非常重视他的意见，魏徵前后共谏200余事，使唐太宗非常满意。另如，唐太宗对裴矩也是这样。裴矩佐隋炀帝时虽居高位却苟合取安，但是投唐以后，则一反常态，对唐太宗的所作所为，他不同意的，敢于直言不讳的批评，极力劝阻，从而颇受唐太宗的赞赏。这都说明，纳谏是皇帝发挥臣僚作用、巩固自己地位的有效手段。君臣关系的改变关键在于君主。唐太宗在这方面是有所认识的。

第四，唐太宗对少数民族的政策，也取得了很好的效果。各少数民族只要不公开与唐对抗，就对其实行羁縻政策，以各部的酋长为都督、刺史，仍按其原来的风俗习惯、社会制度，对本族进行统治。反之，侵扰内地或对唐有严重威胁者，就用武力解决。唐初，突厥经常大兵压境，甚至进兵关中，威胁京师。贞观三年（629），唐太宗派李靖、李勣率军十多万人，分道出击突厥，消灭了东突厥，俘获颉利可汗。贞观八年（634），又遣大军进攻吐谷浑，获取全胜，解除了对河西各州的威胁。另外，还对高丽、薛延陀等也先后有过战争。但总的看来，还是以羁縻为主要策略。各族首领到了长安，都以礼相待。贞观二十一年（647），诸酋长自称"唐民"，主动臣服。唐太宗同意了他们的要求。这种和谐的气氛，正说明唐太宗民族政策的胜利。正是由于这种良好的民族关系，才出现了文成公主与松赞干布结婚的友好范例，才取得了各边疆民族和海外人士争相来唐朝学习、定居和交往乃至成为臣民的盛况。

总之，由于唐太宗从经济、政治、民族关系各方面采取积极措施，促进了经济的发展，政治的安定，民族关系的改善，使贞观初年人口稀少、灾情严重、粮价昂贵、百姓东西逐食的情况大大改观。政治上，惩治贪腐，官吏大多遵纪守法，社会秩序良好。经济方面，物产丰饶，人民衣食无忧，积蓄很多，商旅出入安全。这些现象，正是"贞观之治"的具体反映。

这是唐朝的第一个盛世，但是，"贞观之治"还是以政治清明、经济恢复为其主要特征。在唐朝历史上，更以辉煌著称的盛世，是由唐太宗的后人唐玄宗创造的"开元之治"，又称"开元盛世"。

（二）开元盛世传佳话

在"贞观之治"之后，唐朝虽有短期的混乱，但是总体上仍局限在上层的争斗上，未对唐朝社会经济的整体造成影响。到了唐玄宗开元年间（713—741），政局稳定，经济繁荣，文化昌盛，国家富强，达到了唐朝历史上的极盛时期，也是中国古代社会前所未有的盛世——"开元之治"（又称"开元盛世"）。

唐玄宗即位后，针对当时社会政治中存在的问题，采取多方面措施，以解决这些弊病。主要包括以下方面：一是采取措施集中权力，消除上层发动动乱的隐患；二是整饬吏治；三是禁绝奢靡之风。

当然，唐玄宗采取的最主要措施还是大力发展经济，主要包括：

（1）检田括户，抑制兼并。玄宗即位之前，土地兼并情况有所发展，大地主、官僚在均田制以外，大量地侵占了农民的小块土地，称为"籍外占田"。失掉土地的农民背井离乡，因而出现了大量的佃户、浮户、流民，逐渐沦为依附于大地主的"私属"，总称为客户。这样既影响了国家租庸调的正常收入，又给农业生产带来了不安定的因素。开元九年（721），玄宗任命监察御史宇文融为复田劝农使，具体主持检查土地和搜括户口事宜。这次检括土地和户口，历时四年，共括得客户80余万户，年终征得客户钱数百万贯，并括得众多的籍外田，分给贫民耕种。这一措施打击了豪强地主的兼并活动，对于增加国家赋税的收入，安定农民与发展农业生产起到了积极作用。

（2）兴修水利，发展农业。全国共兴建了56项农田水利工程，相当于有唐一代水利工程总数的20%以上。这些水利工程的建设，有利于农业生产的发展。

（3）组织垦荒，扩充屯田。唐初建置过一些屯田，规模较小。开元时有了较大的发展。屯田分为军屯与民屯两种，由屯田郎中掌管屯田政令。军屯多在边疆，"凡军州、边防镇守，转运不给，则设屯田，以益军储。诸屯分田役力，各有程数"。民屯设在内地，生产者一般是失去土地的农民。至开元末年，各道屯田共计1044屯左右，其中关内道就有258屯之多。屯田的收入也是很可观的。以开元二十五年为例，玄宗诏令各地屯田官叙功，丰歉为上下，天下屯田收谷190余万斛。按《新唐书·食货志》记载，开元盛世国家每年收租粟为1980余万斛来计算，屯田的收入约占总数的1/10。可见，玄宗实行的屯田制大大增加了国库的收入，同时还招抚了大量的流散农民，有利于农业生产的发展。

（4）大兴文治。在玄宗统治前期，社会安定，经济有了显著的发展。玄宗因此兴起了文治之风。由于玄宗的提倡与重视，经籍整理与著述都取得了可喜的成就。他还很重视科学技术的发展，开元五年，玄宗听说一行和尚学问渊博，尤其精通天文历法，即征聘他到京师。为了备顾问，特意将一行安置在皇宫光太殿内，并多次去看望他，询问治国安民之道。开元九年（721），玄宗诏令一行改造新历，以纠正旧历的失误。一行先制造了黄道游仪，以确定黄道的进退。接着，一行用它测量二十八宿与天体北极的度数。在实际测量中，发现了二十八宿的位置与古籍记载的不同，从而证明了恒星的位置是不断移动的。这比英国天文学家哈雷在1718年提出恒星自行的学说早了将近一千年。僧一行另一科学成就，是首次测量子午线的长度。而历法《大衍历》的撰成是唐代天文历法领域所取得的一项新成就。

总之，玄宗即位后励精图治，使唐朝出现了前所未有的繁荣兴盛局面，国力达到了鼎盛阶段，出现了后人歌颂不已的"开元盛世"图景。

（三）盛世长存在梦中

"白头宫女在，闲坐说玄宗。""开元盛世"一直成为后世唐朝乃至千百年来永远称颂的中国古代黄金岁月。

由于开元盛世的辉煌，加之"安史之乱"后的唐朝衰落与之对比极为鲜明，之后的唐朝文士写了不少关于开元盛世的唐诗，下面可以列举几首：

首先是"诗圣"杜甫在他的多首诗歌中表达了对盛世的"怀念"。比如，他在《历历》一诗中深情怀念说："历历开元事，分明在眼前。"①
当然，最有名的还是杜甫的《忆昔》（其二）。在诗中，诗人浓墨重彩地
描写了开元之治的盛世景象，同时也对比了"安史之乱"后的衰残，表
现了对开元盛世的怀念："忆昔开元全盛日，小邑犹藏万家室。稻米流脂
粟米白，公私仓廪俱丰实。九州道路无豺虎，远行不劳吉日出。齐纨鲁缟
车班班，男耕女桑不相失。宫中圣人奏云门，天下朋友皆胶漆。百余年间
未灾变，叔孙礼乐萧何律。"②

另有其他人的诗歌也表达了对"开元盛世"的怀念，比如苏颋曾经
在《奉和圣制过晋阳宫应制》写道："隋运与天绝，生灵厌氛昏。圣期在
宁乱，士马兴太原。立极万邦推，登庸四海尊。庆膺神武帝，业付皇曾
孙。缅慕封唐道，追惟归沛魂。诏书感先义，典礼巡旧藩。高殿彩云合，
春旗祥风翻。率西见汾水，奔北空塞垣。款曲童儿佐，依迟故老言。里颁
慈惠赏，家受复除恩。下辇崇三教，建碑当九门。孝思敦至美，亿载奉
开元。"③

"亿载奉开元"——虽不无溢美之意，但是也确实表现出"开元盛
世"在当时人们心中的美好记忆。

另外，还有韩愈的《和李司勋过连昌宫》："夹道疏槐出老根，高甍
巨桷压山原。宫前遗老来相问，今是开元几叶孙。"④

刘禹锡曾经在《三乡驿楼伏睹玄宗望女几山诗，小臣斐然有感》写
他对"开元盛世"的留恋——"唯惜当时光景促"："开元天子万事足，
唯惜当时光景促。三乡陌上望仙山，归作霓裳羽衣曲。仙心从此在瑶池，
三清八景相追随。天上忽乘白云去，世间空有秋风词。"⑤

刘禹锡的《平齐行》（二首）还描写了"开元盛世"的盛况和对恢
复往昔荣耀的企盼："开元皇帝东封时，百神受职争奔驰。千钧猛簴顺流
下，洪波涵淡浮熊罴。侍臣燕公秉文笔，玉检告天无愧词。当今睿孙承圣

①　杜甫：《杜诗详注》，（清）仇占鳌注，中华书局 1999 年版，第 1524—1525 页。

②　同上书，第 1163—1165 页。

③　中华书局编校：《全唐诗》卷 73，中华书局 1960 年版，第 796 页。

④　屈守元、常思春主编：《韩愈全集校注》，四川大学出版社 1996 年版，第 741 页。

⑤　刘禹锡：《刘禹锡集》，《刘禹锡集》整理组点校，卞孝萱校订，中华书局 1990 年版，第
316 页。

祖，岳神望幸河宗舞。青门大道属车尘，共待葳蕤翠华举。"①

当然，也有诗人表达了一些感伤，比如薛逢的《开元后乐》："莫奏开元旧乐章，乐中歌曲断人肠。邠王玉笛三更咽，虢国金车十里香。一自犬戎生蓟北，便从征战老汾阳。中原骏马搜求尽，沙苑年来草又芳。"②

由此可见，人们是多么希望美好盛世长留于世啊！这是一种非常正常的心理，因为在盛世里，人们可以过上安定、富足、有尊严的生活。

习近平总书记说："我们的人民热爱生活，期盼有更好的教育、更稳定的工作、更满意的收入、更可靠的社会保障、更高水平的医疗卫生服务、更舒适的居住条件、更优美的环境，期盼孩子们能成长得更好、工作得更好、生活得更好。人民对美好生活的向往，就是我们的奋斗目标。人世间的一切幸福都需要靠辛勤的劳动来创造。我们的责任，就是要团结带领全党全国各族人民，继续解放思想，坚持改革开放，不断解放和发展社会生产力，努力解决群众的生产生活困难，坚定不移走共同富裕的道路。"③

因而可以说，我们现在要实现中国梦，在实现人民的幸福生活这一目标上，同1000多年前在本质上是完全一致的。在党的领导下，中国人民一定会创造出超越"开元盛世"的、更大的辉煌！

三　康乾盛世"统一梦"

清朝是中国历史上最后一个大一统王朝，尽管它处于中国封建社会的末期，但是在一定时期内出现了比较繁荣稳定的局面；同时，清朝时期也进一步奠定了中国的疆域规模，尤其是清朝康熙帝统一台湾，将台湾纳入中国版图，同时设置正式的行政机构进行治理，为祖国的统一大业做出了巨大贡献。我们就以"康乾盛世"的康熙时期与"统一台湾"为视角，探讨它们对当今中国梦的启迪。

---

① 刘禹锡：《刘禹锡集》，《刘禹锡集》整理组点校，卞孝萱校订，中华书局1990年版，第327页。

② 中华书局编校：《全唐诗》卷73，中华书局1960年版，第6324页。

③ 人民网：《习近平等十八届中共中央政治局常委同中外记者见面》，2012年11月15日，http：//cpc. people. com. cn/18/n/2012/1115/c350821 – 19591246. html。

（一）励精图治国力强

"康乾盛世"，又称"康雍乾盛世"，是中国清王朝前期统治下的盛世，也是清朝高峰时期。在此期间，清朝社会稳定，经济蓬勃发展，人口增长非常迅速，疆域辽阔，清朝达到了它的鼎盛时期。康乾盛世的实际奠基者是康熙帝，康熙时期也是"康乾盛世"的前期，这一时期较之后来的乾隆时期，政治更加清明，百姓负担较轻，是更值得关注的时期。

康熙二十年（1681）平定了"三藩之乱"，清朝开始进入安定发展的轨道，标志着"康乾盛世"的开端。

民以食为天。在中国古代，农业更是立国之本。因此，农业能否恢复并发展，这直接关系到清朝统治的经济基础。清朝入关以后，即把发展农业生产提到重要位置。为了恢复和发展农业，清政府大致采取了以下几方面措施：鼓励垦荒；禁止圈地；兴修水利；改革赋税制度；蠲免钱粮。

第一，增加耕地、鼓励垦荒是提高农产品产量的物质基础。顺治年间清政府即开始鼓励垦荒耕种。当时，由于明末清初长期的战乱，大量荒芜的土地荒置而无人耕种。顺治政府竭力鼓励农民垦荒耕种，并颁布了劝惩条例，以垦荒的多寡作为考核和奖惩官吏的标准。但由于各种原因，当时的垦荒成效不大。到康熙、雍正、乾隆三朝时期，成为清前期垦荒高潮时期。康熙年间，十分重视垦荒。康熙帝调整了垦荒的"起科"（即"征税"）年限，一些地区的新垦荒地"起科"年限放宽至六年，甚至十年。这就大大调动了广大劳动人民垦荒耕种的积极性。同时，康熙政府又制定招民开垦，酌量叙用的奖励办法。对于自然条件差但荒地甚多的地区（如四川等地），康熙二十九年（1690）又明确规定流民如果就地垦荒，则国家承认其土地的所有权。康熙二十二年（1683），政府又允许河南借给垦荒之民粮谷，并免除利息。康熙三十二年（1693），又命令陕西布政使给与西安等处复业流民耕牛、农具和种子等，鼓励其垦荒耕种。康熙五十三年（1714），将甘肃境内无人耕种荒地，拨给无地耕种之人，同样发给耕牛和种子。由于清廷采取了鼓励措施，大批无地和少地的农民纷纷前往各地垦荒耕种，形成一股垦荒热潮。

在这种鼓励政策下，垦荒成就明显。康熙一朝垦荒面积是整个有清一代最多的。自康熙二十四年至雍正二年（1685—1724），其间不到40年，耕地面积骤增了116万余顷，这是一个惊人的数字，反映出康熙朝鼓励垦荒的效果是十分显著的。

第二，除鼓励垦荒，增加耕地面积，调整土地占有关系以外，康熙八年（1669）又下达了停止圈地令，并宣布将所圈占土地退回原主。

第三，兴修水利。水利是农业生产的命脉，直接关系着农业生产的发展。康熙帝亲政以后，把治理黄河的"河务"当作巩固清朝统治的重大政治任务；雍正、乾隆两朝在康熙朝兴修水利的基础上，进一步巩固水利工程，取得了明显的效果。

清初黄河、淮河经年失修，运河堵塞不畅，不断造成洪涝灾害，既影响农业生产的发展，又影响漕运的畅通。当时由于黄河下游淤塞不通，黄河水漫流南下夺淮河河道入海，黄淮合流，水势凶猛，堤决沙沉，造成安徽北部、江苏北部地区连年遭受洪涝灾害。特别是苏北的高邮、宝应、兴化、泰州、江都、山阳（今淮安）、安东（今涟水）、盐城、淮阴、宿迁等州县，由于地势低洼，每逢夏秋季节，洪水下泄，河道不畅，以致洪涝频繁。康熙十六年（1677）黄淮两岸堤坝决口几十处，苏北低洼地区的州县一片汪洋。人民的生命财产受到威胁，影响了封建统治的稳定。康熙帝意识到黄河问题对民生非常重要，必须尽快治理黄河、兴修水利。他命靳辅等大臣为河道总督，督修黄、淮和运河。靳辅延请水利专家陈潢，精心勘察、尽心筹谋，采取了一系列有效的治河措施。他们选择黄河、淮河、运河交叉的苏北淮阴一带作为治河重点。黄河、淮河、运河经过长期精心治理，基本上消除了黄河中下游各省多年的水患威胁，为江淮地区农业生产的发展创造了条件。疏通运河使南北水路交通和漕运得以畅行。促进了当时社会经济的发展。

此外，康熙时期还进行了治理永定河工程。雍正、乾隆时期主要修筑江浙沿海的海塘。永定河原名浑河，向有"小黄河"之称，由于上游水挟带大量泥沙，使河道淤塞，流向无定致下游常遭水灾，特别自卢沟桥以下"迁徙非常"，常与畿南诸水汇合，泛滥成灾，危害直隶中部和东部地区。康熙年间，自良乡起，挑修了一条长200余里的新河道，导水入海。自此浑河得以安定，易名永定河。

第四，改革赋役制度。清初的赋税制度，原分田赋和丁徭两项征收。所谓"田赋"即土地占有者每年按土地数量向封建国家缴纳一定税额，也就是土地税；"丁徭"即丁（成年男子）每年为封建国家负担一定的无偿徭役，也就是丁税。"田赋"和"丁徭"作为正赋是封建国家的主要收入。

　　直至康熙五十年（1711）以前，清朝的赋役制度，尽管屡经调整，但由于积弊已久，仍十分繁杂而混乱。既影响封建国家的财政收入，又不断地激起"民变"，若不改革，就会直接影响到清王朝统治。于是康熙五十一年（1712），决定以康熙五十年全国人丁数2462万余丁，丁银335万余两为定额，以后再增加的丁口，不再加征丁银。这一措施旨在克服农民在赋役压榨下四处流亡的严重现象，以便稳定封建国家的财政收入，但对无地或少地的人民来说，因为当时一般劳动人民丁多地少，而地主阶级田多丁少，田丁税的相对固定，就能使他们不至于为了躲避繁重的丁税而四处流亡。这为后来雍正帝时期"摊丁入亩"制度的推行奠定了基础。

　　赋役制度的一系列调整和改革，对于清前期社会经济的发展和增加封建国家的财政收入起到了一定积极作用。

　　第五，蠲免农民的赋税。所谓蠲免赋税，就是对按照规定应缴纳的赋税实行免征。清入关之初，尽管国内战争尚未结束，军费浩繁，但清朝统治者为了安定人心，仍对水旱灾情及其他原因难以完纳赋税的地区实行蠲免。康熙年间，蠲免政策普遍实行，特别在统一全国的任务基本完成以后，随着社会经济发展，国家实力增加，蠲免赋税成为常例。有时甚至对一些省份往往实行"普免"，即全部免征当年的应纳赋税钱粮，至于区域性的蠲免更为普遍。随着生产的发展，国家财政收入逐年增多，至康熙四十八年（1709）时，户部库存白银已达5000余万两，于是康熙帝决定自康熙五十年（1711）三年内在全国各省轮流全免赋税钱粮一年。据户部统计，至康熙五十年，全部蠲免"共计逾万万"。蠲免赋税的政策，尽管是从维护清朝统治出发所采取的缓和矛盾的措施，但相对于横征暴敛，巧取豪夺来说，毕竟在一定程度上减轻了农民的一些负担，使他们得以安心于生产而免遭颠沛流离之苦。因此，这一措施对清前期社会经济的恢复和发展必然起到了相当大的促进作用。

　　总之，由于上述政策的推行，清朝生产发展、国库充盈、人口增长，国力得到了很大提升。

　　康熙二十二年（1683）全国基本统一，经过广大劳动人民的辛勤努力，全国的耕地面积迅速扩大。纳税田亩数，康熙五十一年（1712）比康熙二十二年增加23%，至雍正四年（1726），则比康熙二十二年增加60%。此时耕地面积已超过明末耕地面积20.6%。耕地面积的迅速扩大，反映了农业经济的发展。

农业生产的发展，还表现在粮食产量的普遍提高以及高产作物的普遍种植。由于兴修了农田水利，并且采取了精耕细作，单位面积的产量有了明显的提高。南方的水稻产地，一般亩产二三石，多者达到亩产五六石，甚至七八石。特别是江南地区试种双季稻以后，亩产几乎提高一倍。康熙时期，在北方的京、津地区试行旱地改水田种植水稻，一些南方水稻产区的农民，到北方推广水稻种植技术。随着种稻技术的提高，北方水稻产量也不断提高。安徽农民还在高阜斜坡种植旱稻，也提高了产量。

高产作物，特别是甘薯和玉米的普遍种植和推广，以致成为我国南北方广大劳动人民的主要食粮，这是清代前期农业经济发展的一个明显的特征。经济作物种植更加广泛。清代前期的主要经济作物是棉花、烟草、茶树、甘蔗等。棉花等经济作物的广泛种植不仅丰富了人民的物质生活，更重要的是为手工业的发展提供了原料，促进了农产品的商品化。而当时国家政局稳定，全国整个农业经济稳定发展，湖广、四川等地方粮区的大批粮食，源源不断地运到江浙等地，而江浙地区的棉纺织品、丝织品、烟草等亦运往各地。这种互相依赖、互相补充局面的形成，使整个社会经济出现了一个空前繁荣的局面。

与此同时，国库充盈，康熙四十五年库存帑银 5000 余万两，雍正中增至 6000 余万两，乾隆三十年至六十年，库银长期保持在 6000 万两以上，最多时达 8000 余万两。因此，文化事业也很发达，编纂了多达79000 余卷的《四库全书》等丛书。清朝进入了人们称赞为文治武功兼备、疆域空前辽阔、社会繁荣、文化发达的"康乾盛世"时期，此时，一个强大的中国屹立于东方。

但是，对于清朝政府而言，当时的台湾还孤悬海外，被郑氏政权割据，因而，统一台湾，就成了当时清朝政府继恢复经济、发展生产之后的另一个重大历史使命。

(二) 金瓯犹缺待补全

台湾及其附属岛屿，自古以来就是中国领土，但是后来却被西方殖民者窃占。

15 世纪末 16 世纪初，西欧进入资本主义原始积累时期。欧洲各国为了积累资本，迫切要求发展海外贸易，东方世界成了重要目标。地理大发现和新航路开辟后，葡萄牙人便来到南洋群岛一带，继之首先和中国发生了关系。西班牙人和荷兰人紧随其后，亦纷纷来到东方。

万历三十二年（1604）八月，荷兰军舰驶抵澎湖，他们伐木建屋，想长期占领此地。福建地方官派人往谕，令其撤离。荷人向福建税使高寀行贿，迁延不去。福建沿海的一些私商也纷纷前往澎湖，与荷人进行贸易。明朝的一些官员力请剿除。于是总兵施德政派兵严守要塞，令材官沈有容率兵往谕，令其退兵。同时施德政下令严守海岸，断绝海上接济之路，又声言预作火攻，荷人终于离去。这次占领澎湖，前后约五个月。

天启二年（1622），荷兰派遣雷伊尔斯苏恩率舰船来华，其目的是夺占澳门或澎湖。因在澳门无机可乘，便驶往澎湖。荷兰人一面以澎湖为据点，修筑城堡，并和海寇勾结，互相接济，一面又往福建濒海地区进犯。天启三年（1623），南居益代替商周祚为福建巡抚，力主将荷人驱逐。天启四年（1624）二月，南居益遣将夺占了镇海港。南居益见荷兰人仍无退意，便令漳州和泉州发兵接应，调大兵围击。荷兰人虽武器精良，但终因寡不敌众，且补给困难，感到难以固守，遂遣使请求缓攻，最后表示愿毁城撤退。这年八月，荷兰船十三艘遁去。

荷兰人从澎湖撤走后，便占领了台湾南部，他们修筑城堡，加强防务，陆续修建了安平城（又名台湾城，荷名热兰遮城）、赤崁城（今台南，荷名普罗文查）。与此同时，他们还建学校，设医院，招民屯垦，并以此为基地，与中国、日本进行贸易。天启六年（1626），西班牙人为了与荷兰人相抗衡，侵占了台湾北部的鸡笼（基隆）和淡水。崇祯十五年（1642）荷兰人驱逐了西班牙人，将台湾全部占为己有。荷兰人进入台湾是在明天启四年（1624），他们先侵占台湾南部，后来又从西班牙殖民者手里夺取了台湾北部。在30多年的时间里，台湾人民不断进行着反对荷兰殖民者的斗争。

对于殖民者的侵占，抗清志士、民族英雄郑成功一边坚持抗清斗争，一边驱逐了荷兰殖民者，收复台湾。顺治十六年（1659），郑成功自任招讨大元帅，以张煌言为监军，联合北伐，但是被清军击败，郑成功退回福建，决定攻取在荷兰殖民者统治下的台湾岛，作为反清的根据地。顺治十八年（1661），郑成功率领舰队，渡过海峡，直驶台湾，经过几个月的战斗，终于迫使荷兰殖民者投降。郑成功在台湾创建政府，制定法律，开办教育，奖励生产，对台湾经济和文化的发展起了重要的作用。郑成功父子以台湾为根据地，又进行了 20 年的抗清斗争。郑成功收复台湾，在中华民族反对外来侵略的历史上写下光辉的一页。

但是，后来，郑成功的子孙继续割据台湾，孤悬海外，不利于多民族中央集权国家的巩固和统一。因此，统一台湾势在必行。

康熙二十年（1681），郑成功之子郑经暴死；郑经年仅 12 岁的次子郑克塽即位。此时，台湾郑氏集团内部发生长幼争立的内讧，政治日趋腐败，内部分崩离析。加之，随着全国大陆的统一，"反清复明"的口号已经失去其号召力，大陆士兵纷纷思归，郑氏集团内部人心惶惶，继续割据的局面已经很难维持。

当时，清廷内部在是否武力统一台湾问题上颇有分歧。朝廷一部分大臣认为，天下初定，主张缓征台湾。福建地方的水师提督万正色也上奏认为台湾断不可取。福建海防长官宁海将军喇哈达等也持反对态度。许多朝中大臣力主放弃武力征讨。一部分朝廷大臣还对康熙帝重用郑氏集团降将施琅不满，认为如果派施琅出征，施琅会叛变。但是，内阁大学士李光地、福建总督姚启圣、福建巡抚吴兴祚等力主乘机攻取台湾。康熙帝在经过一段犹豫之后，最后下决心攻取台湾，以"底定海疆"，实现其一统海内的鸿图。

（三）宝岛终究归版图

康熙二十年（1681）六月，康熙帝发布诏令开始统一台湾的政治和军事行动。

由于福建水师提督万正色并不主张攻取台湾，因此，内阁大学士李光地、福建总督姚启圣等极力保荐郑氏集团的降将施琅。因此，康熙帝决定再度起用施琅为福建水师提督，作为攻台主帅，委以军事大权，到福建统领军队进取台湾。施琅降清后，康熙元年（1662）曾一度出任福建水师提督，康熙四年（1665）五月，又曾率福建水师自福州的铜山（今东山）渡海攻台，至清水洋因遇风折回，所以，他对台湾海峡一带海上形势、地理环境、天文风候十分熟悉，这就为清军取胜创造了有利条件。

施琅到福建后，迅速组织起一支以原郑氏降兵及福建新练水师为主的水军，这支军队既熟悉海情，又有多年海上作战经验，同时又配备有精良大炮、行驶迅捷的战船，只待选择战机，准备渡海作战。台湾海峡尽管宽只有二三百里，但风险浪恶，气候变化无常，渡海作战仍有不少困难。施琅充分估计到各方面的困难，并从困难条件出发制定作战方案：第一，以攻取澎湖作为第一个战略目标，先取澎湖"以扼其吭"。既可作为清军可进可退的基地，又可控制制海权，封锁郑军的通道。第二，选择西南风始发季节作为渡海进兵的战机。一改过去东北风盛行时渡海的传统打法。这样既能出其不意，又使水军能抛泊海上，选择准确的进攻机会。第三，兵分三路，东西两翼配合，集中优势兵力于中路，与敌军主力决战。

郑军在侦得清军将以澎湖为第一个战略目标后，即派能攻善守的大将刘国轩率精兵 2 万余名，大小船舰 200 余艘，固守澎湖。

康熙二十二年（1683）六月十四日，施琅率领战船 300 余艘，水师 2 万余人，自铜山出海征台。第二天上午，战船即陆续到达澎湖海外。十六日曾发生小规模海战，双方各有损伤。二十二日清军分三路出击，与郑军决战，施琅亲率主力担任中路主攻。经过七八个小时激战，郑军大败。见大势已去，郑氏统治集团郑克塽、冯锡范只得上表求降；八月清军胜利进驻台湾。由于郑氏集团政治腐败，所以清廷统一台湾得到台湾各族人民的支持和拥护。可见，台湾人民是迫切希望国家统一的。

清廷尽管攻取了台湾，但在台湾问题的处理上朝野之间意见分歧，康熙帝亦处于动摇犹豫之中。朝廷和闽浙地方的不少官员主张放弃台湾，守澎湖。施琅力排众议，主张坚守台湾。他认为台湾在国防上有重要战略意义，而且经济上亦大有开发的前途。特别是他很有远见地意识到若弃而不守，西方殖民主义者必利用台湾，遗患后世。施琅恳切陈辞，阐述利害，得到大学士李蔚、工部侍郎苏拜、都察院左御史赵麟等人的赞同和支持，于是康熙帝始决定坚守台湾，在台湾设台湾府，下辖台湾、诸罗、凤山三县，隶属福建省。台湾、厦门合派一道官管辖。并派兵 8000 人驻防，设总兵一员，副将二员，澎湖亦派副将一员统兵 2000 人驻防。这样，台湾就正式重新统一于清王朝中央政府的管辖。

统一台湾，使台湾重新回到祖国统一的多民族大家庭中，这不仅对国家统一具有重要意义，对台湾的经济、文化的进一步发展也具有重要意义。后来事实证明，台湾经济、文化的进一步振兴，正是在台湾重新统一于清朝中央政权管辖之后。

现在，海峡两岸又出现了与历史相似的一幕，中华民族的统一大业也一直是党和国家的重要议题。正如党的十八大报告所说："解决台湾问题、实现祖国完全统一，是不可阻挡的历史进程。和平统一最符合包括台湾同胞在内的中华民族的根本利益。实现和平统一首先要确保两岸关系和平发展。必须坚持'和平统一、一国两制'方针，坚持发展两岸关系、推进祖国和平统一进程的八项主张，全面贯彻两岸关系和平发展重要思想，巩固和深化两岸关系和平发展的政治、经济、文化、社会基础，为和平统一创造更充分的条件。我们要始终坚持一个中国原则。大陆和台湾虽然尚未统一，但两岸同属一个中国的事实从未改变，国家领土和主权从未分割、也不容分割。两岸双方应恪守反对'台独'、坚持'九二共识'的共同立场，增进维护一个中国框架的共同认知，在此基础上求同存异。……我们坚决反对'台独'分裂图谋。中国人民绝不允许任何人任何势力以任何方式把台湾从祖国分割出去。'台独'分裂行径损害两岸同胞共同利益，必然走向彻底失败。全体中华儿女携手努力，就一定能在同心实现中华民族伟大复兴进程中完成祖国统一大业。"①

"一心中国梦，万古下泉诗。"② 南宋著名爱国诗人郑思肖的这两句诗，深沉地抒发了他至死不渝的无限爱国情怀。尽管他诗中所说的"中国"和中国梦的内涵都与今天有所不同，但是，他对祖国的炽热情怀却永远激励着我们后人一样热爱祖国，努力实现新的中国梦。

通过上文回顾历史，我们可以发现：

中国梦是深深扎根于中国历史和人民心中的、有着强大历史根据和人民基础的光辉梦想——无论是"文景之治"、"贞观之治"，还是"开元盛世"或者"康乾盛世"，都充分表明了中国人民有着追求梦想的一贯传统，有着实现梦想的无限潜力和创造性，有过曾经无比辉煌的美好过去。这些都是我们实现新的中国梦的历史动力！

中国梦是追求安定、幸福和统一的光辉梦想——无论是"文景之治"、"贞观之治"，还是"开元盛世"或者"康乾盛世"，都是要实现"安定"、"幸福"和"国家统一"三位一体的最终目标，而且，只有这

---

① 胡锦涛：《胡锦涛在中国共产党第十八次全国代表大会上的报告》，http：//cpc. people. com. cn/n/2012/1118/c64094 - 19612151 - 1. html。

② 郑思肖：《德祐二年岁旦二首》（其一），陈福康校点：《郑思肖集》，上海古籍出版社1991年版，第23页。

三者的最终实现，才是最美好的中国梦！

中国梦是有着强大生命力、必然要实现的光辉梦想——无论是"文景之治"、"贞观之治"，还是"开元盛世"或者"康乾盛世"，都是依靠着中国人民吃苦耐劳的精神、伟大创造力和爱好和平的传统；这些在历史上曾经是他们实现梦想的内在力量，在现在，在未来，都仍然是能够实现更伟大中国梦的不竭源泉！

中国梦是要依靠一个坚强的领导力量才能实现的光辉梦想——无论是"文景之治"、"贞观之治"，还是"开元盛世"或者"康乾盛世"，都要有一个坚强有力的领导力量，才能团结和领导中国人民实现他们的梦想，现在，这个使命已经义无反顾地落到了中国共产党人的肩膀上！

中国梦要以实现人民幸福为根本宗旨——海内外公认，中国文化中有一种特别重视人民幸福的传统，即"历来尊重民为贵的一种传统精神"①。这种精神，已经深入人心，并且，在中国共产党那里，得到了很好的继承和发扬。从毛泽东、邓小平、江泽民，到胡锦涛、习近平，党中央的每一代领导集体，他们的执政理念和行为，都是对这种传统的最好诠释。

中国梦有赖于海纳百川的包容和不断改革的动力才能持久——正如有的学者所论述的："文明中国崛起后，代表人民意志的中国共产党和中国政府提出实现中国梦，是时代的需要。中国历史上的强国梦以中国文化为依托，中国文化的包容性奠定了古代中国强大的基础。包容促进了民族的强盛，而唯我独尊的僵化性常常造成历史的衰败。包容与僵化两者伴生，一旦僵化占据上风，国家衰败难以避免。国强民富之中国梦，是一种责任，一种道德目标。实现中国梦，需要有包容性的文化心态，僵化保守是大忌。实现中国梦，最终还得靠发展，尤其是包容性的经济发展。"② 我们必须要坚持包容、改革的精神，坚决反对狭隘和僵化。只有这样，我们才能真正实现中国梦。

中国梦实现的物质基础是经济的繁荣和综合国力的提升——无论是"文景之治"、"贞观之治"，还是"开元盛世"或者"康乾盛世"，依靠的都是强大的经济基础和综合国力，这是实现中国梦其他方面的根本物质

---

① 黄仁宇：《放开历史的眼界》，九州出版社 2011 年版，第 200 页。

② 张劲松：《中国梦：辉煌与包容与衰败于僵化》，载《江汉论坛》2013 年第 9 期。

保障。

中国梦必然包含"国家的统一"这一主题——无论是"文景之治"、"贞观之治",还是"开元盛世"或者"康乾盛世",都要实现国土和人民的统一,这是每一个时代中国梦都毋庸置疑的题中应有之义。现在,我们要以"和平统一,一国两制"为方针,尽最大努力、在尽量短的时间内实现祖国的完全统一。

中国梦还要实现中华民族的大团结——正如有的学者所说:"中国梦就是实现中华民族的伟大复兴,中国梦的基石在中华民族的国族一体化。中国梦的主体属于中华民族的无数族中国人。"①

中国梦还要实现中华文化的伟大复兴——"毫无疑问,一个被世界各国广泛认同接受的'文明中国',将会展示中国国际形象的最具体、最亲切可感的一面,这是在经济上日益现代化的中国向世界展示自己博大浩瀚的文化蕴含、开放进取的文化品格,以及崇尚和平的文化理想的由衷愿望。"②

中国梦就是中华民族的复兴梦!

---

① 胡鞍钢:《中国梦的基石是中华民族的国族一体化》,载《清华大学学报》(哲学社会科学版)2013年第4期。

② 金元浦:《中国梦与文化精神》,载《求是》2013年第14期。

第二章

百年屈辱寻梦急

举凡人类文明均有一定的生命期，有着从萌芽、壮大、成熟，再到衰落、灭亡的发展轨迹。华夏文明也不例外。自汉唐、历宋元、至明清，中国封建文明在封建王朝的继替中逐步发展至顶峰，但同时也意味着衰落的开始。自清朝乾隆中期，也就是18世纪前后，西方一些主要国家率先发生工业革命并确立了更为先进的资本主义制度与文明。为了寻求供应原料与倾销商品的殖民地，这些国家凭借工业革命带来的巨大生产力与先进军事力量，不断发起侵略中国的战争。昔日的繁华昌盛、国富民强景象，曾经的"安定梦"、"幸福梦"、"统一梦"都在西方坚船利炮的轰鸣声中彻底破灭，化为深藏的民族记忆。从鸦片战争到新中国成立之间的100年时间里，中国人民饱受西方列强的压迫与蹂躏，蒙受百年屈辱。然而，此时民族意识日渐觉醒的各阶层人民不甘沦为亡国奴，高呼救亡图存，开启了旨在救亡图存、再臻富强的百年寻梦之旅。

一 洋务派的"实业梦"

大约在清朝乾隆末年，也就是18世纪中叶以后，中国封建文明开始从巅峰走向衰落，内部与外部危机不断。在国内，清王朝的政治统治已经腐朽不堪，大小官吏贪风炽盛，营私舞弊，贿赂公行。社会经济的发展也陷入停滞状态，土地兼并愈演愈烈，越来越多的农民失去土地变成流民，而地主对农民的剥削也愈加沉重。广大人民生活每况愈下，阶级矛盾日益尖锐，最终激起了人民大众的激烈反抗。从18世纪末起，农民的反抗斗争就不断发生，诸如白莲教起义、天理教起义、太平天国运动及捻军起义等，沉重打击了清朝的封建统治。

更为严重的危机来自外部。在中国封建文明走向衰落的同时，地球另一端的英国、荷兰、西班牙、法国等国的资本主义制度逐步得以确立，并迅速开始对外殖民扩张，世界文明的格局正在悄然发生着转变。为了获得商品市场与原料产地，这些国家将矛头对准了地大物博、人口众多的中国，不断发动侵略战争。从第一、二次鸦片战争，甲午中日战争、再到八国联军侵华、日本全面侵华战争，西方列强凭借强大的军事力量迫使清政府及民国历届政府签订大量不平等条约，攫取在华权益：在政治上，蚕食中国边疆领土，强索租界，控制中国的内政与外交；在经济上，剥夺关税自主权、实行商品倾销和资本输出，操纵中国的经济命脉；在文化上，宣扬殖民主义奴化思想，鼓吹"种族优劣论"，为侵华战争辩护。

如此种种内忧外患，可谓前所未有，大臣李鸿章更是惊呼此为"数千年未有之变局"。以往皇权治下的中国是天朝上国，怀柔远人，万邦来朝，而鸦片战争之后则是屡战屡败，割地赔款、丧权辱国，从一个独立自主的国家逐步沦为半殖民地半封建社会性质的国家。

（一）内忧外患中的自强思潮

中国社会性质与中外关系的这种变化使根深蒂固的"天不变，道亦不变"的观念受到极大动摇，一些先进的知识分子开始重新思考自身所处的时代环境，寻找抵御外国侵略、实现自强的方法。第一次鸦片战争之后，林则徐、魏源、姚莹、徐继畬等人首先"开眼看世界"，讲求经世致用，倡言改革，并从抵抗外国侵略、维护民族独立的愿望出发，提出了"师夷长技以制夷"等主张，积极编写《四洲志》、《海国图志》等著述，介绍西方国家的地理、历史以及中国应采取的对外政策，为当时落后、封闭的知识界与思想界开了一丝新风气。

此后，随着列强侵略的加剧以及对西方文明了解的加深，通过效法西方进而实现自强的思想为越来越多的人所接纳，早期的维新思想家如冯桂芬、王韬、薛福成、郑观应等更是提出了较为系统的学习西方的方案。而在中外势力联合镇压太平天国的过程中，一部分握有实权的封建官吏如曾国藩、左宗棠、李鸿章、张之洞等亲身感受到外国坚船利炮的威力，也希望引进西方先进的科学技术，制造近代化的武器来维护清朝的统治。一时间，自强思想蔚为风气并迅速演变为一股新的社会思潮，而兴办"洋务"，也就是一切与外国有关的政治、经济、军事等事务也成为舆论所向。

自强思潮的核心在于两个方面：其一，采西学，制洋器，办实业。对此进行较早论述的就是冯桂芬。1861 年，他在长期研究与吸取古今中外各种治国方策的基础上著成《校邠庐抗议》一书，提出了学习西方的建议。他认为西方的富强之基在于先进的科学技术，因此要真正达到自强的目的，必须建立起"自造、自修、自用"的军事工业体系。进而主张在通商口岸地区拨发专款设立船炮局，聘用洋人进行指导，同时招收内地的能工巧匠学习各种技术，最终实现师夷长技以制夷。

其二，以工商立国，振兴商务，同外国进行商战。宣传重商思想最有影响力的是郑观应。在从事工商业经营的实际活动中，郑观应深感外国经济侵略的危害以及中国经济制度的落后与腐败，从而提出"以商立国"、"以商为本"的口号。在《盛世危言》一书中，他充分肯定商业在国民经济发展中的地位和作用，主张把商业作为经济发展的中心和纲领，强调以兵战来抵御外国有形的军事侵略，以商战来抵制外国无形的经济侵略。

19 世纪 50—60 年代时所产生的自强思潮是中国社会在应对外来侵略时的一种自然反应，寻求的是中国在外国侵略面前的自立和自我图强，也是晚清思想史上酝酿最久、历时较长、影响较大的一种社会思潮。在这股思潮的引导下，不仅根深蒂固的封建传统思想与观念得以改变，而且在清朝统治集团内部形成了一个倾向于学习西方科学技术的政治派别，即"洋务派"。这些洋务派官员胸怀"实业梦"，在兴办洋务问题上的思想主张与见解基本一致，并于 19 世纪 60—90 年代间共同领导发起了内容丰富、影响深远的洋务运动。

（二）"师夷之长技"办洋务

洋务运动是一场由洋务派所领导，旨在通过引进西方先进科学技术，创办近代军工、民用企业来抵御列强侵略、维护清王朝统治的运动。就领导力量的构成而言，洋务派主要由两大部分构成，一部分是手握实权的封建官僚，如恭亲王奕䜣、曾国藩、李鸿章、左宗棠、张之洞等。另一部分则是忧国忧民、思想开放的地主阶级知识分子，像冯桂芬、马建忠、郑观应、薛福成等人。洋务派的出现意味着洋务运动有了领导核心，也有了清政府的认可与支持，迅速在全国范围内发展起来。

　　洋务运动从 19 世纪 60 年代发端并延续至 90 年代，前后历时约 30 年。根据侧重点的不同，洋务运动大致可以划分为两个阶段，19 世纪 60—70 年代以"求强"为主，重点在于训练新式军队以及建设军事工业，满足对内镇压农民起义，对外抵御列强的国防需要。19 世纪 70—80 年代时注重"求富"，强调兴办近代民用企业，解决兴办军工企业所面临的资金、原料、燃料等困难。

　　（1）军工企业。洋务派创办军工企业发轫于 1861 年曾国藩在安庆设立的军械所和 1862 年李鸿章在上海设立的三所洋炮局。这些军工企业开办于太平天国运动的末期，由于缺乏经验与技术，内部生产技术相当简陋，基本处在手工生产阶段。到 1865 年时，曾国藩、李鸿章在上海创办了第一个真正意义上的近代军工企业——江南机器制造总局。从 1865 年到 1890 年，洋务派在全国各地共创办了 21 个军工企业，如江南制造总局、金陵机器局、湖北枪炮厂、山东机器局等。

　　在众多军工企业中，江南机器制造总局（简称江南制造局或江南制造总局，又称作上海机器局）是洋务派创办的军工企业中的典型代表。1865 年 9 月，江南制造局在上海成立，不仅制造近代枪支弹药，对母机性的机器也非常关注。它开创了中国近代军事工业完全采用机器生产的先河，为中国近代军事工业的发展做出了重要贡献，被誉为"中国第一厂"。

　　（2）民用工业。在与西方国家的接触过程中，洋务派逐渐了解到西方国家的富强不仅在于军事力量的强大，还在于经济实力的雄厚。而且为了镇压太平天国和捻军起义，清政府连年支出巨额军费，财源几近枯竭，导致在创办军工企业时常常遇到资金、原料甚至燃料动力困难。为此，从 19 世纪 70 年代开始，洋务派在继续高呼"求强"的同时，开始以"求富"为目的创办民用企业。整个洋务运动期间，共有 20 多个民用企业得以创办，所涉及领域包括采矿、冶炼、纺织等工矿业以及航运、铁路、邮电等交通运输事业。在这些民用企业中，除少数采用完全官办的管理方式外，其余企业的经营方式均采取"官督商办"的方法，也就是官员作为监督而由商人进行经营。

　　（3）编练新式海陆军。洋务运动的根本目的在于打造强大的军事力量，维护清王朝的统治，最终实现自强。可以说编练新式海陆军是洋务运动的核心内容，是运动成绩的最终体现。而在洋务派编练的各支新式海陆军当中，最为重要的就是北洋水师。

清政府计划每年拨发 400 万两白银，建设三支新式海军：北洋水师负责山东及以北之黄海，南洋负责山东以南及长江以外之东海，两广负责福建、南海。其中北洋舰队承担着拱卫京师的重责，因此重点建设。1875年，清政府任命北洋大臣李鸿章创设北洋水师。此后，不断向英国、德国订购军舰，并建成旅顺口、威海卫两个重要基地。经过十几年的经营，1888 年 12 月 17 日，北洋水师正式宣告成立，同日颁行《北洋水师章程》，成为中国近代第一支海军。在当时，北洋舰队拥有大小 20 余艘战舰，受过良好海军训练的官兵总计 4000 余人，整体实力堪称全亚洲第一，在世界范围内也位居前列。

（三）甲午惨败与洋务运动的破产

就在洋务运动如火如荼进行之时，中国的近邻日本也在悄然发生着变化。19 世纪 60 年代日本发生了"明治维新"，国力日渐强盛，走上独立发展的道路，并迅速成为亚洲乃至世界强国。但明治维新并不彻底，在很多方面保留了浓厚的封建残余，使得日本在跻身资本主义强国之列的同时也走上了军国主义道路，迅速对外扩张，制定"大陆政策"，将侵略目标直指朝鲜和中国。

1894 年 5 月时朝鲜爆发了东学党起义，给日本提供了可乘之机。起义爆发后，朝鲜国王请求清政府派兵协助镇压，而日本政府暗地里在国内秘密下达动员令，作了出兵占领朝鲜的充分准备。6 月 9 日，清军刚刚登陆牙山，日军就已经将约 4000 名士兵运抵仁川，6 月 10 日，日军完全控制了汉城、仁川一线的战略要地，并逐渐包围驻守牙山的清军，不时进行挑衅。7 月 25 日凌晨，清政府护送入朝增援清军的"济远"、"广乙"、"操江"三舰从牙山返航，在牙山口外丰岛海面遭到日本海军的突然袭击。同一天，日军 4000 多人进攻驻守牙山的清军，叶志超弃守牙山，逃奔平壤。至此，日本正式挑起酝酿已久的侵华战争，即"甲午战争"。

8 月 1 日，中日同时宣战。战争进行得很快，而且呈现一边倒的局势。9 月 15 日，日军在司令官山县有朋的率领下，向驻平壤的清军发动进攻。经过一日激战，清军大败，陆续退回中国境内，而日军不久后就完全控制了朝鲜半岛。黄海海战发生于 1894 年 9 月 17 日，即平壤陷落后的第三天，日本联合舰队终于在鸭绿江口大东沟附近的黄海海面挑起一场激烈的海战，这是甲午战争中继丰岛海战后的第二次海战，也是中日双方海军一次主力决战。日本海军在大同江外海面投入战斗军舰有 12 艘，包括其全都精华，几乎可以说是倾巢出动。

黄海海战历时 5 个多小时，其规模之大，时间之长，为近代世界海战史上远东战区所罕见。海战的结果：北洋舰队损失"致远"、"经远"、"超勇"、"扬威"、"广甲"（"广甲"逃离战场后触礁，几天后被自毁）5艘军舰，死伤官兵千余人；日本舰队"松岛"、"吉野"、"比睿"、"赤城"、"西京丸"5 舰受重创，死伤官兵 600 余人。此役北洋水师虽损失较大，但并未完全战败。然而李鸿章为了保存实力，命令北洋舰队躲入威海港内，不准巡海迎敌。日本夺取了黄海的制海权。

从 10 月至次年 2 月，日军分兵两路进犯中国大陆，陆续攻陷安东、九连城、金州以及旅顺要塞、威海卫。此时驻守刘公岛的北洋舰队完全暴露在日军炮火之下，陷入绝境。2 月 10 日，日军炮击刘公岛，水师提督丁汝昌拒绝伊东佑亨的劝降，服毒自尽以谢国人。12 日，牛炳旭等率军投降，曾经威震一方的北洋舰队至此全军覆灭。见此情景，清政府无心再战，只得屈辱求和。清政府按照日本政府的意愿任命李鸿章为全权代表，远赴日本马关，签订了继《南京条约》之后最严重的不平等条约——《马关条约》。

伴随着北洋舰队的全军覆灭以及甲午战争的失败，洋务运动也宣告了破产。从表面来看，甲午战争的失败原因是多方面的。从 1888 年之后，北洋舰队的军费被清政府大量挪用来修建颐和园等工程，导致无法更新战舰，甚至连枪炮弹药也停止购买。而当时正是海军技术突飞猛进之时，北洋舰队的整体实力很快就开始落伍，而日本则是倾全国之力发展海军。到甲午战争之前，在航速、射速、吨位等重要战斗力指数上，北洋舰队均已落后于日本，战争结果已经注定。

但从更深层来看，在维持腐朽封建统治的前提下引进的西方先进"器物"，必然无法在半殖民地半封建社会的中国顺利成长，是为洋务运动最终宣告失败的最重要原因。洋务运动的指导思想是所谓"以中国之伦常名教为原本，辅以诸国富强之术"，后来由张之洞系统概括为"中学为体，西学为用"，即"中体西用"。其中"中体"就是封建专制体制，是为根本，不容动摇，而"西用"则是西方各种科学技术，为具体的举措。这一思想指导下的洋务运动不可能摆脱封建专制的束缚，而洋务派所创办的军工、民用企业也带有浓厚的封建性，诸如企业的衙门化、官僚化、贪污中饱、挥霍浪费、任用私人、侵吞商股等现象相当严重而普遍，导致生产效率低下、生产成本高昂，管理混乱。

洋务运动发展过程中还一直伴随着否定与质疑之声，不少顽固的官僚、士大夫担心洋务运动的发展会危及他们的既得利益，于是在政治上、经济上和舆论上进行多方的钳制和阻挠。最高统治者慈禧太后一方面重用和支持洋务派，同意他们推行洋务运动，但一方面却又暗中扶植反对洋务派的顽固势力，放任清流派以牵制洋务派，防止其坐大。西方列强尽管在表面上对洋务运动表示支持，但目的仍在于稳定清王朝的统治，进而维持在华利益，不可能真正帮助中国实现国富民强。在外国经济势力和洋务派的封建官僚势力双重制约之下，官督商办企业很难甚至不可能按照资本主义市场经济的法则来运转，缺乏应有的生机和活力，不可能成为独立的近代工商业体系，"求富"、"求强"的愿望也就只能落空。

长达 30 年的洋务运动为中国打开了近代化的大门，不但科学技术有了一定进步，曾被视为"奇技淫巧"的声光化电普遍应用于军事和民用工业乃至城市社会生活，而且思想观念方面也开始发生重大转变，传统的封建伦理道德观念进一步受到冲击。但甲午战争的失败充分说明，仅靠学习西方"器物"，引进先进的科学技术无法实现自强。在反思与总结中，变法改革的呼声日益高涨，胸怀"立宪梦"的维新派开始登上历史舞台。

二　维新派的"立宪梦"

甲午战争的失败给中国带来的震惊是空前的。长期以来，日本被中国视为"蕞尔岛国"，而中国则是天朝大国。尽管中国在鸦片战争中为欧洲列强所败，然国力犹存，而且洋务运动时期一度出现了"同治中兴"，正信心满满走向强国之路。甲午战争爆发之初，几乎所有人都认为中国将轻松战胜日本，但结果则是中国被日本完败，被迫签订了《马关条约》，赔款 2 亿两白银，割让台湾岛，并由此进一步引发了列强瓜分中国的狂潮。战争的失败使空前强烈的耻辱感及亡国灭种的危机感萦绕在国人心头。正如梁启超所言："吾国四千余年大梦之唤醒，实自甲午战败割台湾，偿二百兆以后始也。"① 沉重的民族危机激发了民族意识的觉醒。穷则思变，越来越多的国人尤其是甲午战争前后日渐壮大的民族资产阶级意识到要救亡图存，必须改变腐朽落后的封建专制统治。

为此，一部分代表民族资产阶级的知识分子如康有为、梁启超、严复、谭嗣同等不断提出维新变法的主张，形成了维新派。维新派胸怀"立宪梦"，基本主张就是学习和仿效西方资本主义的议会制度，改封建专制制度为君主立宪制度，实现兴民权、设议院。他们以进化论等西方社会政治学说以及中国古代的"重民"思想为理论武器，猛烈抨击封建专制制度和守旧的思想文化，指出延续几千年的君主专制制度是中国贫弱的根源，强调国家是"民之公产"，王侯将相不过是"通国之公仆隶"，而人民才是"天下之真主"。要把中国从亡国灭种的厄运中拯救出来，只有实行维新变法，仿效日本、俄国实行君主立宪制，给予人民参政议政权，最终臻于独立与富强。

（一）维新运动的高涨

维新派的重要代表人物是康有为与梁启超，通常并称为"康梁"。

康有为（1858—1927），广东省南海县丹灶苏村人，人称"康南海"。他出生于封建官僚地主家庭，从少年时代起就开始接受严格的儒家传统教育。19 岁时他来到广州，师从著名理学家朱次琦，致力于"济人经世"之学。期间，他一方面目睹了反侵略斗争的失败以及清王朝割地赔款，屈膝求和的丑态，一方面又通过读书、游历接触到了西方文化，吸收了进化论及其他西方社会政治学说，初步形成了维新变法的思想。

1890 年年初，康有为返回广东，晤见今文经学家廖平。在后者的启发之下，康有为借用今文经学的"三统说"作为改制因革的理论，将今文经的"三统说"推演为"据乱世"、"升平世（小康）"、"太平世（大同）"循环渐进的人类社会的系统进化程序。这样，康有为将西方资产阶级的社会政治学说以及中国儒家的今文经学进行了改造、结合与重新诠释，并据此构建出了维新变法理论体系。从 1889 年至 1896 年，康有为一面在广州长兴里、万木草堂等地讲学，培养维新变法骨干，一方面又在陈千秋、梁启超等学生的协助下，撰写出《新学伪经考》和《孔子改制考》

---

① 梁启超：《戊戌政变记》，广西师范大学出版社 2010 年版，第 3 页。

两部宣传变法的著作，抨击固守"祖宗之法，莫敢言变"的传统守旧思想，明确指出历史是不断发展进步的，君主专制必定会被君主立宪所取代，论证变法维新的必然性与必要性。

另一个代表人物是梁启超（1873—1929），又号饮冰室主人。1889年，跟随康有为就读于万木草堂，并逐渐接受其思想学说，走上变法维新的道路。1896 年时，梁启超出任《时务报》主编，开始大量发表鼓吹维新变法的文章。比如在《变法通议》中指出："法者，天下之公器也；变者，天下之公理也。大地既通，万国蒸蒸，日趋于上。大势相迫，非可阏制。变亦变，不变亦变。变而变者，变之权操诸己，可以保国，可以保种，可以保教。不变而变者，变之权让诸人，束缚之，驰骤之，呜呼，则非吾之所敢言矣！"① 明确提出中国要变法图强，必须学习西方资本主义的政治制度和文化教育制度。这些宣传变法图强的政论文章，感情强烈、文字优美，具有极强的感染力，在当时的爱国知识分子和一部分开明官僚中引起了强烈反响。数月之间，《时务报》销数增加到一万多份，大大加强了维新变法的声势。

维新派不仅通过报刊传播变法思想，制造变法舆论，还通过建立北京强学会等组织培养变法人才。到 19 世纪末，变法的观念不仅为众多士大夫与知识分子所认可，还得到光绪帝以及张之洞、袁世凯等清廷重臣的支持。经过一段时期的思想酝酿、舆论宣传和组织准备，一场以改革封建专制制度、仿效西方资本主义政治制度为目的的维新变法运动——戊戌变法迅速发展起来。

（二）昙花一现的戊戌变法

1895 年春，康有为与弟子梁启超赴北京参加会试。正在等待发榜时，清政府与日本签订《马关条约》，割让台湾及辽东半岛、赔款白银 2 亿两的消息传到了北京。在京应试的举人群情激愤，奔走相告，强烈要求清廷拒绝批准条约，继续对日作战。台籍举人更是痛哭流涕，极力反对割让台湾。5 月 2 日，在康、梁的带领下，18 省举人与数千市民齐集"都察院"门前请代奏，提出"拒和"、"迁都"、"变法"的主张，这就是著名的"公车上书"。

---

① 李华兴、吴嘉勋编：《梁启超选集》，上海人民出版社 1984 年版，第 10 页。

这次上书虽然未能阻止《马关条约》的签订，但在中国近代史上却有着重要的地位。上书内容被广泛传抄印刷，产生了广泛的社会影响，唤醒和激励了越来越多的中国人为救亡图存而努力。它意味着酝酿多年的资产阶级维新变法思潮已经和爱国救亡运动有机地联系在一起，不仅标志着维新派开始登上历史舞台，也正式拉开了戊戌变法的序幕。

1897 年 11 月，德国悍然出兵强行占领胶州湾，引发帝国主义瓜分中国的狂潮。此时正在上海的康有为得知这一消息后，急速赶赴北京，并于12 月再次向光绪皇帝上书（即《上清帝第五书》）。在上书中，康有为分析了当时的国际及国内局势，指出民族危机的严重性和维新变法的紧迫性，警告光绪帝，必须立下决心，发奋维新，否则"求为长安布衣而不可得矣"。这次上书尽管仍未能送达光绪皇帝，但由于内容恳切、言之有理有据，在北京的一些官员和士大夫手中辗转传抄，天津、上海的报纸也公开刊载，影响很大。

此次上书后不久，光绪帝在都察院的建议下，决定召见康有为。1 月29 日，康有为第一次受皇帝命进呈《应诏统筹全局折》（即《上清帝第六书》），提出变法的具体措施，请求光绪帝采取日本明治维新的做法，先着手三件事："一曰大誓群臣以定国是，二曰立对策所以征贤才，三曰开制度局而定宪法。"① 但在这次上书中，康有为为了减少顽固势力对变法的阻挠，并未提及开议院、兴民权等措施，并且将变法的希望全部寄托在光绪帝身上。

围绕着变法问题，不仅维新派与顽固派之间进行着不断的斗争，朝廷内部光绪皇帝、慈禧太后两党也在明争暗斗，争权夺利。1898 年以后，支持变法的以光绪皇帝为首的帝党势力随着变法呼声的高涨而日渐壮大，与反对变法的后党之间争夺统治权的斗争日趋激烈。是年 6 月 11 日，光绪皇帝为加快变法、推行新政，正式颁布"明定国是"诏书，宣布开始变法维新。从此日开始，到 9 月 11 日慈禧太后发动反动政变，变法维新共持续了 103 天，史称"戊戌变法"，又称"百日维新"。

从 6 月 11 日到 7 月下旬，光绪皇帝颁布的新政主要是经济、军事、文教方面的改革。

---

① 康有为撰，姜义华、张荣华编校：《康有为全集》第 4 集，中国人民大学出版社 2007 年版，第 18 页。

经济方面有：保护农工商业，设立农工商局，切实开垦荒地，提倡开办实业，奖励新发明、新创造；设立铁路、矿产总局，修筑铁路，开采矿产；设立全国邮政局，裁撤驿站，改革财政，编制国家预算，等等。

文教方面有：改革科举制度，废八股，改试策论；设立学校，开办京师大学堂；设立译书局，翻译外国新书，允许自由设立报馆、学会，派人出国留学、游历，等等。

军事方面有：训练海、陆军改练洋操，裁减旧军，以及力行保甲，等等。

从 7 月下旬到 9 月下旬，新政由经济、文教、军事方面扩展到政治方面，主要改革有：删改则例，裁汰冗员，取消闲散重叠的机构；准许旗人自谋生计；准许百姓向朝廷上书，等等。然而最重要的开国会、定宪法等方面的内容，因怕操之过急，未能出现在变法诏书中。

戊戌变法的目的是推行君主立宪制，采用日本、俄国等资本主义国家的政治、经济、文化、制度模式，取代中国传统的封建专制制度，反映出的是资产阶级的利益与要求。在帝党的努力之下，一些变法措施得到了落实，部分冗署冗员被裁撤，反对变法的守旧官员被罢黜。而在长江流域的两江总督刘坤一和湖广总督张之洞也在积极地贯彻光绪帝改革的谕旨。

但是，对康有为的奏折和光绪皇帝的一系列关于变法和新政的诏谕，大多数省份的官员均持观望敷衍甚至抵制的态度。而清廷最高统治者慈禧太后更是在新政刚刚开始后就密谋发动政变，要扑灭新政。在"明定国是"诏书颁布后四天，慈禧太后迫使光绪皇帝连下三道命令，一是罢黜支持变法的帝党领袖翁同龢，牢牢抓住朝廷用人大权；二是所有新授二品以上的大臣，都要向慈禧太后谢恩；三是则任命亲信荣禄为直隶总督，统率清廷的主要军事力量。这三道命令的发布为扑灭新政完成了准备工作。

尽管颁布变法诏书时雷厉风行，但光绪皇帝既无实权，也没有军队为后盾，面对慈禧太后的武力威胁则是一筹莫展。康有为、谭嗣同等维新志士也都深感束手无策，无奈之下遂决定一方面拉拢袁世凯来对付慈禧太后和荣禄，另一方面向同情变法的西方列强寻求援助。面对维新派的请求，袁世凯玩弄两面派的手段，一边对光绪皇帝信誓旦旦表达忠心，一边则向荣禄告密，策划镇压维新派。向外国列强的求援也无果而终。多重打击之下，维新派败局已定。

1898 年 9 月 21 日凌晨，慈禧太后经过周密布置，发动政变，先将光绪皇帝囚禁在中南海的瀛台，重新训政，继而大肆搜捕维新派。康有为在政变前已经离开了北京，在英国人的保护下逃亡香港，梁启超则在日本人的掩护下化装出境，由天津逃往日本。另一名维新志士谭嗣同拒绝出走日本的劝告，决心为变法而死。9 月 28 日，谭嗣同、杨锐、林旭、杨深秀、刘光第、康广仁等六人被杀于北京市菜市口，时人称之为"六君子"。其他维新派人士和参与新政及变法倾向的官员，或被囚禁，或被罢黜，或被放逐。政变之后，除京师大学堂得以保留外，其余各种新政措施全被取消。"戊戌变法"至此宣告失败。

（三）可望而不可即的立宪之路

在向西方寻求救国救民真理的道路上，戊戌变法是一次新的尝试，标志着向西方学习从"器物"层面演进至"制度"层面。作为资产阶级领导的第一次政治改良运动，戊戌变法不但在政治变革上是一次历史超越，在思想文化上也是一次重大的转折，对于中国近代社会的发展有着深远的影响。

从政治变革的层面来说，戊戌变法首先是一次爱国救亡的政治运动。19 世纪末民族危机不断加剧之时，康有为、梁启超等维新派代表新兴资产阶级的利益和要求，以变法图强为目标，希望按照资产阶级国家的君主立宪政体来全面改造中国封建社会原有的政治、经济、文化思想体制，实现"立宪梦"，从而使中国走向独立、民主和富强，摆脱帝国主义列强的侵略。在政治上，维新派主张开议会、定宪法，实行君主立宪，让资产阶级参与政权；在经济上，要求保护和发展资本主义工商业；在文化上，倡导废除科举制度，设立学校，培养新式人才。所有变法的内容都是对封建专制制度的挑战和触动，加速了封建专制制度的解体和崩溃。尽管戊戌变法很快就被扼杀，但清王朝再也不能按照原来的方式统治下去，不得不进行变革。

从思想文化的层面来说，戊戌变法是新兴的资产阶级与没落的封建地主阶级在思想上的一次交锋，是近代中国最早的一次思想解放运动，对社会进步和思想文化的发展起到了重要推动作用。戊戌变法前后，维新派志士对腐朽的封建思想与文化进行了痛切的批判和鞭挞，解放了人们的思想。与此同时，维新派还大量翻译西方社会科学、自然科学著作，形成了一个西学传播热潮，而康有为、梁启超等人甚至结合中学、西学而创造出一种"不中不西"、"亦中亦西"的近代学术形态——"新学"。天赋人权、自由平等、君主立宪、进化论等政治学说和科学知识的引入，极大地开阔了知识分子的视野，对当时的思想界产生了重大影响，毛泽东在回忆他的学生时代时就曾说道："我对读经书不感兴趣。当时我正在读表兄送给我的两种书刊，讲的是康有为的维新运动。其中一本叫做《新民丛报》，是梁启超主编的。这些书刊我读了又读，直到可以背出来。那时我崇拜康有为和梁启超。"维新思想在当时的影响力可见一斑。

然而戊戌变法如昙花一现，仅仅维持了100余天就宣告失败。其结局令人扼腕叹息，其失败原因值得深思。

其一，从阶级基础来看，民族资产阶级力量薄弱，变法不得不依靠一个没有实权的皇帝。尽管民族资本主义工商业在甲午战争后有了初步的发展，但依然深受封建势力与外国资本主义的压迫，发展速度缓慢。民间办厂虽然得到了清政府的允许，但并没有可靠的法律保护，苛捐杂税、官吏勒索不但没有减少反而日益增加。而与外国在华企业相比，民族资本主义企业往往规模较小，技术相对落后，也无法与之展开商品竞争，随时都有破产倒闭的危险。半殖民地半封建社会的中国无法为民族资本主义的顺利发展提供便利的条件。

在半殖民地半封建社会条件下成长起来的民族资产阶级，力量薄弱，没有成为独立的阶级力量。尽管维新派曾发起过强学会、保国会等组织，有助于争取一部分地主、官僚出身的知识分子支持变法，但这些组织没有明确的纲领、严格的组织原则与纪律，无法成为坚强的领导核心。而且此时的民族资本主义企业家及其代言人维新派，很多是从封建地主、官僚、传统商人、知识分子转化而来，受儒学思想影响很深，有的甚至还保有封建功名。他们与封建势力之间既有矛盾，又有着千丝万缕的联系。这导致维新派在变法时不敢也不能从根本上动摇封建专制制度，小心翼翼地选择了改良的道路。在变法的理论上，他们要进行资本主义性质的改革，但捧出的又是"孔子"等封建时代的圣人来为变法的合理性进行辩护；在变法的纲领上，他们不敢触动地主阶级的根本利益，追求在封建地主阶级和资产阶级相互妥协之上的君主立宪制度。

为达到改良的目的，维新派找到了光绪皇帝，希望依靠光绪皇帝来实现变法。然而光绪皇帝虽然赞成变法，但只是一个没有实权的皇帝，军政大权几乎全部掌握在慈禧太后及后党官僚们手中。体制变革无不存在着压力与阻力，而致力于变革政治体制的戊戌变法更是如此，客观上需要领导者和主持者掌控最高权力，用行政推行变法，用军队等强制力量保障变法的顺利进行，但这显然是光绪皇帝及维新派所无法做到的。总之，民族资产阶级自身力量薄弱，寄希望于一个没有实权的皇帝，而不发动广大人民群众，是戊戌变法失败的根本原因。

其二，从改革本身来说，内容过于激进，步骤相对紊乱。新兴的民族资产阶级及维新派不仅力量薄弱，在政治上也并不成熟，缺乏经验，无法进行通盘考虑并制定出正确的变法方针和策略。再加上维新派深感民族国家危机日益严重，求治心切，导致变法内容相对激进。

自"明定国是"之后，光绪帝即雷厉风行推行新政，每日最少发布一道新政谕旨，多则数道不止。短短100天的时间里，改革谕旨像雪片一样飞向社会，新政措施不断涌现，令人目不暇接。有些改革过激，超出了当时社会所能承受的能力，引起全社会的震动，更引起了顽固派的仇视。如戊戌变法期间光绪皇帝曾颁布废除八股改试策论的上谕，直接导致数十万企图依靠八股而荣登仕途的封建士子失去进身之路，难免对新政产生抵触情绪。再如裁减冗员、撤闲散衙门的举措，涉及人数过多，一次改革就导致失业人数过万，更是激起了对于变法的极大不满。

此外，康有为等人还千方百计从外部争取英国、日本的支持；从内部全力争取开懋勤殿，使更多的维新人士进入决策层，把握朝政大权，还呈上《请断发易服改元折》和《请设新京折》，提倡断发、易服、改元，甚至建议在上海等适当区域另建新都，以压制守旧顽固势力。

这些新政举措显然超出了当时社会的承受能力，然而维新派只关心新政措施的制定与发布，而对于新政实施后会遗下什么不良后果没有任何考虑，也没有采取弥补措施以平息不满，导致变法不仅没有收到实效，反而引来激烈的反对，连维新派内部也出现了矛盾与分歧，如康广仁就在信中质疑他的伯兄康有为的做法："伯兄规模太广，志气太锐，包揽太多，同志太孤，举行太大，当此排者、忌者、挤者、谤者盈衢塞巷，而上又无权，安能有成？弟私窃深忧之。"① 过于激进的内容与心血来潮一般的改革步骤，成为戊戌变法失败的重要原因，正如在中国海关总税务司任职的

_____

① 清华大学历史系编：《戊戌变法文献资料系日》，上海书店出版社1998年版，第1008页。

英国人赫德所指出的："皇帝的方向是正确的，但是它的顾问康有为和其它人等都缺乏工作经验，他们简直是以好心肠扼杀了进步，他们把足够九年吃的东西，不顾它的胃量和消化能力，在三个月之间填塞给它吃了，这样它就暂时被扼杀了。"

其三，客观上，封建顽固势力与帝国主义反动力量过于强大。维新变法运动始终都面临着封建顽固势力的仇恨与敌视。他们攻击康有为等维新派人士是"名教罪人"、"士林败类"，认为维新变法是异端邪说，叫嚣"天下之祸，不在夷狄，而在奸党（指维新派）"。在维新运动开展较为成功的湖南，岳麓书院山长王先谦纠集一批守旧士绅，向湖南巡抚陈宝箴递交《湘绅公呈》，攻击梁启超、谭嗣同、唐才常等人使学生不知忠孝节义为何物，并要挟支持维新的陈宝箴辞退梁、康并重整学堂。此后不久，王先谦又伙同豪绅兼旧式学者叶德辉、孔宪教等人，煽动书院部分学生，制定所谓《湘省学约》，规定了"正心术"、"尊圣教"、"辟异端"等条规，加强对学生的思想控制，抵制维新思想的影响。此外，为维护封建纲常名教思想，一批守旧学者还编成《翼教丛编》一书，猛烈攻击康梁等人的变法主张，尤其是民权思想。封建顽固势力还公然殴打维新派报纸《湘报》主编，攻击湖南维新派和支持变法的官员。

对于中国的变法维新，西方列强也相当关注。西方列强支持变法的目的在于更进一步控制清政府，维护在华利益，根本不在于帮助中国实现救亡图存、变法图强。因此，当维新变法运动陷入危机时，只是对光绪皇帝和维新派虚表同情，不可能提供帮助与支持。而维新派想借助外力来推动维新变法的希望也只是空想。

戊戌变法的失败进一步暴露了清王朝的腐败和凶残，越来越多的民族资产阶级人士及广大国民意识到依靠清政府无法实现救亡图存、达到国富民强。要救国就必须用革命手段推翻腐朽的清政府，日渐成为一种不言自明的共识。部分维新派志士以及徘徊于革命、维新之间的大量进步、爱国人士开始走上革命道路，革命队伍不断壮大。戊戌变法之后，革命取代了维新，资产阶级革命的新时代到来了。

三　革命派的"共和梦"

进入 20 世纪后，中华民族的危机与苦难更加深重。1900 年，为镇压反对帝国主义侵略的义和团运动，英、美、法等八国组成侵略军，发动大规模的侵华战争，攻陷北京，史称"庚子国难"。以慈禧太后为首的清政府为继续自己的统治，与各国签订了中国近代史上赔款数目最庞大、主权丧失最严重的不平等条约——《辛丑条约》，还表示要"量中华之物力，结与国之欢心"，并公开保证永远禁止中国官民成立任何反帝组织，坚决镇压中国人民的反帝斗争。从此，清政府完全成为"洋人的朝廷"。《辛丑条约》的签订使清王朝的腐朽与落后面貌彻底暴露在世人面前。更多进步的中国人清楚地认识到，要救亡图存必须推翻清王朝的统治。一些先进的知识分子开始倡导革命，追逐"共和梦"，形成了一股新的政治势力，即资产阶级革命派。

（一）风起云涌的革命潮

在革命派的宣传、领导之下，20世纪初年的革命运动风起云涌，一时间成为"世界潮流，浩浩荡荡，顺之则昌，逆之则亡"。主要体现在以下几个方面：

首先，革命话语与革命思想得到迅速传播与认可，掀起"全球革命潮"。进入20世纪后，在国内民族资本主义发展及留学热潮的催生下，一批受民主进步思想影响的新兴知识分子得以产生，其中著名的人物有廖仲恺、陈天华、秋瑾、邹容、黄兴、鲁迅、吴玉章等。与传统知识分子相比，这些接受了西方教育的知识分子眼界比较开阔，对中国的贫穷落后、民族危机有着深刻的体会。他们中的许多人以孟德斯鸠、卢梭、罗伯斯庇尔、华盛顿自许，将在中国建立起美、法式的资产阶级共和国作为最高目标，把腐朽的封建专制制度列为推翻与打倒的对象。

为宣传西方资产阶级政治思想与学说，他们成立译书汇编社、湖南编译社等译书团体，大量翻译国外著作。仅从1901年到1904年间出版的译著就多达530余种，其中多为政治、哲学、教育等社会科学书籍，将西方的民主思想、无政府主义、社会主义等思潮介绍到国内。

与此同时，他们还创办各种宣传革命的刊物，如陈天华的《猛回头》、《警世钟》，邹容的《革命军》，还有《民报》、《湖北学生界》、《浙江潮》等，从民主主义立场出发，对封建专制主义的政治和道德观念进行批判，宣传革命思想。据学者的初步统计，1897—1905年间的革命报刊有30余种，书籍近50种，作者出身于不同的背景，甚至有的出于立宪派人之手；从 1905 年到 1911 年，革命报刊的数量增至近百种，书籍约有 40 种。

革命刊物的大量出版，使资产阶级民主思想迅速在国内传播开来，掀起一股"全球革命潮"。到辛亥革命之前，"革命"几乎成为"口头禅"，被中国社会广为接受并成为公众信仰。比如在当时的上海，上至社会名流，精英贤达，下至商店伙计，贩夫走卒每日都争相阅读报纸，"数人聚看一张，或一人读给余人听，顾客与店员隔柜讨论光复与共和，延迟买卖"①。在当时的中小学讲堂上、教科书中，革命言论屡见不鲜，甚至部分清廷官员乃至皇室宗亲对于"革命"也有一定程度的认同。

正如革命党人所期待的："文字收功日，全球革命潮。"② 革命思想与革命话语的传播与受众，使革命在无形中具备了不容辩驳的正当性与正义性，不仅壮大了革命的声势，也极大地消解了民众对清政府的认同，促使皇权专制最终淹没在"全球革命"的风潮中。

其次，革命团体蓬勃发展，从分散走向联合，出现统一的近代资产阶级革命政党。在资产阶级革命思想的传播及反清革命运动的发展过程中，资产阶级革命团体也在各地次第成立。据学者统计，自 1897 年到 1905 年间的革命萌芽时期共成立有 66 个革命团体，多集中在东京与上海，从 1905 年到 1911 年的革命茁壮发展时期，革命团体数量达到 127 个，其中湖北地区有 33 个，接近总数的 26%。在这些团体中较为知名的有华兴会、光复会、日知会、科学补习所，岳王会，等等。

起初，各地涌现的革命团体绝大部分属于区域性的组织，活动比较分散，力量不够集中，行动也无法统一，但它们的成立推动了各地革命运动的发展，是资产阶级民主革命发展的一个标志。随着革命形势的发展，客观上需要组建全国统一的革命政党作为领导革命运动的核心，各革命团体开始从分散走向联合。1905 年 7 月 30 日，孙中山、黄兴、宋教仁等各革命团体代表在东京召开筹备会议。8 月 20 日，中国第一个资产阶级性质的政党——"中国同盟会"在东京正式成立，成为当时领导全国革命运动的中心。

同盟会有着完整的政治纲领，也是近代以来一个比较完整的资产阶级

---

① 沈亦云：《亦云回忆》上册，传记文学出版社 1980 年版，第 59 页。
② 邹容：《革命军》，中华书局 1971 年版，第 4 页。

民主革命的纲领,即:"驱除鞑虏,恢复中华,创立民国,平均地权。"1905 年 11 月,在同盟会机关报《民报》发刊词中,孙中山将同盟会的纲领概括为三大主义,即民族主义、民权主义、民生主义,后被称为"三民主义"。其中"民族主义"包括"驱逐鞑虏,恢复中华"两项内容,主要就是以革命手段推翻清朝政府,建立"民族独立的国家"。"民权主义"是三民主义的核心,内容是"创立民国",即推翻封建君主专制制度,建立资产阶级民主共和国。"民生主义"一方面就是要核定全国土地的地价,限制土地垄断与兼并,其现有的地价仍属原主;一方面是要节制资本,发展"国家社会主义",防止少数资本家的垄断,集合全国之力发展实业。

虽然同盟会内部成员结构比较复杂,对革命的态度存在明显差异,对同盟会纲领的认识也不尽一致,所设计的组织系统也始终没有完备地建立起来,但它的成立,基本结束了革命小团体分散斗争的局面,团结和发展了革命力量,推动了革命形势的向前发展。同盟会成立不到一年,会员就达一万余人,学界、工界、商界、军界乃至会党均参与其中,革命力量不断发展壮大,"从此革命风潮一日千丈,其进步之速,有出人意表者矣!"① 中国资产阶级民主革命从此进入新的阶段。

再次,革命活动持续发展。各地革命团体尤其是同盟会的成立,进一步传播了革命思想,凝聚了革命力量,而革命活动也随之蓬勃起来。1895 年 1 月,孙中山抵达香港,与当地 1890 年成立的"辅仁文社"进行联络与合作,成立兴中会总会。在成立之后,兴中会总会即对外挂起"乾亨行"招牌,以经商作为掩护,筹划于当年 10 月举行广州起义。然在起义前夕,由于预定军械未能送达,再加上消息泄露,两广总督谭钟麟搜捕了起义机关,陆皓东等革命志士英勇就义,孙中山被迫流亡国外。尽管广州起义还没举行就失败了,但它作为以孙中山为代表的革命派力图用革命手段实现民主共和理想的第一次尝试,具有十分重要的意义。

同盟会成立后,革命活动有了统一的领导核心,进入新的发展阶段,一方面创办《民报》及其他报刊,大造革命舆论,批判改良思想;一面派人回国,发展革命组织,联络会党和新军,不断发动武装起义。从

---

① 中山大学历史系孙中山研究室等合编:《孙中山全集》第 6 卷,中华书局 2011 年版,第 237 页。

1907 年至 1908 年，在孙中山的直接领导下，同盟会在华南沿海和沿边地区连续发动了多次武装起义。与此同时，光复会也在浙江、安徽发动了两次起义，四川革命党人联络会党在江安、泸州、成都、叙府等地多次发动起义。但由于饷械接济困难，孤军奋战等原因，这些起义均未能获得成功。

1911 年，革命党人又在广州发动了震惊中外的"黄花岗起义"。这次起义使同盟会的革命领导力量遭到重大损失，但也给予清廷一次沉重打击。更为重要的是，革命派英勇战斗、视死如归的革命精神，振奋了全国人民的斗争意志，鼓舞了越来越多的仁人志士投身于革命，加快了革命高潮的到来，为后来武昌起义的成功准备了条件。

（二）辛亥革命与建立民国

就在革命起义此起彼伏之时，在湖南、湖北、广东、四川等省份又爆发了规模巨大的保路运动，为革命运动的进一步发展创造了极为有利的条件。

1911 年 5 月 9 日，在邮传大臣盛宣怀的策动下，清政府颁发"上谕"，实行所谓"铁路国有"政策，宣布各省原已准许商办的铁路干线，一律"收归国有"，还"劫收"了已经筹集到的川汉铁路修建资金，不许退款而只能换为铁路股票。以"铁路国有"为幌子，清政府把湖北、湖南、广东 3 省人民在 1905 年收回路权运动中赎回的粤汉铁路和川汉铁路的修筑权，又重新出卖给帝国主义。

清政府的这种举措不仅是对国家主权的出卖，也损害了民族资产阶级的利益。在得知这一消息后，全川各地闻风响应，四川女子保路同志会、重庆保路同志协会和各州、县、乡、镇、街、各团体保路同志分会相继成立，会员达数十万。进入八九月以后，斗争日趋激烈，四川境内不仅出现罢市罢课、抗粮抗捐、捣毁厘金局与巡警局等现象，在铁路公司特别股东大会上，还出现了名为《川人自保商榷书》的传单，号召川人共图自保，隐含革命独立之意。

面对声势浩大的保路运动，反动媚外的清政府采取高压政策，责令各省官吏对参加保路运动的人"严行惩办"；各省派到北京请愿的代表，也被"押解回籍"。9 月 7 日，新任四川总督赵尔丰奉清政府严令，诱捕保路同志会和川路股东会的主要负责人，封闭铁路公司和同志会。消息传开，成都数万群众前来请愿，要求释放被捕人员。但赵尔丰竟下令军警当场枪杀 30 多名请愿群众，制造"成都血案"。

血案发生的消息迅速传至川南、川东地区，极大地加剧了民众对清政府的仇恨。此时，四川同盟会会员龙鸣剑与王天杰等感觉革命时机已到，于是联合当地哥老会，把"保路同志会"改称为"保路同志军"，决定举行武装起义。随后，在同盟会会员及哥老会首领率领下，以农民为主体的保路同志军四面围攻成都，其他州县的群众也纷纷响应号召，揭竿而起。9 月 25 日，同盟会在荣县一度建立起最早的革命政权。到 10 月上旬，同志军起义的烽火已燃遍了四川全省。

声势浩大、规模壮阔的保路运动，沉重地打击了帝国主义及其走狗清王朝在中国的统治，也极大地鼓舞了资产阶级革命党人的斗志，湖北革命党人决定利用这个大好时机，在武汉发动起义。

1911 年 9 月 24 日，共进会和文学社两个革命团体在同盟会中部总会的斡旋下决定联合行动，推举文学社领导人蒋翊武为湖北革命军总指挥，共进会领导人孙武为参谋长，两团体的重要骨干刘尧澂、彭楚潘等为军事筹备员，并拟订了起义的详细计划，同时和邻近各省进行联系，策动响应。起义原定于 10 月 6 日举行，但因准备不及而推延。10 月 9 日，孙武在汉口俄租界制造炸弹时不慎爆炸，沙俄巡捕闻风赶来，进行搜捕，孙武及时逃往医院，但准备起义的旗帜、符号、文告、印信等全被搜去。第二天，设在武昌的指挥起义的秘密机关又被破坏，彭楚潘、刘尧澂被捕，蒋翊武逃脱。湖广总督瑞澂下令杀害彭、刘及杨洪胜三人，全城戒严，按照查获的名单搜捕革命党人。革命形势顿时变得极为严峻。

在失去指挥机关的紧急情况下，革命党人和新军中的革命士兵进行了自行联系，坚决发动起义。10 月 10 日晚，新军工程第八营的革命党人打响了起义的第一枪。在新军工程营后队正目（相当于班长）熊秉坤等人的带领下，革命党人率先占领了楚望台军械库夺取弹药。接着，步、炮、辎重各营和军事学堂学生约五营兵力，纷纷起义，齐聚楚望台，临时推举原日知会员，队官（相当于连长）吴兆麟担任指挥，向总督衙门发动攻击。经过一夜激战，革命党人攻占总督衙门、潘库等重要机关，控制了武昌城，宣布成立中华民国湖北军政府，取得了首义的胜利。11 日晚和 12 日晨，革命党人第二十一混成协第四十二标士兵胡玉珍、邱文彬、赵承武等在汉阳发动起义，光复汉阳；随后赵承武率起义军攻占汉口。至此，武汉三镇全部掌握在革命军手中。

武昌起义胜利的消息迅速传遍了全国，极大地鼓舞了其他各省革命党人的信心，纷纷举旗响应，发动起义。武昌起义以后的短短一个月内，全国已有湖北、湖南、陕西、广西、福建、广东等十余省宣布光复。在势不可挡的革命洪流当中，清王朝几近土崩瓦解。

革命胜利之后面临的首要问题就是建立政权。1911 年 11 月 9 日和 11日，湖北和上海两地先后发出建议成立临时中央政府的通电。12 月，各省代表齐集南京开会并通过了《中华民国临时政府组织大纲》，提出在召集国民会议、颁布宪法之前先组织临时政府。12 月 29 日，各省代表推举众望所归的孙中山为临时大总统。1912 年 1 月 1 日，孙中山在南京宣誓就职，宣告中华民国临时政府成立，定国号为"中华民国"，以 1912 年为民国元年，改用公历。南京临时政府的成立，标志着中国历史上第一个资产阶级共和国——中华民国的诞生。

以孙中山为首的南京临时政府，是资产阶级领导的民主革命的产物。其行政首脑由临时大总统孙中山、副总统黎元洪和九名国务员（各部总长）组成，权力主要掌握在革命派手中。临时政府主要任务被定为"尽扫专制之流毒，确定共和，以达革命之宗旨，完国民之志愿"①，可以说完全代表着民族资产阶级的利益。在成立之后的短短三个月时间里，南京临时政府颁布了不少有利于民族资本主义经济、资产阶级民主政治和文化教育的法令，其中最为重要的就是 1912 年 3 月 8 日南京参议院议决通过的《中华民国临时约法》（以下简称《临时约法》）。

《临时约法》具有宪法效力，全文共 7 章 56 条。它以根本大法的形式载明和宣布"中华民国之主权属于国民全体"，"中华民国人民一律平等，无种族、阶级、宗教之区别"，人民享有非依法律"不得逮捕、拘禁、审问、处罚"，家宅不得侵入或搜索的权利，人民拥有"保有财产及营业"，"言论、著作、刊行及集会结社"，有选举及被选举的权利，同时规定，人民有纳税、服役等义务，体现了强烈的民主主义精神。

辛亥革命与南京临时政府的建立是 20 世纪中国发生的第一件翻天覆

---

① 中山大学历史系孙中山研究室等合编：《孙中山全集》第 2 卷，中华书局 2011 年版，第2 页。

地的大事变，它彻底推翻了延续 2000 多年的封建专制统治，建立起资产阶级共和国，极大地促进了民族资本主义的发展，对中国的进步产生了深远的政治影响和社会影响。南京临时政府所颁布的各项法令，尽管对资产阶级的利益极为关切，但对封建残余势力没有进行彻底清除，对广大农民的要求缺乏积极的回应，对于帝国主义也持妥协态度，承认清政府和帝国主义国家缔结的一切不平等条约，承担过去的外债和赔款，保护帝国主义在华的各种特权与利益，存在着相当的局限性。

（三）"共和梦"的破灭

南京临时政府成立之后，革命党人奔走相告，弹冠相庆"共和梦"的实现。但由于所依托的社会基础极为薄弱，共和政体虽在形式上得以建立，却依然面临着严重的危机。

首先，是严重的财政危机。南京临时政府可以说是"白手起家"，几乎没有从清政府那里缴获任何国帑。成立之后，宣布废除清政府所滥征的多种苛捐杂税，而短时间内又难以建立起新的税收体系来维持巨额的行政与军费支出。由于民族资本主义力量的薄弱，民族资产阶级上层不愿意，也无力为临时政府提供有力的援助。来源较为稳定与丰厚的海关税款也被帝国主义所把持。

为解决财政困难，革命党人迫切希望能够取得外国贷款。武昌起义后的第四天，还在海外的孙中山就致函英国金融界代表，呼吁伦敦、纽约、旧金山、新加坡、马来西亚等地的财政金融界人士，给予中国革命以财政支持。10 月底，他离开美国到英国，通过中介人与四国银行团代表进行商谈，希望他们停止给清政府贷款，并向共和新政府提供财政援助，但直到他辞去临时大总统职务为止，都没有取得任何成果。此外，南京临时政府还通过发行军需公债、发行军用钞票、设立银行、整顿金融秩序、令各地商会认捐款项等措施筹集资金，但效果远不如人意，无法从根本上解决财政问题，甚至还损害了民众尤其是民族资产阶级的利益，造成不小的负面影响。收支严重不等的状态使南京临时政府难以发挥基本的职能，更遑论对抗袁世凯及西方列强。

其次，从领导力量来看，革命派力量薄弱，缺乏坚强的领导核心，无法完全掌控大局。1907 年广州起义失败后，原本作为革命领导中心的同盟会，内部风潮迭起，派系分立，争权夺利，矛盾重重。1911 年年末，章太炎鉴于同盟会内部"党员步调不齐，人格堕落，革命初成时已渐暴露"① 的现状，甚至提出了"革命军起，革命党消"的口号。这极大地削弱了革命派的力量。

南京临时政府成立后，革命派虽在其中占据着主导地位，但缺乏坚强的领导核心。辛亥革命时期的孙中山虽有一定的威望，但长年身处国外宣传革命，无法实施直接领导，又没有左右政局的实力，无法统一革命派的思想与行动。而在民初成立的各级地方政府中，有不少旧官僚与军阀混杂其中。就川、鄂、江、浙、粤五省而言，新的各级政权中，以革命党人势力为主的占总数的 47.8%，地方乡绅为主的占 23.9%，以旧官吏、旧军官为主的占 13%，官、绅、革命党联合的新政权占 15.2%。这严重制约着南京临时政府各项举措的推行。

更为严重的威胁来自袁世凯。武昌起义的消息传到北京后，中外反动势力惊慌失措，清政府急派陆军大臣荫昌督率清末新政时编练的新军，前往武昌镇压革命。但新军是袁世凯任直隶总督兼任北洋大臣时所编练，先后共建成北洋六镇，其中大部分的将领均是其心腹爪牙。在袁世凯暗中操纵下，新军并不听命于荫昌，清政府也束手无策。而帝国主义列强为维护在华取得的侵略权益，接受美国驻华公使嘉乐恒的建议，要求清政府重新起用此前因权重而被罢黜的袁世凯，叫嚷"非袁不可收拾"，企图借袁世凯之手，稳固清王朝的统治。

在这种局势之下，清政府不得不发布"罪己诏"，颁布宪法"十九信条"，下令释放政治犯，解散皇族内阁，并先后任命袁世凯为钦差大臣、内阁总理大臣，组织"责任内阁"。通过这样的一系列措施，清政府的军政大权悉数落入袁世凯手中。心满意足的袁世凯于 11 月 1 日南下视师，指挥北洋军队攻陷汉口，严重威胁南京临时政府的生存。

而不愿看到革命派获胜的帝国主义列强也决定在"中立"的幌子下，胁迫革命派向袁世凯妥协，将袁世凯培植为它们继续统治中国的工具。11 月 26 日，经过英国公使朱尔典和袁世凯密谋后，由英国驻汉口领事出面，向革命后成立的临时政权湖北军政府提出南北停战协议。12月 18 日，袁世凯的议和全权代表唐绍仪和各省军政府议和代表伍廷芳，

① 章太炎：《民国光复》，马勇编：《章太炎讲演集》，河北人民出版社 2004 年版，第 184页。

开始在上海进行和平谈判。当南北议和代表举行第二次会议的时候，驻上海的俄、英、日、法、德等六国领事向双方代表提出照会，要双方尽快达成和解，停止冲突，这实际上是压迫南方革命势力向袁世凯势力妥协。

卷入革命内部的立宪派害怕革命形势的继续发展将危及自身的既得利益，也希望由袁世凯来维持社会"秩序"和"治安"，平息动荡的局势。如立宪派首领张謇就曾密电袁世凯："甲日满退，乙日拥公，东南诸方一切通过，""愿公奋其英略，旦夕之间，戡定大局。"[①] 革命派内部，妥协思想也逐渐占据上风。在南北议和开始之前，黄兴就曾致函袁世凯，表示"非但湘、鄂人民戴明公为拿破仑、华盛顿，即南北各省当亦无有不拱手听命者"[②]。而议和开始之后，黄兴等人主张"化敌为友"，拉拢袁世凯，建议由袁世凯出任总统。

面对袁世凯的武力威胁，帝国主义的干涉，革命派内部的纷争，再加上财政困难导致南京临时政府难以为继，大多数革命党人被迫屈服。最后南北双方达成一项协议：革命党人同意让出政权，在清帝退位后立即由袁世凯重组政府，袁世凯则同意宣布赞成"共和"，并逼清帝退位。

达成协议之后，袁世凯立即对清帝实行逼宫。他指使北洋军将领段祺瑞等人联名发表通电，要求清王朝立即同意共和，否则将率领军队直捣北京。2月12日，清帝宣布接受南京临时政府通过的《优待条例》，宣布正式退位。随后，孙中山向临时参议院辞职。2月15日，南京临时参议院选举袁世凯为临时大总统。

为了防范袁世凯专制独裁，保证资产阶级民主政治的切实推行，孙中山在宣布辞去临时大总统职务时，提出了定都南京、新总统到南京任职和遵守《中华民国临时约法》等三项条件，并派蔡元培为专使北上，迎接袁世凯南下。袁世凯虽然表面上同意南下就职，但暗中却指示部下在北京、天津、保定等地制造暴乱，作为不能南下的借口，而立宪派和旧官僚也都反对孙中山提出的奠都南京的主张。孙中山及其他革命派被迫再次退让。3月6日，临时参议院议决允许袁世凯在北京宣誓就职。4月1日，孙中山正式解除临时大总统的职务，次日，临时参议院议决将临时政府迁

---

① 中国史学会编：《辛亥革命》第八册，上海人民出版社1957年版，第42页。
② 湖南省社会科学院编：《黄兴集》，中华书局1981年版，第82页。

往北京。至此，成立仅仅三个月的南京临时政府宣告结束，国家政权全部落入袁世凯手中，辛亥革命的胜利成果被彻底窃取。

篡权之后，袁世凯大肆推行独裁统治。先是在 1912 年 6 月迫使唐绍仪内阁解散，并武力威胁参议院通过自己提名的国务员名单。次年 3 月，又指示国务总理赵秉钧暗杀了改组同盟会为国民党并领导国民党参与第一届国会选举的宋教仁，激起了革命党人的强烈不满，孙中山认为"非去袁不可"，主张立即兴师讨袁。4 月 26 日，袁世凯悍然同英法德日俄五国银行谈判，签订条件极为苛刻的总额 2500 万镑的"善后大借款"合同，而国民党员江西都督李烈钧、广东都督胡汉民、安徽都督柏文蔚通电反对贷款。但袁世凯以此为借口，称李烈钧等人不服从中央，下令免职，并派军队进入江西，发动内战。7 月 12 日，李烈钧在江西湖口誓师，组织讨袁军，上海、安徽、湖南、广东、福建、重庆等地先后宣布独立，即为"二次革命"。由于国民党力量薄弱，准备不足，二次革命很快被镇压下去。8 月 18 日，北洋军攻陷南昌，占领江西，9 月占领南京，其他各地相继取消独立，不到两个月，南方各省的国民党军队全被袁世凯打败，孙中山、黄兴被迫再次逃亡海外，"二次革命"宣告失败。

二次革命的失败，标志着辛亥革命无可挽回地失败了。这次革命虽然取得了推翻清朝、结束帝制的伟大胜利，为中国人民实现彻底的民主共和开辟了道路，但没有能使中国摆脱半殖民地半封建社会的状态。辛亥革命之后，中国人民又进入了北洋军阀的黑暗统治时期，所遭受的苦难有增无减。历史再次证明，一味效法西方资产阶级革命，企图依靠一纸约法来实现资产阶级议会政治，使中国走上民主共和的道路只是一种幻想。

"共和梦"的破灭使先进的知识分子又一次陷入了迷茫与困惑。中国的真正出路在哪里？他们无法做出回答。正在此时，俄国十月革命的一声炮响，促进了世界无产阶级革命的发展，也为中国送来了马克思主义。中国的先进分子开始用马克思主义作为解决中国问题的理论武器。从此，中国革命进入了全新也是更有希望的阶段。

第三章

峰回路转扬梦起

自19世纪中叶以来，在外国资本主义和本国封建势力的双重压迫下，近代中国陷入到灾难沉重和极度屈辱的深渊中。如马克思、恩格斯19世纪中叶所说，这个帝国是如此腐化，它已经既不能够驾驭自己的人民，也不能够抵抗外国的侵略。从1840年的鸦片战争起，到1919年的五四运动，中国人民为了反对帝国主义和封建主义，进行了70多年的英勇斗争。中间经过反对英法联军侵略的战争，反对清王朝的太平天国革命，反对法国侵略的战争，反对日本侵略的甲午战争，资产阶级改良派发动的戊戌变法运动，义和团反对帝国主义的运动，反对八国联军侵略的战争，直至辛亥革命，都在不同程度上打击了外国帝国主义和中国封建主义的统治，表现了中国人民顽强的反抗精神，使帝国主义永远不能灭亡中国。但是，所有这一切革命斗争都没有完成推翻帝国主义和封建主义的革命任务。中国旧民主主义革命的失败，给人们以重要的启示：在半殖民地半封建的中国，资产阶级没有能力领导中国革命，资产阶级民主主义也无力指导中国革命。要推翻帝国主义和封建主义在中国的反动统治，完成革命的任务，必须有新的阶级领导和新的思想指导。一场新的革命风暴正在孕育着，将要降临到中国的大地上来。

一 革命实现"解放梦"

辛亥革命失败后，袁世凯建立起大地主阶级的军阀官僚的专制独裁统治，它对内残酷剥削压迫广大人民，镇压革命势力，对外出卖国家利益，投靠帝国主义。1914年爆发的第一次世界大战，日本帝国主义利用西欧列强无暇东顾的机会，加紧了对中国的侵略。为了得到日本的支持，以复辟帝制，1915 年 5 月 9 日，袁世凯不顾人民的反对，指令外交部在日本政府提出的灭亡中国的"二十一条"要求上签字。随后，准备复辟帝制的活动日益加紧。与此相适应，文化思想领域也出现了一股尊孔的逆流，复古之声甚嚣尘上。面对袁世凯反动政府的黑暗统治，一些激进的资产阶级、小资产阶级民主主义者认定真正的资产阶级民主政治并没有实现，其原因则是由于大多数国民受封建思想束缚而不自觉。为此，他们力主展开反对封建思想的斗争，为实现真正的民主共和政治创造条件。

（一）新文化运动与马克思主义的传播

思想革命是政治革命和社会革命的先导。五四以前发生的新文化运动，"是中国反帝反封建的资产阶级民主革命的一种表现形式"①，是一场新的革命即将到来的预兆和前奏。1915 年 9 月，陈独秀在上海创办《青年杂志》，向旧思想、旧道德、旧文化展开了猛烈的攻击，标志着新文化运动的开始。这场反对封建统治阶级意识形态的运动，掀起了近代中国第一次声势浩大的思想启蒙运动。为中国知识分子特别是广大青年打开了思想进步的闸门。

新文化运动的倡导者们反思了近代中国一系列救亡图存运动，尤其是辛亥革命，认识到少数先觉者的斗争之所以屡遭挫折，民众对这场革命"若观对岸之火，熟视无所容心"是根本原因。他们提出了民主与科学的口号。所谓民主，是指资产阶级的民主制度和民主观念；所谓科学，主要是狭义的，仅指自然科学。其目的是向西方列强学习，走资本主义道路，建设资本主义的国家制度和社会制度。

新文化运动的倡导者们向 2000 年来中国封建社会的正统思想儒家学说展开了批判，号召人们"破除迷信"，否定孔学，求得"思想的解放"。新文化运动有力地冲击和动摇了封建思想的统治。启发了青年一代的觉悟，培育了他们勇于解放思想、追求真理的创新精神，敢于反对陈腐的传统势力和观念。因此，毛泽东指出，这个运动是生动活泼的、前进的、革命的。

但是，这场由资产阶级民主主义知识分子领导的新文化运动，存在着

---

① 《毛泽东选集》第 2 卷，人民出版社 1991 年版，第 558 页。

局限和弱点。最明显的是，他们把改造国民性置于优先的地位，以为仅仅依靠少数人的呐喊和有限的宣传手段，就能通过改造国民性进而达到改造社会的目的。这说明他们不懂得社会存在决定社会意识的道理，还没有认识到产生封建思想的社会根源，以及改造国民性的根本途径。

新文化运动的倡导者批判孔学，是为了在中国发展资本主义。然而就在这时，资本主义制度的弊病在西方社会已经暴露，尤其是第一次世界大战以极端尖锐的形式暴露了这种制度无法克服的矛盾，先进的中国人学习资本主义的努力又在实践中遭到挫折。

正当中国的先进分子在苦闷中摸索、在黑暗里苦斗的时候，1917 年俄国十月社会主义革命爆发了。列宁领导的十月革命，在资本主义世界的链条上打开了一个重要的缺口，开辟了人类历史的新纪元。它昭示人们：资本主义制度并不是神圣不可侵犯的，无产阶级和其他劳动群众一旦觉醒，完全可以依靠自己的力量创造出维护大多数人利益的崭新的社会制度，指导十月革命取得胜利的马克思列宁主义，也可以作为其他国家无产阶级和劳动人民争取解放的锐利思想武器。由于这个革命发生在情况与中国国情近似的俄国，因而对中国人具有一种特殊的吸引力。于是，他们摒弃了各种资产阶级和小资产阶级救国方案，选择了一种崭新的建国方案，为中华民族解放带来了新希望。正如毛泽东所指出的那样："十月革命的一声炮响，给我们送来了马克思列宁主义。十月革命帮助了全世界的也帮助了中国的先进分子，用无产阶级的宇宙观作为观察国家命运的工具，重新考虑自己的问题。走俄国人的路——这就是结论。"[1]

在俄国十月革命的影响下，一批具有初步共产主义思想的知识分子，开始出现和活跃在中国大地上。他们从纷繁杂陈的各种社会思潮中，经过比较和鉴别，最后选择了马克思主义的科学社会主义，并注入新文化运动，使之发展成为运动的主流。

中国最早歌颂十月革命和宣传马克思主义的是李大钊。他在 1918 年下半年，先后发表《法俄革命之比较观》、《庶民的胜利》等文章，用马克思主义的观点分析第一次世界大战的起因和结局，揭露了帝国主义的本质；比较法、俄革命的不同，介绍了十月革命和布尔什维克的主张；阐明了十月革命的意义，指出了世界革命运动发展的总趋势，号召

---

[1]　《毛泽东选集》第 4 卷，人民出版社 1991 年版，第 1471 页。

中国人民迎接新的斗争。他坚信："将来的环球，必是赤旗的世界。"这些文章标志着中国人民接受马克思主义的开始，代表了中国先进分子对十月革命后世界局势的认识，以及初步运用马克思主义观重新考虑中国问题的意向。

五四运动以后，马克思主义在中国社会上得到进一步的传播。马克思主义在报刊上的宣传阵地扩大了，并同资产阶级改良主义、封建复古主义展开了斗争。研究马克思主义的团体开始出现。1922 年 3 月，在李大钊的帮助下，邓中夏、高君宇等人主持了北京大学马克思主义学说研究会。陈独秀、毛泽东等一大批爱国知识分子逐渐同资产阶级民主主义决裂，开始接受和宣传马克思主义，形成了共产主义知识分子队伍，用马克思主义理论武装自己，决心走十月革命的道路。

（二）中国共产党的成立与中国革命的新面貌

中国的先进分子在接受马克思主义之后，继承了新文化运动和五四运动的民主和科学的精神，并在马克思主义的基础上加以改造，赋予新的内涵，使他们在更高的层次上得到发扬。这是五四运动后马克思主义在中国传播的重要特征。

中国的先进分子接受马克思主义，是把它作为认识世界、改造世界的工具，开始就注意在马克思主义指导下研究中国实际，到工人群众中进行宣传工作、组织工作。随着马克思主义的广泛传播和马克思主义同中国工人运动的初步结合，建立一个以马克思主义理论为指导的中国无产阶级政党的任务，提上了中国先进分子的议事日程。1920 年 1 月，有人在报刊上发表题为《劳动团体与政党》的文章，呼吁"劳动团体应当自己起来做一个大政党"。同年 2 月，陈独秀与李大钊开始交换在中国建党的意见。

中国共产党在特定的历史条件下，在马克思主义和中国工人运动相结合的基础上产生的。一方面，它成立于俄国十月社会主义革命取得胜利、第二国际社会民主主义思潮破产之后。它接受的是马克思主义的完整的科学世界观和社会革命论，是在帝国主义和无产阶级革命时代发展了的马克思主义即列宁主义，是在斗争中同资产阶级、小资产阶级社会主义划清了界限的科学社会主义。另一方面，它是在半殖民地半封建中国的工人运动基础上产生的。由于受到帝国主义和本国封建势力、资产阶级的压迫，中国工人阶级的革命性最坚决、最彻底，不存在欧洲式的工人贵族阶层，没有社会改良主义的经济基础，根本不可能从事和平的议会斗争，对资产阶级民主制度从来不抱任何幻想。所以，中国共产党从一开始就是一个新兴的无产阶级革命政党。

中国共产党的成立，是中国历史上"开天辟地的大事变"。自从有了中国共产党，中国革命的面貌就为之一新，这在党成立的初期，就已经鲜明地显示出来了。

第一，中国革命有了坚强的领导核心。以往中国人民的革命斗争之所以屡遭失败，其根本原因就是没有一个坚强有力的、密切联系群众的先进政党，作为全国革命力量的领导核心。中国共产党是马克思主义同中国工人运动相结合的产物，是中国工人阶级的先锋队，也是中国人民和中华民族的先锋队。它不仅代表着中国工人阶级的利益，而且代表着中国最广大人民和整个中华民族的根本利益。自从有了中国共产党，灾难深重的中国人民就有了一个可以信赖的组织者和领导者，工人阶级就有了自己坚强的核心。中国革命的历史由此翻开了崭新的一页。

第二，中国共产党第一次提出了反帝反封建的民主革命纲领，为中国人民指示了明确的斗争目标。这是中国人民同外国侵略者和本国封建统治者进行长期斗争始终没有解决的问题。1922 年 7 月召开的中共二大，在科学分析中国社会是半殖民地半封建社会的基础上，立足中国当时的经济政治状况，指出党的最高纲领是实现社会主义、共产主义。但作为现阶段的纲领即最低纲领是推翻帝国主义的压迫，打倒代表封建势力的军阀，建立统一的、真正的民主共和国。这是在中国特定的历史条件下走向社会主义、共产主义的一个不可逾越的阶段。这个革命纲领，反映了中国人民的根本利益和切身要求，"打倒列强，除军阀"的口号随之成为广大群众的共同心声。

第三，中国革命有了马克思列宁主义这一指导思想。马克思主义是马克思和恩格斯在领导各国工人运动和革命斗争实践中，在同各种错误思潮的斗争中，在对时代发展提出的新问题和出现的新情况进行创造性研究的基础上，逐步形成和发展起来的。作为他们的继承者，列宁把马克思主义同俄国革命的具体实践结合起来，创造性地发展了马克思主义，创立了马克思主义的帝国主义理论，发展了马克思、恩格斯关于无产阶级革命和无产阶级专政的理论，制定了关于建立新型无产阶级政党的学说。由于中国共产党掌握着马列主义这个锐利的思想武器，因此它能够为中国人民指明斗争的目标和走向胜利的道路。"自从中国人学会了马克思列宁主义以后，中国人在精神上就由被动转入主动。"① 从此，中国革命的面貌就发生了变化。

第四，中国革命的性质虽然仍是资产阶级民主主义革命，但已不是资产阶级领导的以建立资产阶级共和国为目的的旧式资产阶级民主革命，而是以无产阶级及其政党领导的人民大众的反帝反封建的新民主主义革命。而且由于这种新民主主义革命发生于俄国十月革命所开创的世界无产阶级社会主义革命的新时代，因此它已成为世界无产阶级社会主义革命的一部分。

第五，中国共产党把马克思主义的普遍原理同中国革命的具体实际相结合，在中国近代史上第一次提出了明确的反帝反封建的民主革命纲领，回答了自 19 世纪中叶开始的民主革命长期未能明确弄清的革命对象、革命动力等问题，为中国革命指明了前进方向。

第六，中国共产党开始采取了资产阶级、小资产阶级政党和政治派别所没有采取过也不可能采取的革命方法，即群众路线。中共二大特别强调，"我们共产党，不是'知识者所组织的马克思学会'也不是'少数共产主义者离开群众之空想的革命团体'"，"我们既然是物产群众奋斗的政党，我们便要'到群众中去'要组成一个大的'群众党'"。基于这样的认识，中共二大指出，为了实现反帝反封建的革命目标，必须组成工人阶级、农民阶级、小资产阶级和民族资产阶级的"民主主义的联合战线"。从此，在中国共产党的领导、影响、推动和组织之下，中国掀起了一个大革命的高潮。

列宁说过："革命是不能'制造出来'的，革命是从客观上（即不以政党和阶级的意志为转移）已经成熟了的危机和历史转折中发展起来的。"② 坚冰已经打破，道路已经开通，航向已经指明。中国共产党正牢牢地把握着中国革命的历史航船，带领中国人民向着既定的目标，乘风破浪，奋勇前进。

---

① 《毛泽东选集》第 4 卷，人民出版社 1991 年版，第 1516 页。
② 《列宁选集》第 2 卷，人民出版社 1995 年版，第 487 页。

（三）新民主主义与民族解放梦的实现

中国共产党成立以后，立即肩负起领导反帝反封建的革命重任。根据中共一大的决定，我们党把工作的重点放在组织领导工人运动上。1921年8月中国劳动组合书记部成立，成为领导工人运动的总机关。这个时期的工人运动沉重打击了帝国主义及封建军阀，扩大了中国共产党在全国人民中的影响。领导工人运动的革命实践使年幼的中国共产党认识到，中国无产阶级"虽然是一个最具有觉悟性和最有组织性的阶级，但是如果单凭自己一个阶级的力量，是不能胜利的。而要胜利，他们就必须在各种不同的情形下团结一切可能的革命的阶级和阶层，组织革命的统一战线"①。中共二大主张"联合全国各革新党派，组织民主的联合战线"。1923年6月，中共三大在广州召开，决定共产党员以个人身份加入国民党，以此形式实现国共合作，国共合作的步伐大大加快了，1924年国民党一大确立了联俄、联共、辅助农工的三大革命政策，标志着第一次国共合作正式形成。

国共合作实现后，经过国共两党的共同努力，逐步形成了以广州为中心、汇集全国的革命力量，共同反对帝国主义和封建军阀的新局面，新的革命高潮再次来临。1926年7月9日，国民革命军在广州举行北伐誓师大会，开始了以消灭帝国主义代理人北洋军阀为目标的革命战争。在北伐战争中，中国共产党提出了"打到列强，除军阀"的基本口号，积极参与军事战略方针的制定，发动工农群众支援北伐，为北伐战争的胜利做出了独特而重要的贡献。

北伐战争取得了胜利，而国民革命却是一场失败的革命。大革命之所以失败，客观上是由于中外反革命力量过于强大；主观上是由于党当时还处于幼年时期，对统一战线、武装斗争和党的建设缺乏经验，对马克思主义理论和中国革命的实践还不能够做到完整、统一的理解，在大革命后期犯了右倾机会主义错误。中国人民仍处于封建势力和帝国主义的双重压迫之下，中国人民反帝反封建的民主革命任务没有完成，中国的社会性质依然没有改变。大革命虽然失败了，但它的历史意义是不可磨灭的。通过这场革命，中国共产党提出的反帝反封建成了广大人民的共同呼声，党在人

---

① 《毛泽东选集》第2卷，人民出版社1991年版，第645页。

民中的政治影响也越来越大，党还开始掌握了一部分军队。尤其是通过对胜利和失败的反复比较，党经历了深刻的锻炼和严峻的考验，初步积累了的正反两方面的经验。因此，这次失败了的大革命实际上是未来胜利的革命的一次演习，为党领导人民革命向新的更高的阶段发展创造了重要条件。

1927 年春夏，蒋介石、汪精卫集团相继背叛革命，国内政治局势陡然逆转。中国革命进入了极其艰苦的土地革命时期。据党的六大所作的不完全统计，从 1927 年 3 月到 1928 年上半年，共产党人和革命群众被杀害的达 31 万多人，其中共产党员 26000 多人。面对险恶的白色恐怖，"中国共产党和中国人民没有被吓到，被征服，被杀绝。他们从地上爬起来，揩干净身上的血迹，掩埋好同伴的尸首，他们又继续战斗了"①。面对国民党反动派的屠杀政策，中国共产党只剩下唯一的选择：高举革命的大旗，进行武装抵抗。党的八七会议确定了土地革命和武装反抗国民党反动派的总方针。出席这次会议的毛泽东在发言中强调："以后要非常注意军事，须知政权是由枪杆子中取得的。"党彻底意识到武装斗争的重要性，在这一时期领导发动了南昌起义、秋收起义、广州起义等一系列武装起义，但大多以失败而告终。革命的实践反复证明：在国民党新军阀拥有强大武力的情况下，企图通过城市武装暴动或攻占大城市来夺取革命胜利是不可能的。革命该走什么道路，便成为摆在党面前的根本性问题。似乎陷入绝境的中国共产党，坚持从实际出发，在中国革命处于极端危险的紧要关头表现出可贵的革命首创精神，成功地把党的工作重心转入农村，创建工农红军，发动土地革命和游击战争，建立农村革命根据地，探索出了农村包围城市、武装夺取政权这样一条具有中国特色的革命道路，经过艰苦卓绝的斗争，又作为一支重要的政治力量出现了。但是从 1927 年 11 月至 1934 年间，党内先后出现了瞿秋白"左"倾盲动主义、李立三"左"倾冒险主义、王明"左"倾教条主义错误，使革命力量遭到很大损失。特别是王明"左"倾教条主义错误，导致红军第五次反"围剿"的失败，党和红军几乎陷入绝境，被迫进行长征。1935 年 1 月 15 日至 17 日，中共中央在遵义召开政治局扩大会议，这次会议集中解决了当时刻不容缓的军事和组织问题，确立了毛泽东在中共中央和工农红军中的领导地位，把党的路

---

① 《毛泽东选集》第 3 卷，人民出版社 1991 年版，第 1036 页。

线转移到马克思主义与中国革命实践相结合的轨道上来,从而挽救了党,挽救了红军,挽救了中国革命。中国工农红军在中国共产党的领导下,冲破国民党数十万大军的围追堵截,克服难以想象的各种艰难险阻,历经两年时间,长驱6.4万余里,纵横十四个省,胜利地完成长征,创造了中国乃至世界革命史上的伟大奇迹。在红军长征到达陕北后,全国抗日民族运动出现新高潮,党于1935年12月召开了瓦窑堡会议,制定了建立抗日民族统一战线的策略方针。随后,和平解决了西安事变,促使抗日民族统一战线的初步形成,迎来了全国规模的抗日民族解放战争。

1937年7月,日本帝国主义发动卢沟桥事变;8月,又大举进攻上海,中国军民奋起抵抗。从此,中国革命进入到抗日战争时期。自1937年七七事变到1945年8月日本投降,八路军作战近10万次,歼灭日伪军124万余人,在华北建立了63万余平方公里,7000余万人的晋察冀、山东、晋绥、晋冀鲁豫四大抗日根据地;新四军对日伪军作战共2.46万余次,毙伤日伪军12.42万余人,收复国土25.37万余平方公里,解放人口3420余万人,在苏、皖、浙、豫、鄂五省建立了八块抗日根据地。八年中,共产党领导的抗日武装力量由小到大,由弱到强,抗击和牵制了日本陆军总兵力的2/3,成为抗日战争的中流砥柱。抗日战争是在中国共产党的以国共两党合作为基础的抗日民族统一战线旗帜下,中华民族万众一心、众志成城,各党派、各民族、各阶层、各团体和海外侨胞同仇敌忾、共赴国难的民族解放战争,是中国人民近百年反侵略战争中规模最大、时间最长、牺牲最多、胜利最彻底的一次战争,是中国新民主主义革命的一个重要阶段。

从1945年8月15日日本无条件投降,到1949年4月23日国民党覆灭,是中国两种命运、两个前途决战的历史时期。面对抗日战争胜利后的形势,毛泽东及时指出:"抗日战争的阶段过去了,新的情况和任务是国内斗争。蒋介石说要'建国',今后就是建什么国的斗争。是建立一个无产阶级领导的人民大众的新民主主义国家,还是建立一个大地主大资产阶级专政的半殖民地半封建的国家?这将是一场很复杂的斗争。"① 中共中央1945年8月25日发表《对目前时局宣言》,指出:"抗战胜利了!新的和平建设时期开始了!我们必须坚持和平、民主、团结,为独立、自由

---

① 《毛泽东选集》第4卷,人民出版社1991年版,第1130页。

与富强的新中国而奋斗！"① 中国共产党努力争取和平途径实现中国社会的政治改革，通过比较长期的迂回道路走向新中国，而蒋介石集团无视中国人民建设独立、民主、繁荣富强的新中国的强烈愿望，依赖美国帝国主义的援助，拒绝我们党和全国人民关于实现和平民主的正义要求，坚持独裁统治和内战政策，把全国各阶层人民推向饥饿和死亡，悍然发动全面内战。我们党在解放区人民的全力支持下，在国民党统治区学生运动、工人运动和各阶层人民斗争的有力配合下，在各民主党派和无党派民主人士的积极合作下，经过战略防御、战略进攻和战略决战三个阶段，特别是辽沈、淮海、平津三大战役和渡江战役，消灭了蒋介石的 800 万军队，推翻了国民党在中国大陆经营 22 年的反动统治，结束了在中国延续一百余年的半殖民地半封建社会的历史，迎来了新中国的诞生。从此，中国人民站起来了。

一部中国近代史，是外国资本帝国主义侵略、掠夺中国并给中国人民带来无穷灾难的悲惨历史。世界上大大小小资本—帝国主义国家几乎都直接或间接地侵略过中国。新中国的诞生，使帝国主义列强侵略压迫中国、欺凌奴役中国人民的苦难历史从此结束，中华民族一洗百年来蒙受的屈辱，开始以新的姿态自立于世界民族之林。

在旧中国，中国人民不仅遭受帝国主义的杀戮和蹂躏，敲骨吸髓般的盘剥和掠夺，而且还要在本国封建主义、官僚资本主义极端残酷的压迫下苦苦挣扎，过着世界上罕见的极端贫困的生活。据统计，1949 年中国的人均国民收入只有 27 美元，不足印度 57 美元的一半，也远远低于当时整个亚洲 44 美元的人均收入。新中国的诞生，意味着中国封建主义、官僚资本主义统治的历史将要结束，基本实现国家统一，民族团结，长期以来受尽压迫和苦难的各族人民在政治上翻了身，第一次成为国家的主人。

在很长时期内，中国面临三种可供选择的建国方案：第一种方案先由北洋军阀后由国民党统治集团代表。他们主张实行地主买办阶级的专政，使中国社会继续走半殖民地半封建的道路。第二种方案由某些中间派或中间人士代表。他们主张建立资产阶级共和国，使中国社会走上独立发展资本主义的道路。第三种方案由共产党代表，主张建立工人阶级领导的以工农联盟为基础的人民共和国，经过新民主主义走向社会主义。这三种方案

---

① 《中共中央文件选集》第 15 册，中共中央党校出版社 1991 年版，第 248 页。

在中国人民的实践中反复地受到检验。结果是:第一种方案被中国人民抛弃了,它的代表者的统治也被推翻了;第二种方案没有得到中国人民的赞同,它的代表者的多数后来也承认这个方案在中国无法实现;只有第三种方案最终赢得中国最广大的人民群众包括民族资产阶级及其政治代表在内的拥护。新中国的诞生,为实现由新民主主义向社会主义的过渡创造了前提条件,从根本上改变了中国社会的发展方向,从而为实现国家富强、民族复兴展示了美好前景和现实道路。

新中国的诞生,开辟了中国历史的新纪元,是继俄国十月革命以后世界最有影响的历史事件之一。它在帝国主义的东方战线打开了一个缺口,沉重打击了世界殖民体系。这对于改变世界力量格局,维护世界和平和正义事业,具有深远的影响。在1949年庆祝中国共产党成立二十八周年时,毛泽东说:在过去二十八年的长时期中,"我们仅仅做了一件事,这就是取得了革命战争的基本胜利。这是值得庆祝的,因为这是人民的胜利,因为这是在中国这样一个大国的胜利。但是我们的事情还很多,比如走路,过去的工作只不过是像万里长征走完了第一步"。新民主主义革命胜利后,中国共产党还要继续领导人民,在建设新中国的过程中把马克思列宁主义的普遍原理同中国的具体实际相结合,走更长更艰难的道路。

二 发展奠基"富强梦"

在开国前夕,毛泽东曾经预言:"中国人民将会看见,中国的命运已经操在人民自己手里,中国将如太阳升起在东方那样,以自己的辉煌的光焰普照大地,迅速地荡涤反动政府留下的污泥浊水,治好战争的创伤,建立起一个崭新的强盛的名副其实的人民共和国。"[①] 中华人民共和国的成立,标志着新民主主义革命的基本胜利和半殖民地半封建社会的终结,也标志着新民主主义国家政权的建立和向社会主义过渡的开始,整个国家呈现出全新的景象,人们欢欣鼓舞,对未来的社会主义充满无限向往。

(一)国家富强梦的制度奠基

新中国成立后,我们是在一穷二白的基础上搞建设的,百废待兴,百

---

① 《毛泽东选集》第4卷,人民出版社1991年版,第1467页。

业待举。在这个时期，党领导人民肃清了国民党反对派在大陆的残余武装力量和土匪。实现了西藏的和平解放。建立了各地各级的人民政府。没收了官僚资本企业并把它们改造成为社会主义国营企业。统一了全国财政经济工作，稳定了物价。完成了新解放区土地制度的改革。开展了抗美援朝、镇压了反革命、"三反""五反"运动，建立了稳定的社会经济秩序。对旧中国的教育科学文化事业，进行了卓有成效的改革。彻底荡涤了旧社会遗留下来的赌博吸毒、卖淫嫖娼等污泥浊水，树立起新的社会风尚。同时，我们迅速恢复在旧中国遭到严重破坏的国民经济，工业总产值年均递增 34.8%，农业总产值年均递增 14.1%，到 1952 年年底，全国的工农业生产已经达到了历史最高水平，从而为进行大规模的社会主义改造奠定了基础。

党领导全国人民完成国民经济的恢复任务之后，我国进入大规模的社会主义改造和开始了有计划的经济建设的时期。1952 年年底，党中央根据毛泽东的建议提出了过渡时期的总路线：要在一个相当长的时期内，逐步实现国家的社会主义工业化，并逐步实现国家对农业、对手工业和对资本主义工商业的社会主义改造。1953 年，党领导制订了发展国民经济的第一个五年计划。1954 年 9 月，第一届全国人民大会第一次会议在北京召开，大会通过了《中华人民共和国宪法》，以根本大法的形式把党在过渡时期的总路线作为全国人民在过渡时期的总任务确定下来，它为建立和健全社会主义民主和社会主义法制奠定了基础。在党的领导下，到 1956 年，我国基本上实现了对农业、手工业和资本主义工商业的社会主义改造，提前完成了第一个五年计划主要目标，成功地实现了我国社会从新民主主义到社会主义的伟大转变。尽管在工作中出现了一些失误和偏差，但整个来说，改造取得了巨大成功，因为"判断历史的功绩，不是根据历史活动家没有提供现代所要求的东西，而是根据他们比他们的前辈提供了新的东西"①。变革没有引起巨大的社会动荡，反而极大地加强了人民的团结，进一步增强了国家的凝聚力。特别是在这场困难、复杂、深刻的大变革中，党坚持从实际出发，创造性地开辟了一条适合中国特点的社会主义改造道路，不仅避免了在社会变革中通常难以避免的生产力破坏和生产下降，而且有力地促进了工农业和整个国民经济的发展。这是社会主义运

①　《列宁选集》第 2 卷，人民出版社 1984 年版，第 154 页。

动史上的伟大创举。

随着社会主义改造的完成，我国的经济制度、社会经济结构、社会主要矛盾及阶级关系发生了根本的变化。1956年的国民经济总收入同1952年相比，国营经济的比重由19.1%上升到32.2%，合作社经济由1.5%上升到53.4%，资本主义经济则由6.9%下降到0.1%以下，个体经济由71.8%下降到7.1%。这表明，我国几千年来以生产资料私有制为基础的阶级剥削制度已经基本上被消灭，以生产资料公有制为基础的社会主义制度已经基本上建立起来。政治领域确立了中国共产党领导的人民民主专政的社会主义基本政治制度。广大劳动人民成了国家和社会以及掌握自己命运的主人。人民群众日益增长的物质文化需求和落后的社会生产之间的矛盾，转变为社会的主要矛盾。从此，占世界人口近1/4的东方大国，进入了人类历史上崭新的社会主义社会。这是我国历史上最伟大最深刻的社会变革，是我国今后一切进步和发展的基础。

这个胜利，使我国亿万劳动人民从此结束了被剥削被奴役的命运，成了国家的主人，极大地激发了他们建设社会主义的积极性，全国人民精神振奋，斗志昂扬，从而有力地促进了社会生产力的发展。从1953年到1956年，工业总产值每年递增19.6%，农业总产值每年递增4.8%。全国从城市到乡村到处呈现一派欣欣向荣的景象。

这个胜利，使我国阶级力量对比发生了根本的变化，社会主义经济力量空前壮大，社会秩序更加安定，从而大大巩固和加强了人民民主专政，推动了社会主义事业的发展。

这个胜利，是对马克思列宁主义的重大贡献，为社会主义运动提供了新鲜经验。我们党在实践中，创造性地开辟了一条适合中国特点的社会主义改造道路。历史证明，这条道路是成功的，从理论和实践上解决了在中国这样一个占世界人口近1/4的经济文化落后的大国中，建立社会主义的艰难任务。社会主义制度的建立，为中国梦的实现打下了坚实的制度基础。

（二）社会主义建设取得的辉煌成就

社会主义制度基本建立后，如何在中国建设社会主义，是党面临的崭新课题。党曾经号召学习苏联经验，但很快察觉到苏联模式的局限。毛泽东提出把马克思列宁主义同中国实际进行"第二次结合"的任务，要以苏联的经验教训为鉴戒，独立探索适合中国国情的社会主义建设道路。在全面建设社会主义的过程中，我们虽然遭受过严重的挫折，但依靠自己的力量，在党的领导下，纠正了经济工作中的一些"左"倾错误，在经济、科技和文化建设等方面仍然取得了很大的成就。

首先，开始摆脱苏联模式，独立自主地探索适合我国国情的社会主义建设道路。我国的社会主义是脱胎于半殖民地半封建社会的、人口众多、经济文化都十分落后的东方大国。在怎样建设社会主义这个重大问题上，以毛泽东为主要代表的中国共产党人从苏联模式的弊端中认识到这一模式不适合中国国情，提出以苏联为鉴戒、总结自己的经验，开始探索中国自己的建设道路。在探索中形成了一些正确的和比较正确的理论观点和方针政策，为后来形成中国特色社会主义理论体系提供了重要的思想材料，是探索中国特色社会主义道路的伟大开端。

其次，建成了比较完整的国民经济体系，工农业生产有了较大幅度的发展。旧有的工业部门如能源、冶金机械工业得到加强，同时电子工业、石油化工和原子能工业等一批新兴的工业部门建立起来。石油工业发展成为这个时期我国国民经济的支柱产业，到1965年国内需要的石油已经全部自给，使我们能够自豪地宣布：中国人靠"洋油"过日子的时代已经结束了。工业布局初步得到改善，除沿海工业基地得到加强外，在内地和边疆省份都兴建了不同规模的现代工业，形成了一批新的工业中心。主要的农产品产量都有较大幅度的增长，农业机械化程度有所提高，农田水利设施得到改善，良种培育、土壤改良等农业科技取得了较大进步。

再次，教育和科学技术事业取得较大进步。到1965年，全国在校学生达1.31亿人，其中高校在校生67.4万人，1956—1965年合计高校毕业生139万余人。在科学技术方面也有所突破，到1965年年底，全国的科研机构达1714个，专业人员达12万人。在化学、核物理、高能物理、电子计算机等方面都有可喜的成绩。1964年10月和1965年5月，我国成功地进行了两次原子弹爆炸试验，标志着我国科学技术达到了新的水平。1964年，我国首次人工合成牛胰岛素结晶，在世界上处于领先地位。我们赖以进行现代化建设的物质技术基础，很大一部分是这个期间建立起来的，全国经济文化建设等方面的骨干力量和他们的工作经验，也是在这个期间培养和积累起来的。

　　"文化大革命"的十年，党和国家经历了重大挫折，经济建设也受到严重损失。但应该看到，在这一历史时期，由于毛泽东在一定程度上抑制了林彪、"四人帮"的破坏活动，特别是周恩来、邓小平等老一辈革命家艰苦工作，力挽狂澜，经过全国人民的努力奋斗，经济建设在总体上也得到一定的发展。工业总产值1976年比1965年增长172.6%，平均每年增长9.55%；农业总产值1976年比1965年增长35.3%，平均每年增长2.8%。工业交通、基本建设和科学技术方面取得了一批重要成就，其中包括一些新铁路和南京长江大桥的建成，一些技术先进的大型企业的投产，氢弹试验和人造卫星发射回收的成功，等等，为以后改革开放新时期的经济腾飞准备了重要的物质条件。

三　改革开启"振兴梦"

　　以邓小平为核心的党的第二代中央领导集体，坚持解放思想，实事求是，继承前人又突破成规，对我国社会主义建设胜利和挫折的经验教训进行了总结，准确把握世情国情党情，借鉴其他国家尤其是发达资本主义国家的文明成果，深刻地揭示社会主义的本质，以经济建设为中心，以人民利益作为社会主义的价值目标，果断做出改革开放的战略决策，开辟了具有中国特色社会主义的新道路，踏上了实现中国梦的新征程。

（一）历史的伟大转折

　　粉碎"四人帮"标志着"文化大革命"的结束，中国社会进入了一个新的历史发展时期。然而，经历了十年动乱，当时的神州大地已是满目疮痍：工农业生产遭到严重破坏，国民经济濒临崩溃的边缘；政治上仍以阶级斗争为纲，个人崇拜泛滥，千百万干部、群众蒙受着冤假错案的牵累；思想理论领域处于混乱状态，教条主义盛行，唯心主义和形而上学猖獗；科学、文化、教育事业均受到严重的摧残。这一时期，百废待举，历史处于重大的转折关头。

　　饱受"文化大革命"之苦的人们迫切要求结束中国社会长达十年之久的大动乱，纠正"左"的政治路线、思想路线和组织路线，开辟社会主义建设的新局面。而刚刚开始的拨乱反正，遇到了"两个凡是"的障碍。不冲破"两个凡是"的思想束缚，就无法使中国走出困境。为了拨开"左"倾思想的迷雾，重新确立实事求是的思想路线，邓小平1977年4月写信给党中央，提出必须"用准确的完整的毛泽东思想来指导我们的党"。在邓小平看来，"两个凡是"观念正是本本主义观念在新的历史条件下的一种表现。他指出："一个党，一个国家，一个民族，如果一切从本本出发，思想僵化，迷信盛行，那它就不能前进，它的生机就停止了，就要亡党亡国。……只有解放思想，坚持实事求是，一切从实际出发，理论联系实际，我们的社会主义现代化建设才能顺利进行，我们党的马列主义、毛泽东思想的理论也才能顺利发展。"[①] 1978年5月，《光明日报》发表了《实践是检验真理的唯一标准》的特约评论员文章。文章说，检验真理的标准只能是社会实践；理论和实践的统一，是马克思主义最根本的原则，任何理论都要不断接受实践的检验。在邓小平的支持和推动下，这场意义重大的全国性大讨论引向了深入。真理标准问题的讨论，冲破了长期以来禁锢人们思想和行动的"左"倾理论，打碎了从本本出发，思想僵化、迷信盛行的教条主义精神枷锁。全党和全国人民开始实事求是地总结、回顾新中国成立以来社会主义革命和建设中正反两个方面的经验教训，对1957年夏季以后直至"文化大革命"期间的"左"倾指导方针给党和国家造成的重大损害，作了理智的必要的反思，从而促成中国现代史上继五四运动、延安整风之后的第三次思想大解放运动，为党的十一届三中全会的召开做了重要的思想准备。为此，他坚决地支持和推动关于真理标准的大讨论。

1978年召开的中共十一届三中全会，是新中国成立以来党和国家历史上具有深远意义的伟大转折。全会结束了1976年10月以来党和国家的工作在徘徊中前进的局面，开始全面系统地纠正"文化大革命"中及其以前的"左"倾错误。全会确定了解放思想、开动脑筋、实事求是、团结一致向前看的方针；果断地停止使用"以阶级斗争为纲"这个不适用社会主义社会的口号，作出了把工作重点转移到社会主义现代化建设上来的战略决策；提出了健全社会主义民主和加强社会主义法制的任务等。这些具有重大意义的转变，标志着党和国家重新确立并发展了马克思主义的思想路线、政治路线和组织路线，中国的社会主义事业实现了伟大转折，

---

① 《邓小平文选》第2卷，人民出版社1994年版，第143页。

开始步入了健康、稳定、快速发展的新轨道。

1981 年 6 月 27 日至 29 日我们党在北京召开了十一届六中全会，这次会议是继十一届三中全会以后，我们党历史上又一次具有重大意义的会议，它以在党的指导思想上完成拨乱反正的历史任务而载入史册。会议通过了《关于建国以来党的若干历史问题的决议》。1980 年 3 月 19 日，邓小平找胡耀邦、胡乔木、邓力群三人谈话，提出起草历史决议的三条总的要求：第一，确立毛泽东的历史地位，坚持和发展毛泽东思想，这是最核心的一条。第二，对新中国成立 30 年来历史上的大事进行实事求是的分析，对一些负责同志的功过是非作出公正的评价。第三，通过这个决议对过去的事情作个基本的总结。这个总结宜粗不宜细，引导大家团结一致向前看。为达到三条要求，胡乔木向《决议》起草组成员提出，历史决议必须回答两个难题：“一个是为什么发生‘文化大革命’。”“不答复这个问题，决议就失掉价值。”“另一个是，毛泽东思想的实质是什么。”“讲坚持毛泽东思想，是讲坚持什么。”“不答复这个问题，坚持毛泽东思想这个口号就没有力量。”① 这个《决议》在提议全会讨论以前，于 1980 年 10 月交党内 4000 人讨论，先后做了六次较大的修改。《决议》在肯定党领导全国各族人民进行社会主义革命和社会主义建设取得巨大成就的前提下，对党在新中国成立以后所犯的错误进行了全面客观的总结。《决议》运用马克思主义的辩证唯物论和历史唯物论，对新中国建立三十二年来党的重大历史事件特别是“文化大革命”作出了实事求是的评价，明确指出党在对形势的分析和对国情的认识上发生过主观主义的偏差，犯过把阶级斗争扩大化和在经济建设上急躁冒进的错误，包括“文化大革命”这样全局性的、长时间的错误，《决议》对多年来“左”倾错误和毛泽东晚年的错误作了科学的分析和批评，分析了产生错误的主观因素和社会原因，维护了毛泽东思想的科学体系和毛泽东的历史地位，纠正了当时存在的“左”的和右的错误观点，使极端重要而又极其复杂的历史问题得以澄清。《决议》的通过，标志着党在指导思想上的拨乱反正的胜利完成。

（二）改革开放新局面的渐次开创

在胜利完成拨乱反正和启动改革开放进程的基础上，党的十二大和十

---

① 《胡乔木文集》第 2 卷，人民出版社 1993 年版，第 130 页。

二届三中全会适应国内外形势的发展，不失时机地提出党在新时期的总任务和进行全面改革的纲领，由此开创了中国社会主义现代化建设的新征程。

在 1982 年召开的党的十二大上，邓小平明确指出，"把马克思主义的普遍真理同中国的具体实际结合起来，走自己的道路，建设有中国特色的社会主义"这一重大命题。邓小平提出的建设有中国特色社会主义的思想，是十二大的指导思想，也是整个新的历史时期改革开放和现代化建设的指导思想。党的十二大确定党在新的历史时期的总任务是：团结全国各族人民，自力更生，艰苦奋斗，逐步实现工业、农业、国防和科学技术的现代化，把我国建设成为高度文明、高度民主的社会主义国家。这次大会的一个显著特点，是在提出经济建设目标的同时，提出要努力建设高度的社会主义精神文明和高度的社会主义民主。这些理论和任务的提出，体现了社会主义现代化建设的全面性要求，使人们对社会主义的理解更加全面和深刻了。

经过改革开放和社会主义现代化建设的实践，在认清国情和总结实践经验的基础上，党的十三大系统地阐明了社会主义初级阶段的理论和党在社会主义初级阶段"一个中心，两个基本点"的基本路线，确定了"三步走"的发展战略构想，指出我国经济发展战略部署大体分为"三步走"：第一步，从 1981 年到 1990 年实现国民生产总值比 1980 年翻一番，解决人民的温饱问题；第二步，从 1991 年到 20 世纪末，使国民生产总值再翻一番，达到小康水平；第三步，到 21 世纪中叶，国民生产总值再翻两番，达到中等发达国家水平，基本实现现代化。然后在这个基础上继续前进。这些科学论断和构想，开创了中国特色社会主义建设的新阶段。

十一届三中全会以来党的路线、方针和政策得到了广大人民群众的衷心拥护，党所提出的宏伟目标凝聚和鼓舞着全国各族人民为社会主义现代化建设而奋斗。据有关资料表明，1989 年，中国的综合国力由 1949 年的第 13 位跃居世界第 6 位；原煤、谷物、棉花、布、花生、水泥、电视机等产量均位居世界第一；钢铁产量由 1949 年的第 26 位跃居世界第 4 位；原油产量由 1950 年的第 27 位跃居世界第 4 位。实践证明，改革开放的方向和路子是正确的，是我们实现中国梦的不二选择。

1992 年年初，邓小平视察南方并发表重要谈话，科学总结了十一届三中全会以来党的基本实践和基本经验，明确回答了困扰和束缚人们思想的许多重大认识问题，提出了社会主义本质论、社会主义市场经济论等一系列新的著名论断。以邓小平南方谈话和党的十四大为标志，我国改革开放和现代化建设事业进入了新阶段。以江泽民为核心的党的第三代中央领导集体勇敢地承担起历史重任，采取一系列重大举措，正确处理改革、发展和稳定的关系，取得了显著成效：在世纪之交的重要时刻，确立了邓小平理论在全党的指导地位，坚持党的基本路线、基本纲领不动摇；不断深化改革开放，明确了社会主义市场经济体制的改革目标，实现了经济体制改革中最深刻的变革；继续推进政治体制改革，扩大社会主义民主，提出依法治国、建设社会主义法治国家的基本方略；坚持"两手抓，两手都要硬"的方针，加强思想政治工作和社会主义精神文明建设，同"法轮功"邪教组织进行了坚决斗争，推动了社会的全面进步；坚持"一国两制"的方针，顺利实现了香港、澳门的回归祖国。在反分裂、反台独的斗争中取得了重大胜利；坚持独立自主的和平外交政策，冷静应对突发事件，坚定维护国家的独立、主权和尊严，为我国现代化建设创造了良好的国际环境。江泽民在党的十五大报告中，对 21 世纪前 50 年中国现代化建设的发展，明确地提出了分阶段的发展构想。他指出："展望下世纪，我们的目标是，第一个 10 年实现国民生产总值比 2000 年翻一番，使人民的小康生活更加宽裕，形成比较完善的社会主义市场经济体制；再经过 10 年的努力，到建党 100 年时，使国民经济更加发展，各项制度更加完善；到世纪中叶建国 100 年时，基本实现现代化，建成富强民主文明的社会主义国家。"① 20 世纪末，我国提前实现了第二步的战略目标，人民生活从总体上达到了小康水平。

党的十六大以来，以胡锦涛为总书记的党中央坚持以邓小平理论和"三个代表"重要思想为指导，与时俱进，求真务实，提出全面贯彻落实科学发展观、构建社会主义和谐社会、加强党的执政能力建设和党的先进性建设、建设社会主义新农村、建设创新型国家和资源节约型与环境友好型社会等一系列重大战略思想，带领全国人民全面建设小康社会，加快推进现代化建设，开创了中国特色社会主义事业的新局面。十年来，我们取得一系列新的历史性成就，为全面建成小康社会打下了坚实基础。据统计，我国经济总量已跃升到世界第二位，人均国民生产总值超 5000 美元，

---

① 《江泽民文选》第 2 卷，人民出版社 2006 年版，第 4 页。

是世界最大的出口国、最大的外汇储备国和最大的新兴市场，对世界经济增长的贡献率超过 20%，对世界贸易增长的贡献率达 50%；城镇登记失业率保持在 4.3% 以下的较低水平。高等教育毛入学率从 15% 提高到 26.9%，总规模位居世界第一；2010 年我国人均预期寿命达 74.83 岁；2011 年，城乡居民家庭恩格尔系数分别为 36.3% 和 40.4%；2011 年年底，城镇居民家庭平均每百户拥有家用汽车 18.6 辆，移动电话 205.3 部，家用电脑 81.9 台。社会生产力、经济实力、科技实力迈上一个大台阶，人民生活水平、居民收入水平、社会保障水平迈上一个大台阶，综合国力、国际竞争力、国际影响力迈上一个大台阶，国家面貌发生新的历史性变化。人们公认，这是我国经济持续发展、民主不断健全、文化日益繁荣、社会保持稳定的时期，是着力保障和改善民生、人民得到实惠更多的时期。

（三）开启实现中国梦的新征程

"中国这头狮子已经醒了。"习近平指出，中国特色社会主义道路是在改革开放 30 多年的伟大实践中走出来的，是在中华人民共和国成立 60 多年的持续探索中走出来的，是在对近代以来 170 多年中华民族发展历程的深刻总结中走出来的，是在对中华民族 5000 多年悠久文明的传承中走出来的，具有深厚的历史渊源和广泛的现实基础。实践充分证明，中国特色社会主义道路是引领中国走向繁荣富强、和谐幸福之路。我们距离中国梦越来越近。同时，我们也清醒地认识到，我国既处于发展的黄金期，又处于矛盾的凸显期，实现中国梦还面临着很多挑战。当前我国经济面临着保增长和调整结构的双重压力，发展不协调、不平衡、不可持续问题依然突出；贫富差距大、收入分配不均、房价过高、教育资源不均衡、就业压力大、腐败现象严重等问题都在困扰着我们；国际上一些国家不愿意或者不甘心见到中国崛起，有意无意地给我们制造各种麻烦和障碍，试图延缓中国前进的步伐。历史新境况，需要新的思路和理念来引导。

党的十八大根据我国经济社会发展的实际，明确提出全面建成小康社会的新目标和实现中国梦的愿景。这成为促进经济社会发展、改善人民生活、实现国家繁荣富强的宣言书和动员令。

党的十八届三中全会以全面深化改革为主题，以增进人民福祉为宗旨，为实现中国梦注入了新的活力。习近平深刻地指出"改革只有进行时没有完成时"。改革开放 30 多年来，我们紧紧抓住难得的战略机遇期，以惊人的速度发展，中国人民的面貌，中国社会主义的面貌大为改观，综合国力不断提升，国际影响力显著增强。改革目前已逐步进入深水区，可以预见和难以预见的风险还很多，长期积累的矛盾和问题必须通过进一步深化改革化解，在实现中国梦的道路上，改革既需要摸着石头过河，又需要进行顶层设计，我们必须以科学发展观为指导，进一步解放思想，攻坚克难，以工业化、城镇化、信息化和农业现代化推动大发展，不断释放改革的红利。以经济体制改革为核心，全面深化改革，是新的发展阶段我们党的战略决策，也是实现中国梦的不二选择。

人民群众是我们党力量的源泉，人民群众多大程度上多长时间支持我们，我们党就能多大程度上多长时间执政。在以习近平为核心的党中央的坚强领导下，我们党密切联系群众，强调始终把人民放在心中最高位置，想人民之所想，"人民对美好生活的向往，就是我们的奋斗目标"，"中国梦归根到底是人民的梦"。习近平总书记指出："作为国家领导人，人民把我放在这样的工作岗位上，我就要始终把人民放在心中最高的位置，牢记责任重于泰山，时刻把人民群众的安危冷暖放在心上，兢兢业业、夙夜在公，始终与人民心心相印、与人民同甘共苦、与人民团结奋斗。"广大人民群众是实现中国梦的主体，是我们党的力量之源，执政之基，我们有了人民群众的支持、信任和拥护，我们就能够把握住历史赋予我们的机遇，有效应对前进道路上的各种风险和挑战，实现"两个一百年"的奋斗目标。

中国梦已成为激发社会创造活力、传递积极向上"正能量"的信念，在中国大地上激起了广泛而强烈的共鸣。生活在我们伟大祖国和伟大时代的中国人民，在中国梦的感召下，期待能够共同享有人生出彩的机会，共同享有梦想成真的机会，共同享有同祖国和时代一起成长与进步的机会。

中国梦是对近代以来中国人民争取民族独立、人民解放和实现国家富强、人民富裕伟大事业的继承和发展。对面临改革开放关键时期的中国人民来说，需要梦想激励、理想引领。中国梦符合中国人的思维习惯，容易赢得广大民众的赞同，有利于振奋人心、鼓舞士气，提升中国人民的自信心，坚定中国人民实现中华民族伟大复兴的信念。

作为世界上最大的发展中国家，中国在国际和地区事务中扮演着越来越重要的角色，中国追求发展梦想的路径与方式，深深影响着一些与中国国情类似的国家，带动广大发展中国家的经济社会发展，为世界的和平、稳定和发展注入强大动力。实现中国梦，是中国的机遇，也是世界的机遇，中国必将成为维护世界和平，促进共同发展的重要力量。

第二编

中国梦的实质：
富强、振兴、幸福

习近平总书记指出，中国梦的基本内涵就是"实现国家富强、民族振兴、人民幸福"。在这三者之中，"国家富强"是实现中国梦的物质前提，民族振兴是实现中国梦的精神载体，人民幸福是实现中国梦的价值旨归。这三个方面构成中国梦的丰富内涵和精神实质。

就中国梦来说，在国家层面，追求国家富强的目标，在民族层面，追求民族振兴的目标；在社会层面，追求人民幸福的目标。如果说实现国家富强是中国梦在经济、军事等综合实力上的体现的话，那么实现民族振兴则是中国梦在文化上的体现。但就总体而言，国家富强、民族振兴最终要实现人民幸福，最终要体现在人民幸福上面，人民幸福是中国梦想之本、民族复兴之源，中国梦的最终价值旨归。

第 四 章

中国梦是国家富强梦

"国家富强"是实现中国梦最重要的前提，是民族振兴和人民幸福的前提和基础条件。只有国家富强了，民族才能振兴；而只有国家富强、民族振兴了，人民才会幸福。

一 中国梦的物质前提

（一）国家富强是民族振兴的前提

按照马斯洛的需求层次理论，每一个人都有生理的（主要指物质方面的）需要、安全的需要（包括归宿的需要）、尊重的需要和自我实现的需要。它们之间存在一种从低到高的层次性，人首先追求的是低层次的需要，当这种需要满足之后，他们便展开对高层次需要的追求。马斯洛说："一个缺乏食物、自尊和爱的人会首先要求食物；只要这一需要还未得到满足，他就会无视或把所有其它需要都推到后面去。"马斯洛上述观点尽管讲的是人的需要，但社会的需要本质上乃是人的需要，是个体需要的反映和放大。因此，社会的需要也和人的个体需要一样有一定的层次递进关系。在国家富强、民族振兴、人民幸福这三大社会需要的追求中，对国家富强需要的追求无疑是第一位或第一层次的。也正因为如此，所以在当今世界上，几乎每一个国家都把追富逐强当作第一要务来进行。国富则国力强，国穷则国力弱，国家就要遭人欺凌，民族就要遭人侮辱，这是一部近代中国史早已向我们彰显的事实真理。近代的中国为什么被人看不起，近代的中华民族为什么被人称作是"东亚病夫"，根本原因就在于我们的国家不够富强，我们的综合国力没有达到应有的地步。历史已经告诉我们，一个积贫积弱的国家是不可能在国际上享有较高的地位，获得较好的形象的，从而必然也难以实现自己民族的振兴，因此要想实现民族的振兴，首先就必须实现国家的富强。

但是，我们在强调国家富强在实现民族振兴中的重要作用时也一定要认识到，国家富强并不等同于民族振兴。按照清华学者冯务中的观点，①从国家富强到民族振兴需要两个重要条件：一是实现国家富强的途径应该是文明的，应该是通过自己国民的辛勤工作、辛勤劳动而实现的富强。相反，如果一个国家通过以邻为壑、损人利己的方式迅速发展，即使它能实现自己的富强梦想，它也很难以屹立于世界民族之林，更谈不上被别人认可和尊重。二是国家富强之后的发展道路应该是和平的，而不应该是充满暴力和掠夺的。相反，如果一个国家富强之后恃强凌弱、对外侵略，则最终不但不能实现民族振兴，反倒会使自己的民族遭受深重的灾害。日本通过明治维新富强起来以后走上了军国主义道路，最终不仅给世界人民带来了灾难，也给自己的民族带来了苦难。我们要实现的中国梦是文明发展的中国梦，是和平发展的中国梦，因此是完全能够实现从国家富强到民族振兴的升华。

（二）国家富强是人民幸福的基础

俗话说，"大河没水小河干"。近代中国的百年奋斗史实际上也一直在证明着这样一个道理，国家好，民族好，大家才会好。在实现民族复兴的征程中，国家富强无疑是第一位的，没有国家的富强就不会有民族的振兴，更难以有人民的幸福。既富又强的国家，才有可能从数量和质量两个方面为人民群众提供既多又好的生活条件和公共服务，满足人民群众日益增长的物质文化需要，从而使人民过上较好的生活，获得较高的幸福度；反过来，如果一个国家既不富也不强，那它根本就没有条件为自己的人民群众提供满足其需要的生活条件和公共服务，甚至连维持其生存和尊严的基本需要也不能保证，这样它的人民必然会陷入饥寒与痛苦之中。从这个意义上来看，政府对于 GDP 的高度重视是可以理解的。美国参议员罗伯特·肯尼迪在 1968 年竞选总统时曾经这样批评 GDP："GDP 并没有考虑到我们孩子的健康、他们的教育质量，或者他们游戏的快乐。它也没有包

---

① 　冯务中：《中国特色社会主义价值目标》，《山东社会科学》2010 年第 12 期。

括我们的诗歌之美或者婚姻的稳定，没有包括我们关于公共问题争论的智慧或者我们公务员的廉正。它没有衡量我们的勇气，我们的智慧，也没有衡量我们对祖国的热爱。简言之，它衡量一切，但并不包括使我们的生活有意义的东西……"①　针对罗伯特·肯尼迪的这段话，美国经济学家曼昆指出："罗伯特·肯尼迪所说的话大部分都是正确的。那么，为什么我们还要关注 GDP 呢？回答是实际上 GDP 高有助于我们过好生活。GDP 没有衡量我们孩子的健康，但 GDP 高的国家负担得起孩子更好的医疗保健。GDP 没有衡量孩子们的教育质量，但 GDP 高的国家负担得起更好的教育制度。GDP 没有衡量我们的诗歌之美，但 GDP 高的国家可以教育更多公民阅读和欣赏诗歌。GDP 没有考虑到我们的知识、廉正、勇气、智慧或对国家的热爱，但当人民不用过多关心是否负担得起生活的物质必需品时，这一切美好的气质也容易养成。"②　他总结道："GDP 没有直接衡量这些使生活有意义的东西，但它确实衡量了我们获得能使我们过上这份有意义生活的投入能力。"③　也就是说 GDP 高并不意味着人民幸福，但是 GDP 高更有可能促进人民幸福。

　　但是，国家富强并不等同于人民幸福。从历史上看，无论是统一六国之前的秦国还是统一六国之后的秦朝，其国家不可谓不富强，但其人民不可谓不痛苦。国家富强不等同于人民幸福的主要原因可以概括如下：第一，国家富强是一种外在客观标准，而人民幸福属于内在主观标准。从外在客观标准过渡到内在主观标准不是水到渠成的，而是需要大量条件的。第二，国家富强只是为人民幸福提供了重要的可能性，能否将这种可能性转化为现实性尚需大量的制度安排和政策措施。第三，国家富强的具体方式比国家富强本身更能影响人民幸福的程度。如果国家富强是建立在巧取豪夺、与民争利的基础上的，那么就很难促进甚至大大有损于人民幸福的实现；而如果国家富强是建立在国富民强、藏富于民的基础上的，那么则必将大大促进人民幸福的实现。还存在着这么一种情况：并不富强的国家也可能有着比较高的人民幸福度。例如位于中国与印度之间的小国不丹，其国家既不富也不强，但是人民幸福度并不低。这种现象被国际社会称为

①　［美］曼昆：《经济学原理》（宏观经济学分册），北京大学出版社 2006 年版，第 19 页。

②　同上。

③　同上。

"不丹现象"。不丹现象从反面说明了国家富强与人民幸福之间关系的复杂性。[①]

总之，国家富强最终是为了提升人民幸福。如果一个国家的富强从根本上提升了人民的幸福，那么这种国家富强就是值得倡导的，即使它会在短期内给一部分群众带来一些痛苦。如果一个国家的富强并没有从根本上提升人民的幸福感，那么这种国家富强就是值得怀疑的，人们就应该反思这种国家富强的基础和途径。需要说明的是，人民幸福也可以反过来作为手段促进国家富强。在一个幸福的国家里，人民群众的工作积极性和主动性会更高，社会冲突和矛盾较少，从而有助于国家富强的进一步实现。中国梦强调的是"生活在我们伟大祖国和伟大时代的中国人民，共同享有人生出彩的机会，共同享有梦想成真的机会，共同享有同祖国和时代一起成长与进步的机会……""中国梦归根到底是人民的梦，必须紧紧依靠人民来实现，必须不断为人民造福"，因此完全可以同时实现国家富强基础上的人民幸福和人民幸福意义上的国家富强。

二   国家富强梦的内涵

国家富强的含义从总的方面来讲，有两个方面：一是国家富裕，二是国家强大。

（一）国家富裕

国家富裕具体来讲又包括以下三个方面：第一，国家总体富裕，这是国家发展强大的首要前提。没有国家的总体富裕，国家各方面的发展都会受到限制，国家总体的强大就会很难实现。国家总体富裕程度可以用国内生产总值（GDP）来衡量。回顾我国的发展史，特别是改革开放以来所取得的成就，可以看出我们国家正在逐步实现总体富裕的目标："从 1978 年到 2007 年，我国国内生产总值由 3645 亿元增长到 24.95 万亿元，年均实际增长 9.8%，是同期世界经济年均增长率的 3 倍多，我国经济总量上升为世界第四。从 1978 年到 2007 年，全国城镇居民人均可支配收入从

---

① 本部分内容主要引用了清华学者冯务中的观点。冯务中：《中国特色社会主义价值目标》，《山东社会科学》2010 年第 12 期。

343 元增加到 13786 元，实际增长 6.5 倍；农民人均纯收入从 134 元增加到 4140 元，实际增长 6.3 倍；农村贫困人口从 2.5 亿减少到 1400 多万。" 2010 年，中国国内生产总值达到了 5.88 万亿美元，超过了日本的 5.50 万亿美元，成为了世界第二大经济体。2012 年，中国国内生产总值达到了 8.23 万亿美元，强势拉开了与日本之间的距离（2012 年日本国内生产总值为 5.96 万亿美元），但与美国 15.68 万亿美元的国内生产总值相比，我们还是有比较大的差距，这就要求我们必须继续努力，争取早日实现对美国的超越，成为世界第一经济强国。

第二，国民个体富裕，这是国家富强的基础。一个真正富裕强大的国家，不仅仅只应该体现在它的国家层面，更应该体现在它的国民层面，民富国强，所以中国历史上的很多政治家都特别重视强调民富的重要性。管仲说："善为国者，必先富民，然后治之。"《论语》有子对哀公说："百姓足，君孰与不足？百姓不足，君孰与足？"同时代的尉缭子也指出："亡国富仓府，谓上满下漏，患无所救。"意思就是要想亡国就把财富集中到政府的库房，因为政府控制的财富越多，各种腐败行为就会越多，社会矛盾就越激烈，贫富分化就越严重，社会秩序就会处在了一触即发的隐患之中！法国思想家孟德斯鸠在 18 世纪也曾问道："国家是先以民众贫困作代价而使自己变富呢？还是让国民先富起来再实现自己的富裕？"结论是："只有个人的富裕才能很快推动国家的富强。"那么国民个体的富裕程度怎样来衡量呢？我们一般用人均国内生产总值（即人均 GDP）与基尼系数来综合衡量。从人均 GDP 来看，自 1978 年以来，我们国家的人均 GDP 一直处于快速发展之中，与世界平均水平的差距在不断缩小。根据世界银行公布的数据，按现价汇率计算，1978 年我国人均 GDP 为 155 美元，相当于世界平均比例的 7.9%；2000 年为 949 美元，相当于世界平均的比例提高到 17.9%；2009 年为 3744 美元，相当于世界平均的比例进一步提升到 43.6%。据国家统计局资料显示，2010 年我国人均 GDP 为 4382 美元，2011 年为 5432 美元，2012 年约为 6100 美元。根据世界银行公布的数据，对有数据的国家和地区进行排名，2009 年我国人均 GDP 在世界排名比 1978 年前进了 38 位。1978 年在 135 个国家和地区中排名第 133 位，1990 年在 184 个国家和地区中排名第 163 位，2000 年在 196 个国家和地区中排名第 132 位，2009 年在 175 个国家和地区中的排名第 95 位，2011 年则将排名上升到世界第 89 位。尽管这样，我国人均 GDP 与世界平均水平相比还是有一定差距，照此趋势，我国人均 GDP 达到世界平均水平还需要一段时间。

第三，人民群众生活水平高，这是国家富裕程度高的一个重要体现。对于一个国家居民生活水平高低的评价，国际上通常是通过恩格尔系数①来衡量。具体而言，恩格尔系数是指居民家庭食品消费支出占家庭消费总支出的比重，用公式表示为：恩格尔系数（%）＝（家庭食品支出总额/家庭消费支出总额）×100%。恩格尔系数主要反映食品支出占总消费支出的比例随收入提高而逐渐变小的一种趋势。也就是说，随着居民收入的增加，在食物需求基本满足的情况下，居民消费的重心开始由吃向穿、用、保健、旅游等精神文化生活方面转移。国际上普遍认为，一个国家、地区或家庭的生活水平越低下，恩格尔系数就越大；恩格尔系数越小，生活水平越高。联合国根据恩格尔系数的大小，对它所代表的生活水平进行了划分，即一个国家平均家庭恩格尔系数大于 60% 为贫穷；50%—60%为温饱；40%—50% 为小康；30%—40% 属于相对富裕；20%—30% 为富裕；20% 以下为极其富裕。从我国的状况来看，1978 年我国农村家庭的恩格尔系数约 68%，城镇家庭约 59%，平均计算超过 60%，中国是贫困国家，温饱还没有解决。改革开放以后，随着国民经济的发展和人们整体收入水平的提高，中国农村家庭、城镇家庭的恩格尔系数都不断下降。到2003 年，中国农村居民家庭恩格尔系数已经下降到 46%，城镇居民家庭约 37%，加权平均约 40%，就是说已经达到小康状态。尽管恩格尔系数在中国是否适用学术界一直存在争议，但在我们看来，中国城镇居民总体生活水平的变化还是符合恩格尔系数规律的，我们想要实现国家的富裕，提高人民的生活水平，想方设法降低居民家庭支出中的恩格尔系数是一条重要的途径。

（二）国家强大

我们要实现的国家富强，不仅仅是指富裕，更要求是强大，是综合国力的强大。因为一个富裕的国家并不一定就是一个强大的国家，这一点早

---

① 恩格尔系数是由德国著名的统计学家和经济学家恩格尔于 1857 年提出的。他在研究中发现这样一种现象：随着家庭收入的增加，该家庭用于食品方面的支出占其总支出的比例将逐渐减小。这一现象后来被称为恩格尔定律，反映这一定律的系数被称为恩格尔系数。

已被历史证明。比如科威特，由于其具有丰富的石油宝藏，所以其国家非常富裕，其人均财富也居世界前列。但就这样一个富裕的国家，在海湾战争中，在萨达姆的强压之下却出现了一夜亡国的惨痛事实，原因何在？富裕的确可以为一个国家的发展创造良好的经济基础，可以在国防方面为其请来雇佣军，买来现代化的武器，但绝对买不来最先进的武器装备，买不来源源不断的物资供应和民众的万众一心，这些方面存在的短板可以说是导致科威特一夜亡国的重要原因。因此，我们既要追求国家富裕，更要追求国家的强大。我们要追求的国家的强大，具体来讲主要包括以下方面：

第一，经济强。经济要素是国家综合国力诸要素中最为重要的组成部分。它是综合国力的核心和基础，对综合国力的强弱以及各种要素的发展状况起着决定性作用。从历史唯物主义的观点来看，经济力实际上就是生产方式发生作用后所展现出来的力量。众所周知，生产方式是社会发展的决定力量，而在生产方式的生产力和生产关系二维构成中，生产力是起着决定性作用，因此我们可以说经济力主要就是生产力所表现出的结果。而生产力在整个社会中的地位作用是基础性的、决定性的，因而邓小平在讲"三个有利于"标准时首先讲的就是有利于生产力的发展，江泽民在讲"三个代表"时首先强调的也是要代表先进的生产力，所以经济力在整个国家、社会中的地位也是决定性的。从综合国力的角度来看，一个国家所拥有的自然资源应该是其存在和发展的基础，但自然界不会自动满足人类的需要。人类要生存和发展下来，要获取自己所必需的各种物质生产资料和生活资料，必须从事生产劳动，而这正属于经济力的内容，所以说任何一个国家都不能没有一定的经济力，否则它就根本就不可能存在和发展，更谈不上提高它的综合国力了。此外，经济力的强弱直接决定着综合国力中其他各要素的发展状况。一个国家科技教育的发展与进步很显然离不开经济基础；国防力量的发展与壮大也离不开经济力；政治外交、国际活动能力的增强更离不开经济实力作保证。所以对一个国家来讲，经济力是第一位需要重点考虑的事情，离开了经济力的强力支撑，一个国家是根本不可能从整体上增强其综合国力的。也正因如此，所以我们要实现的国家强大，首先就应该是经济强。应该说我们中国经济实力的发展变化还是比较快的。众所周知，新中国的经济实力是在"一穷二白"的基础上发展起来的。新中国成立之初，中国的经济实力位居世界后列，不仅大大落后于欧美发达国家，甚至于像印度这样的欠发达国家我们也不如。经过 60 多年的不懈努力，我们不仅改变了旧中国"一穷二白"的落后面貌，而且还建立起独立的、完整的国民经济体系和门类比较齐全的现代工业体系，我国的经济实力大大增强。13 亿多中国人不仅解决了温饱问题，而且还从总体上达到了小康水平。这无疑是人类历史上的一次壮举，其成就在国际上也引起了震惊。例如，时隔多年再次踏上中国土地的美国国际集团董事长莫里斯·R. 格林伯格 2000 年 9 月在北京发表演说时惊异地说："今天再来，发现已处在另一个星球。中国经济发展的潜力是无可限量的。"世界银行的专家也评论道："中国只用一代人的时间取得了其他国家用几个世纪才能取得的成就。"中国经济在进入 21 世纪之后的发展势头更是强劲，在 2010 年的时候，中国的国内生产总值已达到了 5.88 万亿美元，超过了日本的 5.50 万亿美元，成为了世界第二大经济体。2011 年我国的人均 GDP 为 5432 美元，已经进入了中等人类发展水平国家的行列。但我们的这些数据与美国等先进发达国家相比，还是有比较大的差距，这就要求我们必须继续努力，争取早日实现对美国的超越，成为世界第一经济强国。

第二，科技强。当今世界强国都有一个共同的衡量标准，那就是科技实力强。邓小平曾经说过，"科学技术是第一生产力"，这也是当今世界各国在极力追求科技强大的原因所在。科学技术究竟是怎样转化为生产力的？马克思对此曾做出过详细的分析。1847 年，马克思在发表的《哲学的贫困》中有一组统计数字：英国 1770 年由科学技术造成的劳动生产率与手工劳动造成的劳动生产率相比是 4∶1，而经过产业革命，到 1840 年，这个比例则变为 108∶1。对此，马克思说："劳动生产力是随着科学和技术的不断进步而不断发展的。""大工业把巨大的自然力和自然科学并入生产过程，必然大大提高劳动生产率，这一点是一目了然的。"马克思对科学技术与生产力之间关系的认识无疑是深刻的，在科学技术刚刚介入直接生产过程的时候，他就对科学技术是生产力做出了高度的理论概括。马克思说："生产力的这种发展，归根到底是来源于发挥着作用的劳动的社会性质，来源于社会内部的分工，来源于智力劳动特别是自然科学的发展。""生产力中也包括科学。"那么科学技术是如何作用于生产力呢？一般观点认为，它是通过渗透于生产力的三要素即劳动者、生产工具和劳动对象进而表现出它的生产力属性的。因此，传统的观点就认为，科学技术在生产力中的作用可以公式"生产力 =（劳动力 + 生产工具 + 劳动对象）

×科技"来表示。但现今的经济学家却认为，传统的公式已经不能反映科技的水平和作用，新的公式应该是"生产力 =（劳动力 + 生产工具 + 劳动对象）的科学技术次方"，即科技对生产力三要素所起的作用不再用乘法按倍数计算而是按幂级数增长计算，这实际上是进一步强调了科技在生产力中的作用。

科技不仅是生产力，对经济的发展具有强大的推动作用，而且对一个国家的资源利用状况、军事实力发展状况等都有着巨大的影响和作用。在资源利用方面，科学技术是帮助节约物质资源，提高资源利用率的重要因素。众所周知，我国资源的总量虽然比较丰富，但人均资源却是比较贫乏，如我国的人均国土面积、耕地面积为世界的 1/3，淡水资源为 1/4，森林面积为 1/5。不仅如此，由于我国科技水平比较低，各种资源的浪费还比较严重，有相关资料显示，我国每亿元国民生产总值耗煤量比美英高 2.42 倍，比德国高 3.6 倍，比日本高 4 倍。如何才能改变这种现状？很显然得靠科学技术。在军事实力方面，科学技术无疑是推动其快速发展的关键环节。现代战争的大趋势，或者说加强军事实力的大趋势，就是将军事实力和高科技紧密结合起来。理查兹·弗莱德曼在《高技术战争》一书中从电子战、战略战、太空战、空战、陆战、海战、非常规战等角度，详细分析了这些战争与高科技的关系。他说，本书的目的就是想告诉人们，"这些进展不仅发生在世界各地的战场上和在许多有争议的边境上相互对峙的部队中，而且还发生在实验室里。的确，在某种意义上有理由说，战斗正在科学家之间进行……必须认清高技术并不仅仅反映在作为军事实力象征的重武器舰船、飞机和坦克上，而且还体现在制造装备的材料和使用装备工作的动力源上，进而还包括为装备提供指挥和控制能力的电子技术"。在现代社会，尤其是在科学技术已被广泛运用的今天，要想在军事实力上获得长足的进步和发展，没有科学技术上的突破是根本不可能的事情。此外，科学技术对一个国家政治实力的提升，教育文化的发展也有着非常重要的作用。因此，我们要实现国家富强，建设一个现代化的强国，我们必须要发展科学技术，实现科学技术的强大。尽管在世界文明的发展史上，中国古代的科学技术曾创造过无数成就和辉煌。但这一切在进入近代之后发生了改变，西方的科技革命、工业革命使西方科学技术得到了迅猛的发展，而在同时，中国的封建统治者却依然陶醉于"天朝物产丰富，无所不有"的傲慢自大之中，不仅对西方科学技术的发展变化茫然无知,甚至还采取错误的对外政策,闭关锁国,这一切最终导致中国的科学技术全面落后于西方。据有关资料显示,五四运动之前,我国基本没有成规模的科学技术研究与发展体系。

新中国成立之后,为了改变现状,建设国力强大的国家,中国共产党的几代领导人在探索社会主义现代化道路的实践中,从未间断地探索着我国科技发展的道路,多次制定了我国科技发展战略,领导中国科技事业创造了一个又一个奇迹,对中国的繁荣发展发挥了巨大的作用。近些年来,我们创造的奇迹主要有:(1)2013年6月份"神舟十号"发射成功,不仅展示了中国太空技术的快速发展和不断成熟,也标志着中国不断提高的经济实力、国际影响力以及综合国力。(2)2012年6月份"蛟龙"号完成7000米深潜试验,这是目前世界科学家利用载人潜水器首次在马里亚纳海沟7000米深度的海底获得的第一手宝贵资料。(3)2012年1月18日,以大唐电信集团为核心提出的TD—LTE—Advanced被国际电信联盟(ITU)确定成为4G国际标准。(4)2010年8月,"天河一号"千万亿次超级计算机研制成功,在2010年11月世界超级计算机TOP 500排名中名列第一,实现了我国自主研制的超级计算机进入世界领先行列的历史性突破。(5)发明专利授权累计100万件。2012年7月16日,国家知识产权局局长田力普现场为我国第100万号授权发明专利签发证书。自1985年授权首件发明专利,我国仅用27年时间便实现了发明专利授权总量达到100万件的目标,成为世界上实现这一目标耗时最短的国家。

上述奇迹和成就标志着我国的科技实力与过去相比已得到了大幅度的提升,但与美国、日本等先进的科技强国相比,我国还有不小的差距,尤其在科技创新方面差距更大,因此我国在十八大报告中提出了要实施创新驱动发展战略。提出要通过深化科技体制改革、完善知识创新体系,强化基础研究、前沿技术研究、社会公益技术研究,提高科学研究水平和成果转化能力,抢占科技发展战略制高点等途径和措施提升我国的科技实力,从而为早日成为世界第一科技强国打下良好的基础。

第三,国防强。在当今世界各国进行的激烈较量中,国防力的较量也是其中一个重要的方面。国防力的强弱不仅直接影响着一个国家的经济发展能否持续进行,外交实力能否逐年提高,而且还直接影响着一个国家的安全和利益能否得到保障的问题。一个国家如果国防强大了,那它不仅有可能使自己的国家安全和国家利益得到保障,而且还有可能因国防强大而导致国家强大，这在中国的历史上也是屡见不鲜。元朝的成吉思汗、忽必烈就是一例，他们的民族生于马背上，非常骁勇善战，国防力量强大，所以他们的民族就十分强大，最终成为了中原地区的主宰者。清朝的开国皇帝努尔哈赤和皇太极之所以能够从寒冷的东北三省打入中原，建立了长达200多年的大清王朝，根本原因仍然是国防力量的强大。因此我们要建立一个强大的国家，就必须增强我们的国防实力。

我国国防力量的专业化建设，是从1949年后才正式开始的。1949年前，我国只有单一的陆军兵种，1949年后，伴随着各方面条件的改善，我国才逐步开始了由单一兵种向诸军兵种的全面建设过渡。1949年4月23日，我国的海军诞生，它是以舰艇部队为主体，主要在海上战场执行作战任务的军种；同年11月11日组建空军，它是一支以航空兵为主体、空防合一、以航空空间为主战场的战略军种。这期间，还在陆军步兵的基础上组建了炮兵、装甲兵、工程兵、防化兵等诸兵种。在此后的国防现代化建设中，尽管曾受到过"文化大革命"的影响，但我国的国防实力总体上是处于一个快速发展的阶段。特别是进入20世纪90年代以后，伴随着我国国民经济持续、快速、健康发展，国家财政用于国防建设的投入逐年增长，我国的国防实力也得到了大幅度的提升。例如在陆军方面，中国推出的99式改型和96式改型主战坦克、新型100毫米突击炮、国产155毫米自行火炮令国际瞩目。"卫士"远程火箭炮研制成功，又使解放军在远程火力投送方面领先于世界其他强国。海军方面，近十年来掀起了造舰高潮，各类新型战舰的大量建造和下水，出海试航的航空母舰更让国人看到海军强国梦即将实现。空军方面，近十年来中国的歼－10等第三代战机装备部队，加上预警机的研制成功和各种空地精确制导打击武器的陆续列装，使解放军空军战斗力水平发生了质的飞跃。2011年1月，国内的第四代战机歼－20试飞成功，成为继美、俄后世界上第三个能研制四代战机的国家。"神舟"飞船翱翔太空，显示出在空天领域取得了巨大进步。这些成就确实令国人振奋，不过若同美国、俄国等世界先进军事强国相比，差距虽有缩小却依然巨大。因此，中共在十八大报告中就明确提出要加快推进国防和军队现代化。认为建设与我国国际地位相称、与国家安全和发展利益相适应的巩固国防和强大军队，是我国现代化建设的战略任务。认为必须坚持以国家核心安全需求为导向，统筹经济建设和国防建设，按照国防和军队现代化建设"三步走"战略构想，加紧完成机械化和信息化建设双重历史任务，力争到 2020 年基本实现机械化，信息化建设取得重大进展。要适应国家发展战略和安全战略新要求，着眼全面履行新世纪新阶段军队历史使命，贯彻新时期积极防御军事战略方针，与时俱进加强军事战略指导，高度关注海洋、太空、网络空间安全，积极运筹和平时期军事力量运用，不断拓展和深化军事斗争准备，提高以打赢信息化条件下局部战争能力为核心的完成多样化军事任务能力。紧跟世界新军事革命加速发展的潮流，积极稳妥进行国防和军队改革，推动中国特色军事变革深入发展。坚持以创新发展军事理论为先导，着力提高国防科技工业自主创新能力，深入推进军队组织形态现代化，构建中国特色现代军事力量体系。

三　国家富强梦的目标

习近平同志说，"我坚信，中国共产党成立一百周年时，全面建成小康社会的目标一定能够实现。我坚信，中华人民共和国成立一百周年之时，把我国建成富强、民主、文明、和谐的社会主义现代化国家的目标一定会实现。""我更坚信，中华民族伟大复兴的梦想一定会实现。"习总书记的这番讲话，明确指出了我们实现国家富强梦的三大目标。

（一）建党 100 周年时全面建成小康社会

"小康"一词源于《诗经》："民亦劳止，汔可小康；惠此中国，以绥四方。"作为一种社会理想模式，"小康"最早出自西汉经学家戴圣编纂的《礼记·礼运》篇，它所表达的只不过是数千年来长期处于贫困状态的普通百姓对于衣食无忧生活状态的向往与追求而已。但就是这样一种普通的追求，在旧中国也从未得到过实现。

对于这样一个深深根植于中华民族传统中的"小康"概念，邓小平有着深厚的感情。1979 年 12 月 26 日，他与日本首相大平正芳谈论中国的现代化发展目标时，明确提出："我们要实现的四个现代化，是中国式的四个现代化。我们的四个现代化的概念，不是像你们那样的现代化的概念，而是'小康之家'。"在这里，他第一次赋予了"小康"以现代化的内涵，并且以此来寓意中国现代化的目标仍然是初级阶段的现代化，是具有中国民族特点的现代化。邓小平接着上面的话讲："到本世纪末，中国的四个现代化即使达到了某种目标，我们的国民生产总值水平也还是很低的。要达到第三世界中比较富裕一点的国家的水平，比如国民生产总值人均一千美元，也还得付出很大的努力。就算达到那样的水平，同西方来比，也还是落后的。所以，我只能说，中国到那时也还是一个小康的状态。"此后，"小康"这两个字就成了邓小平理论体系中的一个新概念，成了他当时为中国社会主义现代化目标设想的定位。从这样一个思路出发，他逐步构建形成了中国社会主义现代化三步走的发展战略。第一步，从1981年起至1990年，国民生产总值在1980年的基础上翻一番，解决人民的温饱问题。第二步，到20世纪末，使国民生产总值再增长一倍，人民生活达到小康水平。第三步，到21世纪中叶，人均国民生产总值再翻两番，人均国民生产总值达到中等发达国家水平。在邓小平的三步走战略中，他非常看重第二步战略目标的实现，他一再说："三步走的关键在第二步，第二步为第三步打基础。"在谈到第二步目标实现的意义时说："我们确定了一个政治目标：发展经济，到本世纪末翻两番，国民生产总值按人口平均达到八百美元，人民生活达到小康水平。这个目标对发达国家来说是微不足道的，但对中国来说是一个宏伟的目标。"

20世纪末期，在"三步走"战略中的第一步目标已胜利实现，第二步目标也快要在实现的基础上，党的十五大提出了建设小康社会的新概念。江泽民说："现在完全可以有把握地说，我们党在改革开放初期提出的本世纪末达到小康目标，能够如期实现。在中国这样一个十多亿人口的国度里，进入和建设小康社会，是一件有伟大意义的事情。这将为国家长治久安打下新的基础，为更加有力地推进社会主义现代化创造新的起点。"党的十五大提出"建设小康社会"，意味着进入小康社会还需要经历一个建设的过程，而不是说一旦到达小康社会或进入小康社会就算完成了历史任务，这实际上也是我们党对小康社会理论认识深化的结果。尽管党的十五大已经提出了建设小康社会的任务，但这个任务何时完成，它的目标是什么，党的十五大并没有做出明确的回答，还需要实践做出回答。

2002年11月，党的十六大正式向全党宣布："我们胜利实现了现代化建设的'三步走'战略的第一步、第二步目标，人民生活总体上达到小康水平。"并且昭告全国人民："根据十五大提出的到二〇一〇年、建党一百年和新中国成立一百年的发展目标，我们要在本世纪头二十年，集中力量，全面建设惠及十几亿人口的更高水平的小康社会，使经济更加发展、民主更加健全、科教更加进步、文化更加繁荣、社会更加和谐、人民生活更加殷实。"党的十六大报告不仅确定了全面建设小康社会的奋斗目标，而且还提出了如何实现的具体要求、历史机遇和现实途径，进一步丰富和发展了邓小平的小康社会理论。党的十六大以后，以胡锦涛为总书记的党中央为贯彻大会确立的全面建设小康社会的战略决策，在经济建设、政治建设、文化建设、社会建设等各方面作了全面部署，中国特色社会主义事业又取得一系列重大成就，开创了全面建设小康社会的新局面。在此基础上，2007 年召开的党的十七大，又根据国内外形势新变化，对全面建设小康社会提出新的更高要求。这就是：增强发展协调性，努力实现经济又好又快发展；扩大社会主义民主，更好保障人民权益和社会公平正义；加强文化建设，明显提高全民族文明素质；加快发展社会事业，全面改善人民生活；建设生态文明，基本形成节约能源资源和保护生态环境的产业结构、增长方式、消费模式。党的十七大以来，以胡锦涛为总书记的党中央继续带领全国人民，战胜各种困难和风险，在全面建设小康社会的征程上又取得了新的重大成就，谱写了全面建设小康社会的新篇章。

党的十八大在党的十六大、十七大确立的全面建设小康社会的目标基础上，提出了"全面建成小康社会"的发展目标，这既是历史经验的总结，也是经济社会发展到一定程度后的必然选择。这一发展目标，更好地顺应了人民的意愿，是经济、政治、文化、社会、生态文明的进一步发展，为中华民族的伟大复兴奠定了坚实的基础。从十六大提出"全面建设小康社会"到十八大提出"全面建成小康社会"，虽然只有一字之差，但内涵更丰富、寓意更深刻。"建设"是正在进行中，是过程；"建成"意味着达成了目标，是结果。这意味着中国小康社会的目标更明确、要求更严格、对未来发展的信心更充足。

党的十八大报告对全面建成小康社会提出了诸多新的要求。一是经济持续健康发展。转变经济发展方式取得重大进展，在发展平衡性、协调性、可持续性明显增强的基础上，实现国内生产总值和城乡居民人均收入比 2010 年翻一番。科技进步对经济增长的贡献率大幅上升，进入创新型国家行列。工业化基本实现，信息化水平大幅提升，城镇化质量明显提高，农业现代化和社会主义新农村建设成效显著，区域协调发展机制基本形成。对外开放水平进一步提高，国际竞争力明显增强。二是人民民主不断扩大。民主制度更加完善，民主形式更加丰富，人民积极性、主动性、创造性进一步发挥。依法治国基本方略全面落实，法治政府基本建成，司法公信力不断提高，人权得到切实尊重和保障。三是文化软实力显著增强。社会主义核心价值体系深入人心，公民文明素质和社会文明程度明显提高。文化产品更加丰富，公共文化服务体系基本建成，文化产业成为国民经济支柱性产业，中华文化走出去迈出更大步伐，社会主义文化强国建设基础更加坚实。四是人民生活水平全面提高。基本公共服务均等化总体实现。全民受教育程度和创新人才培养水平明显提高，进入人才强国和人力资源强国行列，教育现代化基本实现。就业更加充分。收入分配差距缩小，中等收入群体持续扩大，扶贫对象大幅减少。社会保障全民覆盖，人人享有基本医疗卫生服务，住房保障体系基本形成，社会和谐稳定。五是资源节约型、环境友好型社会建设取得重大进展。主体功能区布局基本形成，资源循环利用体系初步建立。单位国内生产总值能源消耗和二氧化碳排放大幅下降，主要污染物排放总量显著减少。森林覆盖率提高，生态系统稳定性增强，人居环境明显改善。

我们相信，在党中央的正确领导下，只要我们能够坚定地按照既定的要求不断前进，2020 年全面建成小康社会的目标一定可以实现。正如胡锦涛在十八大报告中所说，只要我们胸怀理想、坚定信念，不动摇、不懈怠、不折腾，顽强奋斗、艰苦奋斗、不懈奋斗，就一定能在中国共产党成立 100 年时全面建成小康社会。

（二）建国 100 周年时全面实现现代化

新中国成立 60 多年来，围绕着如何把一个贫穷落后的农业国迅速改变为一个强大的社会主义现代化国家这个主题，我国先后提出了工业化、四个现代化、富强民主文明等这样几个既相联系又有区别的奋斗目标，这既反映了中国共产党人对实现现代化的不懈追求，也表明了我们党对什么是现代化，应实现怎样的现代化的认识越来越深入全面。

工业化是中国人对现代化的最初表述形式。早在新民主主义革命时期，毛泽东就提出过要为中国的工业化而斗争的战略目标。新中国成立后经过三年的恢复发展，我们党又进一步把工业化的目标与社会主义的前途结合起来，提出了"一化三改"的过渡时期总路线，即把实现工业化与进行农业、手工业和资本主义工商业的社会主义改造同时并举，并把工业化看作是总路线的主体和整个国家经济建设的主要任务。1956 年，随着三大改造任务的迅速完成，宣告了过渡时期的结束。以毛泽东为核心的中国共产党人在借鉴苏联成功经验的同时，根据中国是一个农业大国的基本国情，提出了一个工农业同时并举的工业化建设思想。应该说，这种思想既符合马克思主义基本原理，也符合当时中国国情，是完全切实可行的。然而，令人遗憾的是，恰恰在这个时候，"左"倾急躁情绪开始冒头。也正是在这种"左"倾急躁思想的影响下，中国的发展接连犯下了"大跃进"和人民公社化的严重错误，使得15年基本实现工业化的奋斗目标化为泡影。正是经过对"大跃进"和人民公社化运动的深刻反思，新中国领导人开始把工业化奋斗目标的提法逐步改变为四个现代化的战略目标。这是因为事实已经证明，一个国家能否实现现代化，并不是仅仅以某一个经济门类（如工业）的生产水平或某一种工业产品（如钢铁）的产量来衡量，而必须实行综合平衡，全面发展，否则就难免出现像1958年"大炼钢铁"那样的荒唐事情。1954年9月，在第一届全国人民代表大会上，周恩来总理在作政府工作报告中提到"如果我们不建设起强大的现代化的工业、现代化的农业、现代化的交通运输业和现代化的国防，我们就不能摆脱落后和贫困，我们的革命就不能达到目的"。这是中国共产党关于"四个现代化"奋斗目标的最初提法。很显然，这个时候的"四个现代化"不是后来完整意义上的"四个现代化"，严格地讲，它只不过是对早期"社会主义工业化"的进一步解释和补充而已。1959年年底，为了进一步总结经验教训，深入研究我国社会主义现代化建设的基本规律，毛泽东号召领导干部学习苏联《政治经济学（教科书）》，并亲自组织了一个读书小组，边读边议。在议论中，他提出："建设社会主义，原来要求是工业现代化，农业现代化，科学文化现代化，现在要加上国防现代化。"周恩来在随后组织的读书会上，又把"科学文化现代化"改为"科学技术现代化"，从而使得"四个现代化"的提法更加准确、完善。1964年年底，根据毛泽东的提议，周恩来总理在三届人大政府工作报告中提出，我们的目标是要在不太长的历史时期内，把我国建设成为一个具有现代农业、现代工业、现代国防和现代科学技术的社会主义强国。从此，实现四个现代化，正式成为中国社会主义建设的奋斗目标。

十一届三中全会以后，我国进入了改革开放的新时期。邓小平作为新时期社会主义现代化建设的总设计师，继续高举四个现代化的伟大旗帜，坚持四个现代化的奋斗目标。在改革开放之初，他说得最多的一句话就是

"一心一意地搞四个现代化"，并认为这是当前最大的政治。随着中国现代化进程的推进，人们开始感受到了"四个现代化"这一奋斗目标的局限性，即对现代化的理解仍然比较狭窄，只涉及经济、文化的层面而未涉及政治、社会的层面，只涉及物质文明的层面而未涉及思想和体制的层面，不能反映社会主义精神文明和民主政治建设的目标，没有考虑到经济与社会发展的齐头并进和协调发展。因此，党的十三大就提出了"为把我国建设成为富强、民主、文明的社会主义现代化强国而奋斗"的宏伟目标来取代过去一直使用过的四个现代化奋斗目标的提法。富强、民主、文明的社会主义现代化奋斗目标，相对于过去提出的工业化和四个现代化的目标来说，它是一个更加全面的社会主义现代化奋斗目标。因为它不仅是着眼于人民物质和文化生活的改善与提高，而且是着眼于社会主义经济、政治、文化三个方面的统一，反映了整个社会全面发展和共同进步的特征。此后，十四大把发展社会主义市场经济、建设社会主义民主政治和精神文明三者并列，作为有中国特色社会主义的三大目标，进一步深化了"富强、民主、文明的社会主义现代化强国"的基本内涵。党的十五大直接把建设富强民主文明的社会主义现代化国家的目标与建设有中国特色社会主义经济、政治和文化的基本目标直接挂起钩来，把中国共产党人长期以来追求的现代化奋斗目标分解为经济建设方面的目标、政治建设方面的目标和文化建设方面的目标，从而变得更为切实可行，避免了过去很长时间以来提出的目标过高、过大、过空，脱离中国的具体实际的弊端。党的十六大则把社会主义现代化的奋斗目标进行了进一步的拓展，第一次把"社会更加和谐"也纳入了社会主义现代化建设的宏伟蓝图中，使我国现代化建设目标从原来的经济、政治、文化方面的"三位一体"正式扩展为经济、政治、文化、社会方面的"四位一体"。党的十七大明确提出"建设富强民主文明和谐的社会主义现代化国家"的奋斗目标，强调要按照中国特色社会主义事业整体布局，全面推进经济建设、政治建设、文化建设、社会建设。党的十八大则在十七大报告的基础上对"建设富强民主文明和谐的社会主义现代化国家"做出了新的"五位一体"的总体布局——经济建设、政治建设、文化建设、社会建设、生态建设，这表明我们党对中国特色社会主义事业的认识更加全面，布局更加合理。

（三）实现中华民族的伟大复兴

实现中华民族的伟大复兴，是近代以来中华儿女矢志不渝的奋斗目标，是中国人民的跨世纪梦想。

中华民族是个有着 5000 年文明历史的伟大民族。早在秦汉就进入盛世。作为其载体的古代中国曾以世界上的头号富强大国"独领风骚"达 1500 年之久。直至乾隆末年，中国的经济总量仍居世界第一位，人口占世界的 1/3。但到了近代，伴随着封建制度本身的腐朽和西方列强的外来侵略，中国逐渐陷于落后境地，进而沦为半殖民地半封建国家。中国社会面临的社会危机和民族灾难激起了国人民族意识的觉醒，呼唤着中华民族全面复兴的到来。正如党的十五大报告所概括的："中华民族面对着两大历史任务，一个是求得民族独立和人民解放；一个是实现国家繁荣富强和人民共同富裕。"为了实现这一宏伟目标，中国社会中的不同阶级、阶层和政治力量进行过多次尝试和努力，无数仁人志士为此献出了宝贵的生命。然而，无论是早期资产阶级的开明派，还是之后的洋务运动，抑或后来的维新运动，均以失败告终。伟大的先行者孙中山领导资产阶级革命推翻了清王朝的统治，结束了持续 2000 多年的君主专制制度，但革命果实却被袁世凯所窃取，也是一次失败了的革命。

旧民主主义革命的一次次失败表明，要实现中华民族复兴的预期目标，中国社会必须寻找新的领导力量，开辟新的复兴民族之路，中国共产党也正是在这种历史背景下走上了历史舞台。在中国共产党的正确领导下，在全国人民的共同努力下，经过土地革命、抗日战争和解放战争，终于推翻了三座大山，建立起人民当家作主的新中国，实现了国家的独立和民族的解放，彻底结束了民族屈辱的历史。中华人民共和国的成立，不仅标志着国家独立和民族解放历史任务的完成，而且也开启了中华民族伟大复兴的新征程。中国共产党开始探索并创造性地开辟了一条适合中国国情的民族复兴之路。社会主义革命完成后，我国进入了社会主义建设的新时期。以毛泽东为核心的第一代领导集体在探索社会主义的建设道路中，逐步确立了社会主义的基本经济制度、政治制度和文化制度，建立起社会主义的工业体系，为民族复兴奠定了强有力的基础。正如党的十七大报告中指出的那样："新民主主义革命的胜利，社会主义基本制度的建立，为当代中国一切发展奠定了根本的政治前提和制度基础。"但我们也不得否认，中国共产党人在探索社会主义建设道路的过程中，在急迫实现祖国复兴的驱动下，也遭受过曲折和挫折，特别是"大跃进"运动和"文化大革命"两次全局性的失误，给党、国家和各族人民造成严重伤害，也使得中华民族复兴的历史进程缓了下来。1978 年党的十一届三中全会标志着中国共产党探索中华民族复兴道路新时期的开始。以邓小平为核心的中国共产党第二代中央领导集体在深刻总结历史经验的基础上，把党和国家的工作重心转移到以经济建设为中心的轨道上来，围绕中华民族复兴这根主线，抓住什么是社会主义，怎样建设社会主义这个根本问题，制定了"三步走"的民族复兴宏伟蓝图，探索出一条中国特色社会主义的正确道路，从而赋予了国家发展和中华民族伟大复兴新的强大生机。经过 30 多年的努力奋斗。在 20 世纪末的时候我们已经顺利地实现了第一步、第二步的战略目标。进入 21 世纪，我国进入了全面建设小康社会，开创中国特色社会主义事业新局面的新的历史阶段。这一阶段，也是中国共产党实现中华民族伟大复兴的追求和信念、益强烈的阶段。它集中地反映在党的重要文献中。2001 年江泽民在庆祝建党 80 周年讲话中指出：我们开创的中国特色社会主义事业，为实现中华民族的伟大复兴开创了正确道路，希望广大青年为实现中华民族的伟大复兴而努力创造无愧于时代和人民的业绩。2002 年十六大报告强调：我们党必须坚定地站在时代潮流前头，在中国特色社会主义道路上实现中华民族的伟大复兴。2007 年十七大报告继续强调，建党以来，我们党就勇敢地担当起实现中华民族伟大复兴的历史使命，当代中国共产党人必须继续承担好这个历史使命。正是这种强烈的使命感，十八大报告将实现中华民族伟大复兴明确为建设中国特色社会主义的总任务；十八大以后，习近平将实现中华民族伟大复兴看作中华民族近代以来最伟大的梦想，并概括为中国梦。这是中国共产党的政治宣言。

既然实现中华民族伟大复兴的中国梦是党的政治宣示和历史重任，那么我们首先就应该弄明白它的科学含义是什么。在我们看来，民族复兴的第一层意思是相对于历史的曲折而讲的，就是要使曾经衰落的民族再度兴盛起来。在中国古代历史上，我们曾经创造了无数的成就和辉煌，只是到了近代才衰落了下来，我们要实现民族复兴，毫无疑问首先就是要恢复我们在世界上的强国地位。有的学者甚至直言不讳地说："振兴中华的含义，就是世界第一；实现伟大复兴，就是中国要再度成为世界第一"，成为"冠军国家"。民族复兴的第二层含义则是指要使中华民族跻身于先进民族行列，为人类做出更大的贡献。毛主席在 20 世纪说：6 亿人口的国家，在地球上只有一个，就是我们。过去人家看不起我们是有理由的。因为你没有什么贡献。我们这个国家要建设起来，完全改变过去 100 多年落后的那种状况，赶上世界上最强大的资本主义国家。你赶不上，那你就不那么十分伟大。经过许多年，应该赶过人家，这是一种责任。"如果不是这样，那我们中华民族就对不起全世界各民族，我们对人类的贡献就不大"，"中国应当对于人类有较大的贡献"。有的学者就直接提出，实现中华民族伟大复兴的真正含义，就是中国应当对于人类有较大的贡献。

根据上述对民族复兴的理解，我们要达到上述目标，很显然需要一个长期艰苦奋斗的过程。按照党和国家目前的规划，到 21 世纪中叶，基本实现现代化后，赶上和达到中等发达国家水平，但即使这样，我们与世界上最发达的国家相比还有不小差距。根据有关方面计算，尽管我国当前国内生产总值已远远超越日本，但我国人均国内生产总值只相当于日本的 10%。半个世纪后，我国的经济总量即使超过最发达国家，但如果用十几亿人口一除，讲人均指标，其差距还是很大的。因此，实现中华民族伟大复兴必将是一个非常长期的历史过程。但我们坚信，在中国共产党的正确领导下，在全国人民的共同努力下，实现民族复兴的中国梦一定可以实现。十八大报告说得好：只要我们胸怀理想、坚定信念，不动摇、不懈怠、不折腾，顽强奋斗、艰苦奋斗、不懈奋斗，实现中华民族伟大复兴的目标就一定能够实现。

第五章

中国梦是民族振兴梦

从习近平总书记"实现伟大复兴，就是中华民族近代以来的最伟大的梦想"的陈述中可以看出，中国梦的核心目标是实现中华民族伟大复兴，具体表现是国家富强、民族振兴、人民幸福。在这里，作为中国梦核心目标的"中华民族伟大复兴"与作为中国梦具体内涵之一的"民族振兴"需要作出辨析。简言之，作为核心目标的"民族复兴"是中国梦的总体目标，在这种意义上，中国梦与"中华民族伟大复兴"在内涵上是一致的。而作为表现形式之一的"民族振兴"则应与"国家富强"、"人民幸福"这两个表现形式联系起来理解。如果说实现国家富强是中国梦在经济、军事等综合实力上的体现的话，那么实现民族振兴则是中国梦在文化上的体现。前者是中国梦的物质保障，后者是中国梦的精神载体。因此，在实现国家富强的同时，实现民族振兴是实现中国梦的内在要求。

一　中国梦的精神载体

关于振兴，有学者给出三层含义：第一层含义是对已陈旧落后或目前尚缺的要吐故纳新、革故鼎新和举拔出新；第二层含义是对目前尚处弱小阶段但却有巨大发展前景的事业要加快发展或使其兴盛；第三层含义是对目前发展方向偏离正道或发展失度的要拨乱反正或整顿恢复。顾名思义，所谓民族振兴就是通过三个层次上各重要领域振兴手段或措施的实施，使中华民族的综合国力屹立于世界民族之林。①

---

① 　参见《民族振兴的本质》，http：//bbs. tianya. cn/post - news - 275682 - 1. shtml。

（一）民族振兴是实现中国梦的目标、动力及评价标准

中华民族在五千年的历史长河中曾经创造出光辉灿烂的伟大文明，然而自晚清以来西方帝国主义列强对我们民族进行的不义侵略和残酷掠夺，使中华民族遭受了巨大的苦难。在民族危难之际，中华民族自强意识日渐觉醒。1894 年 11 月，伟大的革命先行者孙中山先生在美国檀香山创建中国同盟会，第一次提出"振兴中华"的响亮口号，其后 1902 年梁启超在《论中国学术思想变迁之大势》中率先使用"中华民族"的概念，"中华民族复兴"则伴随着"中华民族"概念的形成和社会化运行而产生发展起来。① 十月革命一声炮响，给我们送来了马克思列宁主义，自 1921 年中国共产党诞生之日起，我们党的革命先驱们筚路蓝缕、披荆斩棘，创造性地将马克思主义与中国革命的具体实际紧密结合，探索出了中华民族迈向独立、获得解放、走进共和的崭新道路。中华人民共和国成立之后，中国共产党人带领着中国人民如火如荼地开展伟大的社会主义建设，开始了具有中国特色的社会主义建设事业。在这近一个世纪的时间里，中国共产党人领导中国人民实现了民族独立、人民解放的独立梦，探索出了国家繁荣富强、人民共同富裕的富强梦。如今，中国梦承载着几代中国人的夙愿，以一个响亮而明确的声音向世界昭示"中华民族的伟大复兴"的历史使命。实现民族振兴，使中华民族以崭新的姿态屹立于世界民族之林，这是我们的光荣使命，也是我们前进的动力。

中国梦的提出，代表着我们民族、我们国家对未来的美好愿望，与此同时，这种愿望既有历史的证据，也有现实的依据。中国梦与崇尚个人成功、追求个人价值实现为目标的"美国梦"有着根本的区别，区别在于中国梦所特有的深厚的民族积淀和广泛的民族共识，中国梦"不属于某一个政党，也不属于某一个阶层，它是深藏在中华民族心灵深处的一种集体记忆、集体意识、集体愿望，它不是某一个政党的梦，也不是某一个阶层的梦，而是全民族的梦"②。这个梦激荡着全体中国人民

---

① 黄艳、孙其昂:《中国梦的多维愿景:民族复兴》，载《学校党建与思想教育》2013 年第 4 期。

② 汪玉奇:《中国共产党人与中国梦》，载《农业考古》2013 年第 1 期。

的满腔热血，让全国人民心往一处想，劲儿往一处使。在这个意义上，中国梦是中华民族的凝聚力之所在。作为中国梦的最伟大的期待，"民族复兴"这个概念完整地、准确地、集中地表达了一个世纪以来炎黄子孙的不懈追求，包含了中国人民要求实现现代化与民族崛起的热切渴望。它不仅具有深厚的历史渊源，而且具有鲜明的时代特征，更具有朝向未来的目标指向。在时间之维上，它让中国人民走得更加明确、更加坚实。

1840 年第一次鸦片战争后，西方帝国主义列强用坚船利炮让腐朽的清政府签下了丧权辱国的《南京条约》。自此以后，欲壑难填的帝国主义列强让已成倾颓之势的封建王朝签订了不计其数的不平等条约，中华民族与华夏黎民陷入了水深火热的苦难之中。这些带血的历史惨痛地告诉继往开来的中华儿女——"落后就要挨打"。在我们每一个人的基因组里，不仅有来自血缘的生物基因，而且有来自民族的民族基因与文化记忆，正如每一个人不能脱离他的皮肤而存在一样，每一个人也不可能脱离民族而独存。民族如果遭难，个人也无法善存。正如有人指出的，"民族一日存在，个人也不会灭亡"①。正是基于这种认识，无数志士仁人在民族危难之际，放弃自己的荣华富贵、不顾自己的身家性命、舍小家而取民族大义。巴金先生在《生与死》中满怀信心地写道："我们把个人的一切全交出来维持这个'整体'的生存。这个'整体'是一定会生存的。"② 正是这样一种坚定的信念支撑着无数中华儿女前仆后继、不畏艰难，愈挫愈奋、愈挫愈勇地为我们的民族独立奔走呼号。最终，以毛泽东为核心的中国共产党人胜利完成了历史的伟业。

中华人民共和国成立之后，一方面，历经浩劫之后的中华大地千疮百孔、满目疮痍，另一方面，一些帝国主义国家对成立之初的新中国仍虎视眈眈。面对着内忧外患的现实国情，中华儿女再一次彰显出流淌在他们血液之中的不畏艰险、坚忍不拔、自强不息的民族性格，中国共产党人带领亿万中国人民以百倍的热情、万分的努力投入到新中国的建设之中，使全国各族人民以最短的时间走出了战争的阴霾，取得了一系列辉煌的成就，迎来社会主义国家的新气象。在五千年的历史长河之中，中华民族依靠自

① 汪玉奇：《中国共产党人与中国梦》，载《农业考古》2013 年第 1 期。
② 巴金：《一点感想》，《呐喊》创刊号，1937 年 8 月 25 日。

身的勤劳智慧，长期在世界文明的发展历程中独领风骚，近代以来所遭受的深重苦难，让我们更加明白"民族复兴"的深切意义，即每一个中华儿女对社会主义现代化建设事业都有义务，每一个中华儿女都应为国家更强盛、人民更幸福奉献自己的力量，每一个中华儿女都肩负着中华民族伟大复兴的历史使命。

有学者指出:"'中国梦'的主要动力有三大来源:第一，追求经济腾飞，生活改善，物质进步，环境提升;第二，追求公平正义，民主法制，公民成长，文化繁荣，教育进步，科技创新;第三，追求富国强兵，民族尊严，主权完整，国家统一，世界和平。"① 中国梦的提出，指明了我们在未来的发展方向和总体目标，具有提纲挈领的意义，而中国梦的实现则必然要从经济、政治、文化、生态等具体目标入手。这就是对中国梦这个宏伟目标的细化，具体到民族振兴的目标，这里尤其强调民族尊严的重要意义，更进一步把民族尊严与国家统一、主权完整、世界和平三者结合起来，既指出了民族复兴的国家意义，又道出了中国梦的世界意义。今天，中华民族在中国共产党的带领下，展现出了前所未有的发展动力，昭示了民族复兴的光明前景，在此历史关键时期，我们既要看到中国梦的理论指导意义，又要看到实践中国梦的迫切需要。实现中国梦，实现中华民族的伟大复兴，不是一句空洞的口号，而是需要每一个中华儿女实干，为中国梦的最终实现汇聚力量。实干，甩开膀子是实现中国梦的直接动力，这与马克思主义实践观是十分契合的。

从上面的分析可以看出，民族复兴既是中国梦的目标指向，又是实现中国梦的动力所在。在实现中国梦的征途中，需要从经济、政治、文化、生态、国际影响等具体目标切入，这些具体目标的逐渐实现实质上就是中国梦在不同程度地实现。既然如此，那么如何能够确定这些目标的实现与中国梦的目标指向是一致的呢? 即在疆域如此辽阔的广袤大地上，在拥有13亿人口的国度里，我们在实现中国梦的过程中，如何做到统筹兼顾、均衡发展，如何协调各利益主体确保其和谐稳定，如何落实"五位一体"的发展观，如何使社会主义现代化事业又快又好地发展，如何使中华民族伟大复兴的成果被最广大的人民群众享有，并惠及其他民族? 在这种意义

---

① 伟达:《中国梦的动力源》，《人民日报》(海外版) 2013 年 2 月 1 日。

上，民族复兴既是中国梦的目标追求，又是中国梦的评价标准。一方面，一切具体目标的确立与实现，都必须以实现民族复兴为鹄的。另一方面，以民族复兴为评价标准，能够从根本上解决中国发展的价值规范问题。以民族复兴为核心的中国梦是亿万中国人民的共同追求，它能够团结一切可以团结的力量，能够协调各方面的资源，能够调动各方面的能量，为民族的复兴、国家的繁荣凝成合力。

回溯历史，中华民族在辉煌之后一度衰落的原因有内外两个方面，内在原因是落后的封建制度已跟不上生产力发展的步伐，腐朽的清王朝闭关锁国，故步自封；外在原因是帝国主义列强发动的侵略战争以及因此而签下的不平等条约。现阶段，我国的改革开放取得了举世瞩目的成就，经济稳健快速发展，人民生活水平显著提高，民主法制建设迈出新步伐，社会建设取得新进步，国际影响力明显增强。与此同时，我们的世情、国情、党情也在不断变化发展，实现中国梦的道路上还有不少困难需要我们冷静地面对、谨慎地克服。在此意义上，为了使民族复兴在中国梦的目标指向、动力指向、评价指向三个方面更好地发挥效力，很有必要讲清楚民族复兴中国梦的定义。顾名思义，所谓复兴，就是"再一次振兴"的意思。既然是再一次的振兴，就意味着中华民族曾经有过引以为荣的繁荣，然而，作为中国梦最终目标的民族复兴，又不是简单地回到过去时的辉煌。结合马克思主义哲学否定之否定的辩证思想，中国梦语境中的民族复兴既是对以往辉煌历史的继承，又是对历史辉煌的超越，是赋予了新的内涵的振兴。

综上而论，"民族复兴"作为中国梦目标指向、动力源泉以及评价标准，形成了中国梦的三个价值维度，对中国梦的内容、动力和评价作出了规范，引导着中华民族向着美丽中国、中华崛起的目标前进，实现中华民族的伟大复兴。

（二）弘扬民族精神能够提升中国梦的内涵

有学者认为以下四点能够彰显中国梦的时代特征："一是综合国力进一步跃升的'实力特征'；二是社会和谐进一步提升的'幸福特征'；三是中华文明在复兴中进一步演进的'文明特征'；四是促进人全面发展的'价值特征'。"[①] 这四个特征之中，"实力特征"属于国家富强的范畴，

---

① 赵周贤、刘光明：《梦在前方，路在脚下》，《经济日报》2012 年 1 月 4 日。

"幸福特征"属于人民幸福的范畴，"文明特征"与"价值特征"则属于"民族振兴"的范畴。

毋庸置疑，在实现中国梦的征途中，作为"实力特征"的国家富强是保障性环节。但是，在中国梦的宏伟蓝图里，经济强国、军事强国等带有"实力特征"的目标仅仅是其内涵的一部分。这是因为，无论是经济之强，还是军事之强，都还是在"强"的层面，这种"强"很容易让自身具有"强"的意识而膨胀欲望，罔顾规则，同样也很容易让他国因忌惮这种"强"的震慑而有怨声与谴责。无论是从历史纵向的维度，还是从现实横向的维度来看，这种意义上的"强"都不是终极目标的代表。放眼全球，有些国家虽然在经济上堪称强国，但是其罔顾事实、故意曲改历史、伤害他国感情的行径屡有发生。有些国家凭借既是经济强国，又是军事强国的比较优势，对他国政治横加干涉，蓄意谋划、制造其他国家与地区的动荡与分裂局面。牢记"落后就要挨打"的史训，我们要时刻告诫自己：中国需要强盛。中国需要经济上的"富"，以摆脱贫穷和饥饿；中国需要军事上的"强"，以摆脱凌辱与践踏。虽然我们在实现中国梦的目标下的"国家富强"是为了保障13亿中国人民的"内需"，但这在一定程度上也造成了其他国家的担忧心理。在这种意义上，仅仅实现"实力特征"的"富强"显然与具有世界意义的中国梦的核心目标相去甚远。因此，"强"是必需的，但"强"也是不够的。

由于中国自身的富强在客观上造成了其他国家的担忧，因此我们就需要对具有"实力特征"的"强"给以精神性的提升。所谓精神性的提升是指我们在国家层面实现内需的"富强"的同时，又避免我们的富强给别的国家造成的隐忧。因此，这种精神性的提升就要求我们在实现"强"的同时，要向"大"迈进，即我们既要"强"又要"大"。"大"是一种胸怀，一种气量。在我们的历史传统中，作为龙的传人，中国人一直以做"大人"、"大丈夫"自励、自勉，由此"大人"、"大丈夫"精神凝聚而成的华夏族群精神一方面保持自强不息的品格，一方面追求有容乃大的精神。所谓自强不息，是指我们民族振兴的目标指向是依靠华夏族群自身的力量、自身的资源、自身的品格使中华民族复兴于世界民族先进之林，在这个过程中，我们没有掠夺、侵占的行为，没有损人利己、以邻为壑的举措。所谓有容乃大，是指我们在自强不息的奋斗过程中，虽然不会影响其他国家或民族的发展，但并不排除存在来自些许国家或民族可能的阻力。

即在我们实现中国梦的历程中，当遇到来自外界的阻力时，我们不是把这种矛盾酿成水火之势，而是想方设法地化解各方矛盾，以共赢和互惠的原则力争做到"各美其美，美人之美，美美与共，天下大同"。

在这种意义上，国家富强与民族振兴不仅仅是从国家与民族的层面将实现中国梦的总目标分拆开来，更重要的是二者之间的密切相关性。当把"国家富强"与"民族振兴"结合起来谈中国梦时，我们所要实现的国家富强既不是大国沙文主义，也不是强国霸权主义，而是联结着我们的民族精神、对世界其他国家的发展与崛起具有典范意义的强大。由 56 个民族组成的中华民族本身就说明了我们华夏族群是一个开放、包容的民族。在历史上，爱好和平的中华民族无论多么强大，都从没有侵略过其他民族与国家。自中华人民共和国成立以来，我们国家只有在国家利益受到严重威胁的情况下才不得已采用武力捍卫自己的主权，在我们国家最困难的时期也没有背弃为世界和平做贡献的民族精神。改革开放 30 多年来，我们的综合国力获得了飞速的发展，取得了举世瞩目的成就。这些成就的取得完全是依靠本国人民自力更生、勤劳智慧的结果。在这个过程中，我们不仅没有拿取别人的一针一线，没有损害任何国家的利益，相反，我们还为那些落后地区的国家和人民提供无私的帮助，让他们也分享我们的发展成果。"达者兼济天下，行者独善其身"，这既是一种"大人"品格，也是一种民族品格。在这种意义上，当我们把国家富强与民族复兴的目标综合而论时，中国梦意义下的国家富强就带有民族精神的底蕴。

中国梦把国家富强与民族振兴两项内容统一起来，其实就是进一步展示中华民族在全世界范围内的本土独立身份和主体意识。毛泽东曾指出："自从 1840 年鸦片战争失败那时起，先进的中国人，经过千辛万苦，向西方国家寻找真理。洪秀全、康有为、严复和孙中山，代表了在中国共产党出世以前向西方寻找真理的一派人物。"[①] 毛泽东从中国的实际情况出发，探寻中华民族复兴之路。与孙中山等人以资产阶级的宪政思想寻找中华民族的出路不同，毛泽东的民族梦想是基于中华民族独立自主的性格，他对民族国家的构想更倾向于本土中国文化。1917 年 8 月，青年毛泽东在致黎锦熙的信中写道："孔子知此义，故立太平世为鹄，而不废据乱、升平

---

① 《毛泽东选集》第 4 卷，人民出版社 1991 年版，第 1406 页。

二世。大同者，吾人之鹄也。"① 在大同思想的影响下，毛泽东认为实现民族复兴必须以民族自决为前提，他说："世界大同，必以各地民族自决为基，南洋民族而能自决，即是促进大同的一个条件。"② 所谓民族自决，包含两方面的意思：一方面是指国家的富强、民族的振兴应该依据本国家、本民族的实际情况，另一方面是指国家的富强、民族的振兴要让本民族的民族精神融贯其中。中华民族的发展跟中华民族的主体状况紧密相连。民族国家的未来包含着多种可能性，究竟哪一种可能性被实现，取决于民族主体的主观意志和克服前进中障碍的能力。在这种意义上，1938年，毛泽东提出中国化命题："马克思主义必须和我国的具体特点相结合并通过一定的民族形式才能实现。马克思列宁主义的伟大力量，就在于它是和各个国家具体的革命实践相联系的。离开中国特点来谈马克思主义，只是抽象的空洞的马克思主义。使马克思主义在中国具体化，使之在其每一表现中带着必须有的中国的特性，即是说，按照中国的特点去应用它，成为全党亟待了解并亟待解决的问题。"③ 在这种意义上，有学者指出："'中国化'是立足中华民族立场将马克思主义变成一种适应中国社会实践需要的过程，它的出发点和归宿点都在中华民族本身，是中华民族主体活动的重要方式之一。"④ 事实上，中国梦是一个历史性范畴，在不同的历史时期有不同的内容，中国化不仅为中国梦奠定了理论基础，它在实践的运行中还为中国梦奠定了客观基础。但中国梦不是对中国化的简单复制，中国梦是在中华民族本土独立身份和主体意识上对民族国家未来发展的一种梦想。就当今而言，中国梦主要指中华民族伟大复兴的梦想，是推动中华民族向前发展的精神动力，它的科学性和实践性就在于不仅没有放弃中国化，反而是在新的历史条件下对中国化的一种坚持和发展。如果说，"中国化"实现了中华民族的解放和发展的话，那么中国梦所追求的民族复兴就是"中国化"的坚持与发展。因此，将民族振兴作为中国梦的内涵之一，在理论意义上，是"中国化"的继续；在实践意义上，是将民族精神与国家富强有机结合起来，从而提升、丰富中国梦的内涵。

---

① 《毛泽东早期文稿》，湖南出版社 1990 年版，第 89 页。

② 同上书，第 560 页。

③ 《毛泽东选集》第 2 卷，人民出版社 1991 年版，第 534 页。

④ 韩步江：《从"中国化"到中国梦——民族国家本土独立身份和主体意识的复强之路》，载《学海》2013 年第 5 期。

二　民族振兴梦的意蕴

从前文的说明可以看出，民族振兴作为中国梦的内涵之一，不仅是中国梦的目标、动力、评价标准，而且能够与国家富强这一内涵有机统一起来。当我们谈及一个民族时，首先想到的是这个民族的民族精神。民族精神体现在民族文化之中，民族文化是民族精神的载体。民族的连续性表现为文化的连续性，文化的断裂与消失就意味着一个民族精神的中断或失去了传承的载体。我们今天之所以能够把民族复兴作为近百年来中国人最大的梦想，其根本原因就在于由中华文化承载着的民族精神还在代代相传。文化作为一个民族的灵魂，对一个国家发展进程的影响，比经济和政治的影响更深刻、更久远。如果说，经济发展改变的是一个国家的面貌，那么文化繁荣则可以化育一个民族的风骨。中华民族拥有五千年文明史，在漫长的历史长河中，无论兴衰成败，历史文化的根脉始终生生不息、绵延不绝。深厚的历史文化底蕴，成为我们民族赖以生存和繁衍发展的精神沃土；丰富的历史文化遗产，成为我们民族取之不尽的宝贵精神财富。中国的优秀文化传统，对今天中国人的价值观念、生活方式和中国的发展道路都具有深刻的影响。文化建设的滞后，必然对经济发展、社会进步、生态保护乃至政治文明构成一定制约。只有当全世界都公认中华文化真正繁荣起来、在世界上具有重要影响力的时候，才是我们真正强大的时候。在这种意义下，民族振兴其实就是民族精神的振兴，民族精神的振兴其实就是民族文化的振兴。这既可以从世界其他国家的发展过程中体现出来，也可以从传统文化的历史盛象中显示出来。

（一）其他国家的文化景观

在人类历史的长河中，世界各民族、各国家起起伏伏，跌宕不息，谱写了波澜壮阔的人类史话。在此过程之中，有的民族烜赫一时，有的民族暗而不彰，从这些兴衰的史实中，我们可以看到，凡是鼎兴的民族，都伴随有民族文化的繁兴，这可以从古希腊文化、古罗马文化、英国文化、美国文化等略见一斑。

希腊是欧洲文明的摇篮，在世界文明史上，古希腊文明以其风格迥异的特征和辉煌夺目的成就享誉后世，今天的西方世界，无处不遗留着希腊文明的传统，以致有"言必称希腊"之说。起源于爱琴海文明的古希腊经历了荷马时代英雄主义的锻造，斯巴达、雅典城邦的陶冶，酝酿出了影响深远的希腊思想。古希腊的文化成就是多方面的，在哲学上，苏格拉底以其怀疑主义的方法论影响了整个西方哲学史，柏拉图及其学园闪烁的智慧之光照耀古今，亚里士多德百科全书式的博学与覃思令后继者至今望洋兴叹。在文学方面，荷马史诗奠定了西方文学感情与理智激烈冲突的永恒主题，成为迸发灵感与诗情的渊薮。还有那波谲云诡、扣人心扉的希腊神话，是滋养艺术心灵的沃土。不仅如此，希腊文化在建筑雕刻及自然科学方面都有很多影响后世的瑰宝。我们透过希腊先贤留下来的思想、艺术，能够感受到希腊精神、雅典精神至今仍在头顶的星空上盘旋。

美国奇才诗人爱伦·坡在《致海伦》中抒发道："光荣属于希腊，伟大属于罗马。"古罗马的文明是西欧古典文明的重要组成部分，其成就在世界文明史上占有杰出的地位。古罗马的文化伴随着古罗马帝国的强大而日渐隆盛。公元前5世纪至前3世纪，罗马人通过取得一系列对外战争的胜利，至公元前2世纪，罗马已经成为地中海的霸权国。公元前1世纪以后，古罗马开始由城邦制向帝制过渡，在此期间，伴随着罗马帝国的对外军事扩张，罗马帝国的疆界空前广阔。此一时期，罗马文化亦臻极点。"自约克以至昔兰尼，自里斯本以至安条克，随地可见巍巍之城郭以缭绕于庙宇、戏院、游牧场、市场等之外，且有巨大水沟，精美道路；如是之城，数以千计，其遗址之庄严，尚足以惊今人。"① 在思想文化上，智慧的罗马人没有简单地承袭希腊或模仿希腊人，而是保持和发扬了自身固有的特点，"罗马传统"与"希腊影响"这两种因素共同成为古罗马文明最显著的特点。这种特点在罗马帝国的疆域内体现得非常明显。罗马帝国在欧洲实际上包括了地中海地带和大陆地带两个区域。地中海地带是古典文明的发源地，包括意大利和希腊、法国南部、西班牙和亚得里亚海的东海岸。但是，地中海东部的社会模式、经济生活和政治管理方式与西部有所差别。在西部地区，罗马文明和拉丁语占主导地位，而在东部地区，希腊语和希腊文化仍占优势。帝国时期的罗马文化实际上一分为二：西部的罗马文化和东部的希腊文明。但在政治上，罗马文化支配着东部地区。事实上，虽然在罗马帝国的版图内仍活跃着希腊文化的印记，但是罗马的文化

---

① ［英］韦尔斯：《世界史纲》，梁思成等译，上海人民出版社2005年版，第323页。

伴随着帝国的铁蹄也渗透到它所统治的每一寸土地。

古希腊城邦的繁荣、古罗马帝国的强大带来了希腊文化、罗马文化盛极一时，我们透过古希腊、罗马文化的表象背后，看到的是希腊精神、罗马精神在世界版图上的延伸。在世界文化史上，古希腊、罗马文化代表的是农业文化的发展高度。继此之后，发展起来的英国文化、美国文化则代表着工业文化的发展高度。

16 世纪，英国处在封建关系解体和资本主义生产发展的过程中。新航路开辟后，英国的工商业通过"羊吃人"的圈地运动而得到了长足的发展。从 16 世纪起，英国利用它处于大西洋航路中心的优越地位，展开殖民活动，进行殖民掠夺，于 1588 年打败西班牙的"海上舰队"而登上海上霸主的地位，这极大地推动了英国资本主义的发展。1763 年瓦特发明了蒸汽机，标志着工业时代的到来。蒸汽机问世之后，不仅马上应用于棉纺织业，也迅速推广到其他工业，重工业与交通业也随之很快发展起来。到 19 世纪中叶前，大机器生产在纺织业中已经取得统治地位，机器制造业也进入机械化阶段，标志着工业革命在英国的完成。第一次工业革命使北大西洋世界形成了一个以英国为首的资本主义经济共同体，并整体开始了由农业文明向工业文明、传统社会向现代社会的转变。工业化逐渐成为现代化的物质基础。英国由于率先完成了工业革命而使其国际地位突飞猛进。18 世纪以前，英国落后于法国、意大利、西班牙，1820 年英国占世界工业生产总额的 50%，世界贸易的 18%。1839 年，煤产量相当于法、比、普总和的三倍。19 世纪中叶，英国成为世界工厂。不仅如此，英国的工业革命还影响了全世界。因人口流动、技术、产品输出等，英国工业革命的成果向欧洲大陆和美洲传播。国际范围内开始以英国、法国为标志，加速了经济的发展以及向资本主义的转变，资本主义的世界经济体系及政治格局逐步建立。得益于殖民侵略、海外扩张以及工业革命，英国在整个 19 世纪的世界舞台上独领风骚，维多利亚时代的英国在地球上 24 个时区内都有统治的领土，成为名副其实的"日不落帝国"。伴随着英国在国际上的政治、经济、军事强权地位的日渐巩固并趋于高峰，大不列颠民族所代表的殖民文化及帝国主义在整个欧美地区蔓延，一度成为世界先进文化的代表。

19 世纪至 20 世纪初的世界舞台由英国尽显风采，而 20 世纪中叶以来世界舞台的主角则被美国独占。如果说英国是工业化的领导者，那么美国则暂时是现代化的引领者。在美国短暂的历史中，我们看不到任何文化的积淀。然而，正是这样一个缺乏文化底蕴的国家却成为当今世界文化的风向标。自 20 世纪 90 年代以来，伴随着经济全球化的步伐，美国文化以一种不可遏制的力量向世界各国辐射，即美国文化向其他国家几乎单方面的输出。美国对其他国家的强势文化输出通过流行文化、文化企业、政府文化三个方面表现出来。在流行文化方面，"美国制造"充斥全球，其中好莱坞的电影制造业占全球的支配地位，据统计好莱坞大片占世界电影份额的 90%，是美国文化霸权主义的典型体现。除此之外，我们还可以看到更多的"美国制造"：网络文化、娱乐文化、流行音乐、快餐文化、电子产品等。这些繁芜的文化产品跨越了地域时空的限制，遍布五大洲的角角落落。在文化企业方面，美国的文化产业巧妙利用自身优势，以一种潜移默化的诱导方式迫使其他各国的民族文化放弃自身的认同而去认同它。在此过程中，美国还将其他国家和民族的文化资源"美国化"后，重新推广出去，以不断强化其文化霸权地位。在政府文化方面，美国是最早奉行"新殖民主义"的国家，其文化输出意识比任何国家都要强烈。在经济全球化时代，美国也制定了相应的文化战略，试图以"美国化"来代替全球化，用美国的文化价值观来"重塑"整个世界。美国这种快餐式、娱乐性的文化之所以能够在拥有深厚历史积淀、有着庄严文化气象的国家流行，究其原因还在于作为两次世界大战受益者的美国在第二次世界大战后新的国际政治、经济格局中所确立的霸权地位决定的。

（二）传统文化的历史盛象

不仅从世界范围内看，文化兴与民族兴有内在的关联性，单就中国的历史，我们也同样能够看到，文化的进退与民族的兴衰休戚相关。这从中国古代的几个文化盛象可以看出。

春秋战国时期的文化是中国传统文化的第一个盛象。德国哲学家雅斯贝尔斯在划分世界各民族文化里程的具体阶段时，提出了"文化轴心时代"的观念，他说："以公元前 500 年为中心——从公元前 800 年到公元前 200 年——人类的精神性基础同时地或独立地在中国、印度、波斯、巴勒斯坦和希腊开始奠定。而且直到今天人类仍然附着在这种基础上……在公元前 800 年到公元前 200 年间所发生的精神过程，似乎建立了这样一个轴心。在这时候，我们今日生活中的人开始出现。让我们把这个时期称之为‘轴心时代’。在这时期充满了不平常的事件。在中国诞生了孔子和老子，中国哲学的各种派别的兴起，这是墨子、庄子以及无数其他人的时代。……这个时代产生了所有我们今天依然在思考的基本范畴，创造了人们今天仍然信仰的世界性宗教……"①无论在中国人的观念里，还是在世界人的思维里，雅斯贝尔斯所谓"轴心时代"的中国文化毋庸置疑地不仅奠定了中国文化的发展基础，也确立了中国文化的第一个繁盛期。这个时期的中国文化可以和世界上任一时期的其他文化景象相媲美。中国文化在"轴心时代"确立了主题精神，树立了价值标准。

中国文化所具有的显著的人文理性精神是在"轴心时代"确立的。中国传统文化发展到西周初期，人文理性精神就已经开始觉醒，在春秋战国时代，这种人文理性精神不断发展并确立起来。在中国文化的"轴心时代"，夏商西周时代对"天"、"帝"诸如此类的人格神极具虔诚的顶礼膜拜已经被对人的生活、人的德性、人的意志、人的力量的热情礼赞所取代。"轴心时代"所确立的人文理性精神，与西方文艺复兴时期的人文主义精神相比，又具有自身的独特之处。在人和人的价值方面，文艺复兴时期的人文主义强调人的自由、平等、尊严、权力，而中国的人文理性精神强调人的自律、宽容、义务、贡献，主张在个体道德修养的基础上建立一种和谐的群体关系，进而将此诉诸广泛的、全社会意义上的"教化"的推行。有学者指出，中国的这种人文主义精神与西方人文主义的真正语源——拉丁文 paideia 的意义十分吻合，paideia 的本义就是开化、教育、教化，古希腊、罗马人常用这个词来标识"文明人"与"野蛮人"的区别。

伴随着这种人文理性精神的确立，我们民族文化的价值准则也在"轴心时代"树立起来。"轴心时代"的社会大变革及人的地位、人际关系的重组，促使每一个社会成员重新思考如何抉择人生理想、生活态度、行动规范等系列问题。围绕这些问题，此一时期"道术"为天下裂，诸子蜂起，学派竞存，百家纷纷提出自己的人生哲学。尽管众说纷纭，但诸论背后都有共通之处，即诸子学说体现在治国层面，追求"善治"；体现在人生层面，追求个人修养，成就"善性"；体现在人际关系层面，重视伦理道德，要求与人相接时有"善念"。也就是在"善"的共通意义上，

---

① ［德］卡尔·雅斯贝尔斯：《人的历史》，上海人民出版社 1982 年版，第 38—40 页。

有的学者将中国传统文化归纳为以"求善"为终极目标的"伦理型"文化，以区别于"求真"为目标的"科学型"文化，这在价值标准方面是有所凭据的。事实上，在诸侯列国尚未统一之际，诸子百家之所以著书立说、周游列国以求善治，其中一个重要原因，是活跃在华夏大地上的仁人志士无不怀揣一颗渴望统一、向往和平、热爱国家人民的赤诚之心。

透过"时代"文化盛象，我们感受到的是先哲们爱国、爱民、爱和平、望统一的精神灵魂。这种精神灵魂伴随着"求善"的终极目标一并融入我们的民族精神之中。在春秋战国时期，凝结在中国文化中的精神灵魂、价值标准在华夏大地上自由地流淌，最终有力地推动了中华民族的形成。例如，在春秋战国时期，秦、楚两国经过 300 年的变迁而实现华夏化，各方面趋于一致。自此，中国燕山以南、黄河以北的长江中下游及淮、汉流域广大地区的居民已基本上融合成为一个统一的民族，不再有华夏与蛮、夷、戎、狄的区别。

"轴心时代"的文化盛象奠定了中华民族的文化根基，酝酿了中华民族的民族精神，确立了中华民族的价值标准。凝聚成精神价值的中华文化亟须要在历史的长河中含英咀华，再次绽放出精彩夺目的光华。大汉雄风成就了这一文化盛象。汉代以降，在思想领域继续沿承"轴心时代"百家争鸣的风气，此时在经历了长期的争鸣、辩难与颉颃之后，各家学说、学派又开始相互吸纳、彼此兼容。这种吐纳百川的学术环境为中国文化在汉代的发展提供了直接的理论动力与思想资源。除此之外，政治的统一、国土的辽阔、有汉一代的精神风貌又成了中国文化在汉代发展的外部条件。自秦代开始，文化的发展始终与政治的关系相辅相成，互为表里，互为因果，并形成一种顽强的再生机制。在中国 2000 年的古代社会，政治的分裂总是短暂的，文化的凝聚力、向心力很快将其弥合；文化的共同体血肉相依，又有赖于国家权力机构的强大护卫而更为不可分割。汉代，就是这种机制的滥觞期。

有汉一代的文化是中华民族宝贵的精神财富，是炎黄子孙睿智的结晶，汉代文化的成就灿若繁星，极其丰富。汉代的文化在哲学、文学、史学、天文、医学、艺术、建筑等方面都取得了丰硕的成果。汉代的哲学，一方面秉承"轴心时代"子学传统之余绪，一方面开创经学哲学传统，为先秦哲学的继承和发展奠定了基础。汉代的文学——汉大赋以其汪洋恣肆的文辞和叠沓煊烨的意向展示了外在的丰饶世界，凸显出盛大帝国政治的煊赫态势和社会心理的闳阔风貌，在中国文化史和文学史上占有重要地位。汉代昂扬奋发的时代精神不仅鼓舞人们充满激情地全面关注和肯定现实生活，而且促使他们生出高屋建瓴地清算过往历史的宏大志向。就在西汉王朝如日中天的武帝时代，中国乃至世界学术史上的皇皇巨著《史记》诞生了。汉代作为中国文化共同体形成后的第一个鼎盛期，传统科技的农、医、天、算四大门类，在这 400 年间形成了自己成熟的、独特的体系。

有汉一代开拓进取、闳阔包容的时代精神不仅作用于中华文化共同体内部，激发了哲学、艺术、农、医、天、算的全面繁荣，而且作用于共同体外部的广阔世界，大大促进了中外文化的相互融通。汉代时期，中华文化从东、南、西三个方向与外部世界展开了多方面、多层次的广泛交流。其中在西方，中外文化的交流以更大的规模、更壮丽的声势展开。张骞出长安，走陇西，揭开中西文化交往的辉煌篇章。张骞归后，汉朝每年派出的使节，多者十余次，少亦五六次，"使者相望于道"。东汉班超出访西域，平定莎车、龟兹等地的叛乱，保护了交通的畅通。与此同时，大批西域使臣、商人也怀着仰慕之情风尘仆仆于祁连山麓、阳关古道，然后满载而归。在他们带回国的众多中国物产之中，数量最大的是丝绸制品。所以，中西交往的必经之道河西走廊，又被称为"丝绸之路"。丝绸之路的开通，在古代中西方之间架起了文化交往的桥梁。在这一双向运动过程中，中华文化初步确立了自己在世界文化系统中举足轻重的地位，同时也多方吸收了外部文化的宝贵营养，激发了自身机体的蓬勃生机。

汉代以后，中国文化的发展经历了魏晋南北朝时期多元文化的激荡，在多方吸纳、兼容并蓄的基础上呈现出气度恢弘、史诗般壮丽的盛唐文化。在波澜壮阔的唐代文化里，到处充盈着有生的力量，到处回荡着精神独立、斑斓浪漫的声音。那充满欢欣、迸发出创造光芒的文化精魂，以一种历史活力，给中国文化注入新生的力量。

美国学者爱德华·麦克诺尔·伯恩斯曾把唐朝时的中国比喻成为泰山压顶的巨龙。英国作家乔·韦尔斯在《世界史纲》中饱蘸笔墨书写唐帝国的强盛，在他的笔下，唐代中国的温文有礼、文化腾通和威力远播，同当时西方世界的腐败、混乱和分裂形成鲜明对比。在古代世界范围内，大唐帝国的强盛确实让其他国家与民族艳羡不已。英国学者威尔斯指出：

"在整个第七、八、九三个世纪，中国堪称世界上最安乐最文明的国家……数百年间，就在欧洲和西亚人口不断减少，人们不是住在茅屋或城墙高筑的小城镇、就是蛰居恐怖的强盗山寨之时，几百万中国人却过着秩序井然、清雅和美的生活。"① 大唐帝国，疆域辽阔，军事力量强大，它以开明的胸怀与多样化的怀柔—羁縻手段，吸引多民族的归附。以强盛的国力为依据，以朝气蓬勃的士人为主体，唐文化所体现出来的，是一种无所畏惧、无所顾忌的兼容并包的大气派，一切因素、一切形式、一切风格，在唐文化中都可以恰得其所，与整个时代相映生辉。从大的方面来讲，唐代儒释道三教并行。唐代统治者尊道、礼佛、崇儒，更鼓励三教自由辩论。这不仅有力地促使三教之间相互吸收，而且造成了一种开放的文化心态。从小的方面来讲，魏晋南北朝时期胡、华长期、持久冲突过程中的融合效应在唐代得到了最为充分的释放。鲁迅指出，唐文化无所顾忌地吸收胡文化，完全没有"这么做即违了祖宗，那么做又象了夷狄"的"各种顾忌，各种小心，各种唠叨"，而且以博大的胸襟，如"长鲸吸百川"似的吸纳外域风貌，从他文化系统中采撷英华。国外汉学家高度赞扬这一文化风貌，特名之为"文化大同主义"②（cosmopolilanism）。唐代时期，涌入中国的外域文化规模非常巨大。南亚的佛学、医学、历法、语言学、音乐、美术；中亚的音乐、舞蹈；西亚世界的祆教、景教、摩尼教、伊斯兰教等，如同八面来风一拥而入，那时的都城长安，自然而然地成为中外文化汇聚的中心。英国人韦尔斯在他的《世界简史》中，比较欧洲中世纪与中国盛唐的差异时说："当西方人的精神由于神学的纠缠而失去光泽的时候，中国人的精神却是开朗的、宽和和不断探索的。"③ 日本学者井上清在《日本历史》中指出："唐朝的文化是印度、阿拉伯和以此为媒介甚至和西欧的文化都有交流的世界性的文化。"④

　　唐文化在广泛吸纳外来文化的同时，表现出了强劲的文化输出态势。一方面，唐代中国因为拥有强大的文化力度，而成为向周边文化地区辐射

---

① ［英］韦尔斯：《文明的脚步：世界简史》，刘大基等译，黑龙江人民出版社 1987 年版，第 164—165 页。

② 冯天瑜等：《中国文化史》，上海人民出版社 1990 年版，第 580 页。

③ ［英］韦尔斯：《文明的脚步：世界简史》，刘大基等译，黑龙江人民出版社 1987 年版，第 165 页。

④ ［日］井上清：《日本历史》，天津人民出版社 1974 年版，第 84—85 页。

的文化源头。包括日本与朝鲜半岛在内的东亚地区，由于在地理上邻近中国，在文化力度上远弱于中国文化，自然而然地成为唐文化辐射的区域。冯天瑜指出，在 19 世纪西方资本主义势力进入东亚地区之前，东亚世界在地理上以中国为中心，在文化上以中国文化为轴心，形成了包括中国、日本、朝鲜、越南在内的中华文化圈，与西方基督教文化圈、东方正教文化圈、回教文化圈、印度文化圈一并成为世界五大文化圈。中国文化圈的形成当然并非一蹴而就，但作为中华文化圈的总体形成却是在 7—9 世纪，也即隋唐之际。这是因为，只有在 7—9 世纪，东亚地区才出现了完备的构造文化圈的必备条件。中华文化圈的基本要素为汉字、儒教、中国式律令、中国式科技、中国化佛教。所有这些要素在 8 世纪前后唐帝国的极盛时期臻于成熟与完备，促使文化输出流更为强大。另一方面，强盛、深厚的唐文化不仅深刻影响和改变了东亚世界的文化面貌，而且将光芒投射到西方世界。中国的造纸术与纺织业经中、西亚各国输入欧洲，改变了中世纪欧洲以羊皮作为信息的物质载体的历史。

唐代文化的强劲对外输出，有力地推进了世界文化的进程。"唐"、"唐人"等海外至今流行的对中国以及中国相关事物的惯称，生动形象地显示出唐文化在世界文化史上留下巨大的、永不可磨灭的印记。

（三）中华传统文化与民族精神

从苏格拉底到柏拉图，再到亚里士多德，我们看到的是希腊的尚智精神。在继承希腊文化的同时，罗马精神又体现在罗马的宗教文化、法律文化、政治文化等方方面面。英国的强盛与崛起带给欧洲人的是一个世纪殖民文化的泛滥。美国的流行文化、娱乐文化、快餐文化正试图颠覆其他国家、民族的根深蒂固的文化传统，乃至试图销蚀其他国家的民族精神。综合来看，民族精神深植于民族文化之中，民族文化是一个民族的记忆，它能够唤起一个民族共同体的认同感及自觉性。关于文化与民族精神的关系，2011 年 10 月 18 日中国共产党第十七届中央委员会第六次全体会议通过的《中共中央关于深化体制改革推动社会主义文化大发展大繁荣的若干重大问题的决定》指出："文化是民族的血脉，是人民的精神家园。在我国五千多年文明发展历程中，各族人民紧密团结、自强不息，共同创造出源远流长、博大精深的中华文化，为中华民族发展壮大提供了强大精神力量，为人类文明进步作出了不可磨灭的重大贡献。"文化与民族血脉相连，在我们中华五千年的文化中，承载了哪些区别于其他国家的民族精神呢？这一点有必要作简要的说明。

关于文化的概念，中国人早有论述，《周易》有所谓："观乎天文，以察时变；观乎人文，以化成天下。"根据这个理解，所谓的文化，就是以文化之。唐代大学问家孔颖达则对《周易》中的"文化"一词另有见地，他认为"圣人观察人文，则诗书礼乐之谓"，这实际上是说"文化"主要是指文学礼仪风俗等属于上层建筑的东西。明末清初的大学问家顾炎武在《日知录》中说"自身而至于家国天下，制之为度数，发之为音容，莫非文也"，即人自身的行为表现和国家的各种制度，都属于"文化"的范畴。马克思主义的理论家对文化作了一种新的解释，把文化分为广义和狭义两种。在罗森塔尔·尤金所编的《哲学小辞典》中认为文化"是人类在社会历史实践过程中造的物质财富和精神财富的总和"，这就是所谓"广义的文化"，而与之相别的"狭义"文化则是专指精神文化而言，即社会意识形态以及与之相适应的典章制度、政治和社会组织、风俗习惯、学术思想、宗教信仰、文学艺术等。一般来讲，人们把"文化"分为三个层次：观念文化、制度文化和器物文化。所谓观念文化，主要是指一个民族的心理结构、思维方式和价值体系，它既不同于哲学，也不同于意识形态，是介于两者之间而未上升为哲学理论的东西，是一种深层次的文化；所谓制度文化，是指在哲学理论和意识形态的影响下，在历史发展过程中形成的各种制度。它们或历代相沿，或不断变化，或兴或废，或长或短，既没有具体的存在物，又不是抽象的看不见，是一种中层次的文化。所谓器物文化，是指体现一定生活方式的那些具体存在，如住宅、服饰等，它们是人的创造，也为人服务，看得见，摸得着，是一种浅层次的文化。我们这里所讨论的是与民族精神密切相关的观念文化。

从《周易》对文化的理解，我们可以看出，在中国传统文化的观念里，文化是与天道、人道密切相关的。有学者据此认为中国传统文化的主题就是天道与人道的关系问题。观念文化、制度文化、器物文化都与这个主题有关系，这个主题可以把中国传统文化的各个方面都包含进来。在这个主题下，有学者又将中国传统文化概括为四个理论模式，它们分别是，"天道自然，人道无为"的理论模式，"知性知天"的理论模式，"天道有常，人道有本"的理论模式以及"天道变化，人道自强"的理论模式。这四种理论模式虽然都是围绕天道、人道而发，但并没有很清晰地揭示出我们的民族精神与传统文化的关系。如果我们进一步深入观念文化层面，那么就能够更加清晰地揭示出中华民族的精神内涵。通过对观念文化的探析，我们可以从以下几个方面把握我们的民族精神。

首先，在天人关系上表现为天人合一思想。天人合一思想可以说是贯穿我们民族文化的一根主线。在中国传统文化里，天人合一是一个基本的信念。关于天人合一的意蕴，季羡林先生将其解释为：天，就是大自然；人，就是人类。合，就是互相理解，结成友谊。在中国传统文化里，天人合一思想蕴含两层意思：一是天人一致。宇宙自然是大天地，人生系统是小天地，二者在形式与运作规律上有同构性、一致性。二是天人相应，或者说天人相通。即人和自然在本质上是相通的，所以一切人事都应顺乎自然的规律，达到人与自然的和谐。在中国传统文化的思想中，之所以十分重视"人"和"人事"，是因为在天人合一的信念支撑下，只要能够知"人"论"事"，也就能够知"天"事"天"。因此，在中国古代思想文化系统中，伦理学非常发达，而认识论相对缺乏。中华民族在天人合一信念的支撑下，还有一个重要的特点就是在人与万物的关系中，尤其强调人对万物的责任。在天人合一的框架里，"仁者浑然与万物一体"、"民胞物与"，即人与万物是一体的，所有的人是我的同胞，所有的物都是我的伙伴，作为万物最灵者的人应该"参赞天地而化育万物"。

其次，在思维形式上表现为重综合的思维模式。中国传统文化在长期的天人合一信念的支配下，形成了独特的不同于其他民族的重综合的思维模式。这种重综合的思维模式使我们的民族在思考问题时，总是把问题放在一个开放的、联系的、多维的空间之中来综合把握。例如，中国古人在思考人生问题时，并不是单纯地就人论人，而是把人放在天、地、人的三维架构中作全方面的考虑。

再次，在价值观念上表现为整体主义的价值观。与西方文化重分析、偏个人的思想不同，中国文化天人合一的基本信念、重综合的思维模式决定了中华民族在漫长的历史长河中形成了整体主义的价值观。伴随着马克思主义中国化的进程，这种整体主义的价值观逐渐与集体主义价值观相结合，并有机地统一起来。

复次，在人性论上表现为性善论。在中国文化中，在人的问题上没有原罪性的东西。荀子认为人性恶，但经过学习，去恶从善，可以成为圣贤。中国文化中，性情并论，例如儒家主张"圣人调情"，不健康的感情如果调整过来就行了，并非没有感情；"君子制情"，君子要克制自己不健康的感情，使感情能够符合道德的约束和要求；"小人纵情"，小人放纵自己的感情，那就不行了。对于这三类，自然提倡第一类、第二类。

最后，在处理人与自身的关系、人与人的关系问题上表现为中庸、中和思想。在处理人与自身的关系上，《礼记·中庸》指出："喜怒哀乐之未发谓之中，发而皆中节谓之和。"在处理人与人的关系上，孔子提出"君子和而不同"的主张。

上述中国文化的特质内含于我们华夏族群以爱国主义为核心的民族精神之中，是我中华民族的精神特征。我们在实现中国梦的宏伟目标下，谈论民族振兴问题，就是要使中华民族的精神特征在新的历史境遇中再次彰显其独特的魅力。纵观中华民族的历史，每一次文化大繁荣的时期，都是民族精神挺立、显豁的时期。我们之所以提出民族复兴，是因为我们民族在很长一段历史时期内远兴于世界上的其他民族。周代、汉代、唐代无疑是民族文化大繁荣期的典型代表，在这些时期，承载着民族精神的中国文化蓬勃发展，空前繁盛。非理性地回归到周代、汉代、唐代时期的文化盛大气象显然不是民族振兴的目标指向，但回溯这些时期的文化盛象能够为民族振兴的目标指向提供一个历史参照系是毫无疑问的。

三　民族振兴梦的指向

在前文中，我们简要地叙述了"轴心时代"、汉代、唐代的文化盛象，目的不在于指出在中国梦总目标下的民族振兴是为了完全恢复中国古代时的文化盛象，而在于通过回溯古代中国文化曾经有过的伟大繁荣景象，为我们今天的民族文化的振兴提供一个参照系。

（一）传统文化的创造性转化

我们在民族复兴目标下谈论文化复兴，不是要把我们的文化恢复到汉、唐盛象的问题，把汉、唐时期的那一套文明全部移植到现在的文化建设之中，显然不是实现中国梦总目标下的理性追求。我们在中国梦的目标下，要实现民族文化的复兴，必然要处理好传统文化在现代的境遇问题。

一种理性的做法是，我们要宣传优秀的民族文化，对传统文化的全盘否定绝对是不对的；而对我们传统文化不加拣择地全部继承，显然也是非理性的作为。对待传统文化，我们既要看到其中优秀的一面，认真地继承下来，也要看到其中的糟粕部分，坚决地摒弃掉。如果我们该继承的没有继承，该弘扬的没有弘扬，不该继承的继承了，不该宣传的宣传了，那么我们所要的民族文化的复兴是不可能的，因为传统优秀文化是我们民族文化复兴的基础。

民族文化的复兴不仅要求我们继承优秀的传统文化，更重要的是要把我们的传统优秀文化弘扬下去，要让我们的传统文化在今天的时代境遇中实现创造性的转化。所谓创造性转化，就是既有"保持"又有"更新"，保持我们传统优秀文化的精神价值，更新传统精神价值在现代的表现形式，并获取新的精神内涵。一般而言，人的感情总是向着过去，倾向于文化的自我保持；而理智则指向未来，向着文化的自我更新。只有一个民族的文化达到"保持"与"更新"的相对统一，该民族才能实现精神平衡，确立较为健全的社会心态，否则便可能陷入精神沉郁，或者抛向精神浮躁。而这两种心态都是不利于文化进步的。当然，我们追求的文化的自我保持与自我统一，正如德国哲学家卡西尔所说的那样，"不是结果的统一性而是活动的统一性；不是产品的统一性而是创造过程的统一性"①。2013 年 8 月，习近平同志在全国宣传部长会议上指出："讲清楚中华优秀传统文化是中华民族的突出优势，是我们最深厚的文化软实力。"讲清楚中华优秀传统文化就是"保持"的问题，也是一些学者提出的"返本"、"固本"问题。十八届三中全会《公报》指出文化体制的改革要"以激发全民族文化创造活力为中心环节"，这又是强调"更新"的问题，也有学者指出这是传统文化的"开新"问题。

毋庸置疑的是，未来的中华文化将是"保持"与"开新"的统一，也即"当代的"与"传统的"二者的统一。毫无疑问，我们的文化振兴必然沿着现代化的前沿方向奔进。我们的文化振兴将是全方位的，是物质文明与精神文明相为表里的共同进步过程。在精神文明内部，又是知识系统与社会心理系统，也即雅文化与俗文化的共同进步过程。然而，民族振兴的文化大厦又是在传统优秀文化的深厚地基上矗立起来的。黑格尔指

---

① ［德］卡西尔：《人论》，甘阳译，上海译文出版社 1985 年版，第 90 页。

出："我们在现实界所具有的自觉的理性，并不是一下子得来的，也不只是从现在的基础上生长起来的，而是本质上原来就具有的一种遗产，确切点说，乃是一种工作的成果——人类所有过去各时代工作的成果。"① 现实的及未来的文化离不开传统，也不能拘泥于传统，而是依托传统又超越传统，正如孙中山先生所指出的那样，"能用古人而不为古人所惑，能役古人而不为古人所奴"。在以传统批判现代化，以现代化批判传统的指导原则下实现当代与传统在新层次上的统一。从实现了传统文化创造性转化后的中华文化中，我们势必会看到：一方面，传统优秀文化在改善、净化当代文化，必将在治疗今日文化所患的各种"现代病"方面发挥自身的积极作用；另一方面，振兴后的民族文化又以现代意识扬弃传统文化，发展传统文化中富于生命活力的部分，创造出传统所缺乏而又为今日生活所必需的新成分。

（二）民族性与世界性的统一

在民族文化振兴的目标体系中，实现传统文化在当代的创造性转化，只是解决了民族文化的古今转化问题。要真正实现民族文化的振兴，除了处理好古今文化的问题，还要处理好中外文化的问题。

从唐代文化的极其繁盛景象中，我们可以看出，中国文化从来都是以一种开放、包容的精神对待其他民族文化的冲击，并且以其润物细无声的精神不失时机地把其他民族文化的优良资源涵化在本民族的文化系统之中。中国文化在今时今日的境遇比以往任何时候都波澜壮阔得多。当代社会，以技术长足进步、信息迅速传播为推进器，随着世界市场日新月异的扩大与深化，文化的世界性亦将向更加纵深方向发展。今天以至未来，各国家、各民族人民的物质生活与精神生活的紧密联系程度可谓是空前的。在这种情况下，中华民族当然不能自外于世界文明大道，而必须投身其中，广采博纳外域英华，以谋求文化的兴盛昌大。文化的开放，将是实现中华文化振兴的生机所系。

然而，文化的世界性又决不意味着排斥、取消文化的民族性。民族、国家，都是历史的范畴，它们既非永恒的事物，也不会凭着人的主观意志而消亡。民族和国家虽在日益摆脱封闭性，但还将长期保持旺盛的生命

---

① 黑格尔：《哲学史讲演录》第一卷，三联书店 1956 年版，第 8 页。

力。在可预见的历史阶段里，人类的总体性进步依赖于各民族的进步，而不是各民族的衰落，世界文化的多样性要靠各民族特色文化的发扬去丰富它。正如有学者指出的那样，"将来世界大同，犹赖各种文化系统，各自发挥其长处，以便互相比较，互相观摩，互相取舍，互相融合"①。因此，中华民族文化的振兴，不仅是中华民族的希望，也是世界各平等待我之民族的希望。中华民族文化健康有益的民族特征的发展与彰显，正是对人类文化做出的一份宝贵贡献。在这种意义上，文化愈是民族的，便愈是全人类的。就像有学者指出的，"我们应当从历史单线进化的错觉中摆脱出来，确立多元化与一体化对立统一的文化进步观"②。未来振兴后的中华文化，既不能是本民族文化的原型推进，或外来文化的整体移植，也不可能是中外文化的简单拼凑，而只能是两者的"化合"，是两者在更高层次上的综汇性再创造。实现振兴后的中华文化的各个不同层面，如技术层面、制度层面、风俗层面、观念层面，走向世界文化一体化的步伐有异，保持民族特性的程度不一，它们分别遵循自身的规律，在世界化与民族化两个纵横坐标间划出各自的运行轨迹。然而，中华民族文化作为一个有机整体，将在世界性和民族性的对立统一中阔步前进，描绘出新的华章异彩，则是毋庸置疑的。

在中华文化保持民族性与世界性的统一过程中，正如唐代文化在完成自身文化的繁盛，并让大唐子民享受丰裕的物质文化与精神文化的同时，也让同时期的世界人民享受唐文化的先进文明成果，造福全世界人民一样，振兴后的中华文化必将以更大的流量保证文化交流与文化输出。在文化交流方面，届时的中国必将自然而然地涌现出像唐代的长安那样的中外文化赖以汇聚的大都市；届时将有来自五湖四海的外籍学生来到中国的知名学府学习中国的先进科技、先进理念、先进思想；届时来自八方的外籍友人，不是因为好奇一个古老而神秘的国度而来到中国，而是因为惊艳一个既神秘古老，又焕新溢彩的民族而来到中国；届时的中国能够让世界上其他兄弟国家肃然起敬，不是因为中国有多少核武器让别国感到威慑而不得已的敬重，而是因为中华民族的文明谦逊、和平友好的大国风度而让其他国家发出由衷的敬意。在文化输出方面，届时我们将切实实现文化走出

---

① 　熊十力：《论六经》，香港大众书店 1951 年版，第 113 页。
② 　冯天瑜等：《中国文化史》，上海人民出版社 1990 年版，第 1175 页。

去的夙愿，让更多的"中国创造"展现在世界文化的大舞台，全世界都能够在不同程度上享受中国的文明成果。

(三) 蓬勃发展的社会主义文化

在中华民族文化全面振兴的道路上，无论是实现传统优秀文化在当代的创造性转化，还是完成中国文化的民族性与世界性的统一，都与我们的社会主义制度密不可分。一个国家的社会制度既是文化的基本构造部分，又是决定文化性质的重要因素。中华文化在当今世界背景下的一个显著特征之一，是社会主义与资本主义两种社会制度的并立、两种文化体系的相反而又相成。在可以预见的未来，这一格局将保持下去，在两种制度中发展的两种文化，将进一步产生错综复杂的竞争关系。

资本主义文化已经有几个世纪的发展，特别是第二次世界大战以后，资本主义文化又获得了明显进展，并保持着经济、市场和技术上的优势。但与此同时，资本主义文化也面临着难以解脱的困境。生产社会化与生产资料私人占有这个基本矛盾继续困扰整个社会。这一制度下的人们，包括最杰出的的文化大师，都日益感受到高度发达的物质文明与精神领域的贫乏之间的强烈反差造成的严重危机。德国著名的物理学家玻恩指出，现代文化所面临的严峻问题是"伦理原则的崩溃"，现代"大多数工人在生产过程中的一个特殊部门里，只熟悉自己很小范围内的专门操作，而且几乎从来也没有看到过完整的产品，自然他们就不会感到要对这个产品或对使用这产品的人负责，这种使用是好是坏，是无害还是有害，完全在他们的视野之外"[①]。这种行动与效果的分离，使人们在发展物质文明的同时，丧失了伦理原则，引起道德的崩溃。英国作家查理斯·帕布·斯诺在《两种文化》一文中指出，现代资本主义有将人文文化与科学文化割裂开来的倾向，两者不仅互不相通，而且彼此敌对、排斥，由此将导致一系列的问题，归结起来便是物质文明与精神文明的脱节乃至对立，造成人和社会的扭曲。

中华人民共和国成立以来，我们克服来自内部和外部的重重困难，赢得了举世瞩目的成就，这生动地证明了社会主义文化旺盛的生命力。社会主义文化的大发展不仅要使社会主义国家的人民享受极大丰富的物质文化

---

① 转引自冯天瑜等《中国文化史》，上海人民出版社 1990 年版，第 1178 页。

成果，而且还要以社会主义文化的良药救治资本主人文化之病。马克思和恩格斯从现实的人及其实践活动出发，阐述了文化的本质是"人的本质对象化"和"自然的人化"。文化的发展与人的本质实现具有内在一致性，二者是同一过程的两个方面。以马克思主义理论为指导思想的社会主义文化的发展是以实现人类的解放和发展为最终目标的。这与资本主义将人异化、碎片化、分裂化的文化发展模式截然相反。可以预见的是，伴随着我们国家富强目标的实现，社会主义制度的优越性、马克思主义理论体系的优越性，在正确处理传统文化在当今的创造性转化问题上，以及文化的民族性与世界性问题上，将更加明确地体现出来。届时，屹立在世界东方的不仅是一个经济、军事等综合国力高度发达的国家，而且是一个文化极其繁荣丰富的文明国家。当世界人民怀着艳羡之心追问产生这种物质文化与精神文化共同繁盛的原因时，他们会自然地将这一切文明成果与社会主义制度的优越性紧密联系起来。

关于社会主义文化，党的十五大报告作了十分明确而简洁的概括："建设有中国特色社会主义的文化，就是以马克思主义为指导，以培育有理想、有道德、有文化、有纪律的公民为目标，发展面向现代化、面向世界、面向未来的，民族的科学的大众的社会主义文化。"中国特色社会主义文化是反映先进生产力发展规律及其成果的文化，是源于人民大众实践又为人民大众服务的文化，是继承人类优秀成果的文化，具有科学性、时代性和民族性。与资本主义将人分裂化、碎片化、异化的文化不同，中国特色社会主义向来注重精神文明的发展，把精神文明建设提高到与物质文明建设同等的高度。

党的十一届三中全会以来，社会主义文化建设取得了丰硕的成果。可以预见的是，到 2020 年中国共产党成立一百周年之际，"社会主义核心价值体系深入推进，良好思想道德风尚进一步弘扬，公民素质明显提高；适应人民需要的文化产品更加丰富，精品力作不断涌现；文化事业全面繁荣，覆盖全社会的公共文化服务体系基本建立，努力实现基本公共文化服务均等化；文化产业成为国民经济支柱性产业，整体实力和国际竞争力显著增强，公有制为主体、多种所有制共同发展的文化产业格局全面形成；文化管理体制和文化产品生产经营机制充满活力、富有效率，以民族文化为主体、吸收外来有益文化、推动中华文化走向世界的文化开放格局进一步完善；高素质文化人才队伍发展壮大，文化繁荣发展的人才保障更加有力"①。在此基础上,伴随着中国梦的实现,中国特色社会主义文化在世界文化的交流与碰撞中完全绽放自身的特色与优势,而且会成为世界文化的引领者。中国特色社会主义文化作为世界文化发展的指向标,不是说以社会主义文化的强势压制甚至同化其他文化,实现文化的霸权主义,而是指中国特色社会主义文化能够包容其他国家、民族的文化,能够让其他国家、民族的文化在借鉴社会主义文化的基础上取得更好的发展。

① 2011 年 10 月 18 日中国共产党第十七届中央委员会第六次全体会议通过的《中共中央关于深化体制改革推动社会主义文化大发展大繁荣的若干重大问题的决定》。

第 六 章

中国梦是人民幸福梦

习近平同志在阐释中国梦时指出："实现中华民族伟大复兴的中国梦，就是要实现国家富强、民族振兴、人民幸福。"国家富强、民族振兴、人民幸福这三者并不是彼此分割、孤立存在的，而是紧密联系、内在统一的，实现人民幸福就是这种辩证统一关系的根基和最终目标，人民幸福是国家富强、民族振兴的初衷和归宿，无论是国家富强梦还是民族振兴梦，归根结底都是为了实现人民幸福梦。

一　中国梦的价值旨归

（一）人民幸福是中国梦的价值诉求

任何梦想都要有其追求目标。就中国梦来讲，在国家层面，追求国家富强的目标；在民族层面，追求民族振兴的目标；在社会层面，追求人民幸福的目标。但就总体而言，国家富强、民族振兴最终要体现在人民幸福上面，人民幸福是中国梦想之本、民族复兴之源、中国梦的最终价值旨归。

国家富强是人民幸福的前提和基础。在任何国家和社会，生产力发展水平的高低，不仅决定该社会物质财富的多少，也决定了人民幸福实现能力的高低。因此，通过解放和发展生产力来不断增加国家社会财富的总量，是实现创造人民幸福的必要物质基础。国家的富强一方面体现在国家的经济、科技、国防实力和国际影响力的强大，另一方面也体现在文化软实力、文化创新力和民族凝聚力的强大上。一个国家的每个公民的命运都与国家的命运息息相关，强大的国家是人民安居乐业的前提，繁荣的国家为人民的幸福富裕提供坚实的基础。①

而民族振兴是人民幸福的条件和保障。民族振兴在不同的历史时期具有不同的内涵和表现形式。在战争年代，民族振兴主要体现在通过全民族的团结抗争来实现民族独立和人民解放；在和平建设时期，民族振兴主要体现在中华民族凝聚力的不断增强，在经济、政治、文化、社会和生态文明各方面的快速发展。实现中华民族的伟大复兴就是使每一个中国人都能够自尊、自信、自豪的生活，这是人民生活幸福的充分条件和必要保障。

在当今中国，一方面，我们仍然面临着赶超发达国家和反对霸权主义的历史任务，仍然要把国家富强、民族振兴放在中国梦的首位；另一方面，随着经济社会的发展，我们要更加关注人民幸福，更加注重共同富裕和社会公平，使每个中国人的梦想尽早实现。这说明，中国梦的核心内涵是人民幸福梦，实现民生的持续改善和人民的幸福是改革和发展的最终追求，也是国家富强、民族振兴的价值所在。正如习近平同志所说，人民对美好生活的向往，就是我们的奋斗目标；检验我们一切工作的成效，最终都要看人民是否真正得到了实惠。我们要通过艰苦的努力，通过不断深化改革，破除前进道路上的一切障碍，真正做到使人民共同享有人生出彩的机会，共同享有梦想成真的机会，共同享有同祖国和时代一起成长与进步的机会。

（二）人民幸福是中国梦的动力之源

中国梦是你的梦、我的梦、大家的梦，归根到底是人民的梦，"必须紧紧依靠人民来实现，必须不断为人民造福"。这深刻地揭示出中国梦蕴涵的人民主体本质属性，生动道出了实现中国梦的动力之源。

古往今来，追求幸福是人类社会发展孜孜以求的根本需求和价值目标，人们对幸福生活和幸福社会的梦想，推动着人类社会文明发展的车轮滚滚向前。人民要幸福，就要解放和发展生产力，就要满足人民不断增长的物质需要和精神需要，如果社会发展的目标和归宿不能落实到人民的幸福上，就会最终失去发展的意义。

中国梦的实现过程，本质上就是亿万人民实现自己梦想的过程。中国梦从宏伟的梦想与蓝图最终变成真实、美好的幸福生活的过程就是 13 亿

---

① 韩振峰：《中国梦的根本价值目标》，载《社会主义论坛》2013 年第 7 期。

中国人民的努力奋斗实现每个人幸福梦想的过程。如果没有全社会的共同参与、各阶层的同心同德，中国梦是不能实现的。只有 13 亿中国人紧密团结，万众一心，人人都付出辛勤劳动和艰苦努力，把个人的命运前途与国家和民族的命运前途紧密联系起来，把自己的人生理想深深地融入国家富强、民族复兴的伟业之中，始终不渝地为自己的美好幸福生活和中国梦去奋斗，去奉献，中国梦才能最终真正实现。

亿万中国人的个人幸福梦是中国幸福梦的基本构成元素。人民是由无数个体构成的整体，每个个人的发展和命运既是社会发展和历史命运的映照，同时也汇成了社会发展的主流。中国梦是全体中国人的远大目标，它的承载者都是一个个具体的中国人，每一个人心中都有一个梦，都有追求幸福生活、享受幸福生活的自由和权利，中国梦是由每一个中国人的个人梦想组成的，所有中国人幸福梦的实现才是中国幸福梦的真正实现。任何宏伟的历史变革，都具体承载在那个年代每个人的细微命运上；任何国家和民族的伟大成就，最终都要体现在老百姓的具体生活中。在圆梦过程中，每一个人的梦想都值得尊重，每一个人的幸福都不可替代，民安则国泰，民富则国强，没有人民的富裕幸福安康，国家不可能有持久的强大和长治久安。让人人放飞梦想、人人梦想成真，国家力量与个人梦想共生互荣，才是真正意义的大国崛起和民族复兴。因此，中国梦既宏大又具体，是由一个个真实生动的个体梦想汇聚而成。有了一个个看得见、摸得着的个人幸福梦，中国梦才有生命，才有根基，才有力量。

个人幸福梦凝聚中国力量。中国梦，是一个美好的愿景。宏伟的事业、美丽的蓝图要有强大的力量作保障。中国社会的历史发展告诉我们，在一盘散沙、人心涣散的状况下是实现不了社会发展的，只有人民把对幸福的追求转化为追求幸福的实际行动，才能形成改天换地的历史变革力量。20 世纪以来，中国人民始终依靠骨子里自强不息的精神和追求幸福梦想的强大力量，推动革命与改革，通过艰苦卓绝的奋斗，使中国社会完成了从半殖民地半封建社会到国家独立、人民解放的历史性跨越，使人民生活水平完成了从不能温饱到总体小康、全面小康的历史性跨越。数亿中国人对美好生活的憧憬和期盼汇聚成了对国家发展的希望和梦想，"幸福梦"汇聚成了中国人抗争、建设和改革的伟大力量。对幸福梦的追求，是凝聚全民族、全社会，凝聚全体中华儿女的伟大旗帜，具有强大的感召力、亲和力和凝聚力。"实现中国梦"这一响亮的时代号角把国家利益、民族利益和每个人的具体利益紧紧联系在一起,"实现人民幸福"这一伟大的时代目标把追求中国幸福梦与追求个人幸福梦有机结合起来,激发出人民群众无穷的进取心和创造力,凝聚起社会各阶层人民渴望变革中国、改造中国、富强中国的磅礴力量,在追求幸福梦的过程中众志成城、和谐向前、各尽其能、各得其所。

二　人民幸福梦的诠释

幸福是个复杂而深刻的概念。幸福,最直观的表述是一种快乐的心理感受,来源于人的生存和发展的需求与欲望得到的满足。这种心理感受是幸福的主观形式,人生的具体需求、欲望的实现是幸福的客观表现。因此,人民幸福既具有主观性又具有客观性,是主观和客观的统一体。

(一)　幸福的主观性

幸福到底是什么呢?历史上人们对幸福一词有着不断变化的理解与认识。古希腊哲学家德谟克里特斯(Democritus,约公元前 460—前370)认为:"人生的意义应以快乐为主,所以人该尽量愉快,摈除痛苦。"苏格拉底(Socrates,公元前 469—前 399)认为:"善就是知,知就是德,德就是福。"① 在哲学家伯特兰·罗素(Russell,1872—1970)看来:"幸福,就是某些东西是不可缺少的,但这些东西也很简单:衣食住行、健康、爱情、成功的工作和来自同伴们的尊敬。"而马克思主义认为,幸福的感受与人生价值观和社会历史观紧密联系。人的幸福感来自于以下几个方面:一是向往共产主义社会。马克思在《1844 年经济学哲学手稿》、《关于费尔巴哈的提纲》和《共产党宣言》等著作中,科学地阐述了幸福是人类的特有属性,从本质上说明了共产主义就是人人幸福的理想社会。二是人能够自由而全面地发展。马克思认为,人的自由而全面发展是个体最幸福的事情,每个人的自由发展是一切人的自由发展的条件。

---

① 刘振琴:《从"五位一体"总布局看中国共产党的人民幸福观》,载《黑龙江史志》2013 年第 13 期。

这是人最快乐的精神享受。三是倡导集体主义幸福观。马克思主义认为，为大多数人着想，给大多数人带来幸福，这就是集体主义的幸福观。[①] 集体主义不但是个人获得幸福的必要保障，还是实现全社会幸福的重要条件。因此，总的来说，幸福是一种主观感受，是人对客观社会和环境的一种心理反应，是人们根据所在的社会普遍价值标准，对自己生活质量和心理诉求相对满意的积极感受。

幸福虽然是个人的感受，但也具有其鲜明的社会属性。首先，幸福是一种基于社会环境的心理感受。其次，幸福的感受根植于大多数社会成员所认同的主流化的价值取向，如国家富强民主、文明和谐，社会自由平等、公正法治，老百姓爱国敬业、诚信友善，这都会使人们普遍感到愉悦和幸福；如果情况不是这样甚至截然相反，则会让人们的幸福感大打折扣甚至消失。再次，幸福仅仅满足个体的物质需求是不够的，还要满足更高的精神需求，这种个体需求只有通过社会才能实现。个人幸福的物质条件和精神条件都是由社会和集体提供的，离开社会，仅仅依靠个人孤独的追求、个人主义的奋斗，所谓个人幸福是虚无缥缈的。个人幸福既靠自身的体验与感受，同时也有赖于其社会生存环境与社会制度。因此，社会幸福与个人幸福是辩证统一的，社会幸福是个人幸福的基础，个人幸福是社会幸福的表现。

正因为幸福是一种主观感受，受到诸如经济因素、社会因素、人口因素、文化因素、心理因素、政治因素等许多复杂因素的影响，所以幸福的感受不是绝对的、同一的和完全量化的，不同时期、不同国家、不同社会、不同文化体系中的人，对幸福的认知和理解都不尽相同；不同性别、不同年龄段、不同文化水平、不同职业、不同人生经历的人，对幸福的标准也会千差万别；即使是同一个人，在不同的人生阶段，对幸福的感悟也会不同。这就是幸福的相对性。

目前，对于绝大多数中国人来讲，幸福的基本感受和标准是基本一致的：生活水平不断提高就是实实在在的幸福。生活水平，既包括物质生活水平，也包括文化生活水平和社会生活水平。物质生活水平方面，主要表现在收入增加、住房宽裕、交通便利等生活质量的全面提升；文化生活水

[①]　许察金：《"让人民幸福"是党坚持不渝的奋斗目标》，载《蚌埠党校学报》2011年第3期。

平方面，主要表现在文艺、娱乐、体育等方面的丰富需求得到多样化、高水平的满足；社会生活水平提高方面，主要表现在医疗、教育、社会保障等社会公共服务更加优质化、平等化和普及化。此外社会公平正义、民主法治环境的不断改善和人民对社会的安全感与认同感不断提高也是中国人民幸福感受的重要方面。当然，对于每个中国人，由于幸福的相对性，幸福梦的目标和标准都不尽相同，13 亿人有 13 亿个既相近又不同的幸福梦想，这些单个的梦想，最终汇聚成为宏大的中华民族的伟大中国梦。

（二）人民幸福的客观依据

幸福虽是一个主观色彩浓厚的概念，但幸福并非与客观无关，相反，诸多实践证明，幸福不幸福，离不开一定的客观物质基础。美国经济学家萨缪尔森（Paul A. Samuelson，1915—2009）认为幸福与效用成正比、与欲望成反比，即幸福＝效用/欲望。他把影响效用的因素分为物质财富、健康长寿、环境改善、社会公正、人的自尊五大类。[1] 20 世纪 70 年代南亚的不丹王国的国王提出了国民幸福指数（GNH：Gross National Happiness）的概念，他认为"政策应该关注幸福，并应以实现幸福为目标"，人生"基本的问题是如何在物质生活（包括科学技术的种种好处）和精神生活之间保持平衡"。在这种执政理念的指导下，不丹创造性地提出了由政府善治、经济增长、文化发展和环境保护四级组成的"国民幸福"（GNH）指标。这是一个相对较准确、内容较全面、可操作性较强的幸福客观标准，体现了对经济社会全面协调发展的幸福追求。[2]

近年来 GHN 得到了世界许多国家的认同，国民幸福指数已经同 GDP 一起成为衡量一个国家的发展程度和发展水平高低以及社会制度优劣的重要指标。美国、英国、荷兰、日本等发达国家都开始了幸福指数的研究，并创设了不同模式的幸福指数。例如"绿色 GDP"、联合国人类发展指标、英国的"国内发展指数"（MDP）等等。在很长一段时间里，人们追求的幸福往往以物质利益的满足为核心。在当代，社会制度、文化传统以

---

[1]　鲍宗豪：《以文明发展诠释幸福与幸福感》，载《上海师范大学学报》（哲学社会科学版）2013 年第 1 期。

[2]　苗元江：《跨越与发展——幸福感的过去、现在与未来》，载《华南师范大学学报》（社会科学版）2011 年第 5 期。

及发展程度不同的国家，都不约而同开始关注国民幸福感和幸福指数。这
种价值理念的根本转变，是时代进步的体现。一个国家把国民幸福指数作
为衡量社会发展的重要指标，说明大多数社会成员已经开始摆脱基本生存
需求的制约而产生了更高层次的需求，标志着这个国家的社会发展开始步
入一个新的历史阶段。

　　如果说 GDP、GNP 是衡量国富、民富的标准，而百姓幸福指数则是
已经成为社会运行状况和民众生活状态的"晴雨表"，社会发展和民心向
背的"风向标"①。中国特色社会主义的以人为本的价值理念体现了中国
特色社会主义"发展为了人民，发展依靠人民，发展成果由人民共享，
关注人的价值、权益和自由，关注人的生活质量、发展潜能和幸福指数"
的特点，反映了社会主义的核心价值追求和本质所在。幸福指数可以反映
社会需求结构的态势、社会运行机制的效能、社会整合程度的状况，观察
幸福指数可以为社会矛盾和问题的解决提供基础。尤其是在我国改革发展
的关键时期，利益结构更加复杂，各种社会矛盾日益凸显，人民的判断和
选择在很大程度上反映着社会变革和转型的效果，而国民幸福指数走势正
是人民判断和选择的重要预测指标。重视人民的幸福指数，密切关注各项
重大政策对人民群众整体幸福感的影响，关注社会不同利益群体幸福感的
状况，引导人民追求幸福、依靠人民共创幸福、实现人民共享幸福，是实
现中国梦的客观需求，是推动国家科学发展、促进社会和谐稳定的根本。

（三）人民幸福是主观与客观的辩证统一

　　从内容上讲，幸福是客观的，既表现在客观存在的幸福状态，也表现
在影响幸福的各种客观因素；从形式上讲，幸福是主观的，因为幸福是客
观因素所引起的人的主观感受和体验。幸福的主客观属性紧密联系、相辅
相成、辩证统一，客观幸福是主观幸福的基础，主观幸福是客观幸福的表
现形式。

　　实现人民的幸福需要社会经济、政治、文化、生态等客观因素的全面
提升，也需要个人在相对公正、合理的社会环境下，通过合理的手段追求
合理的目标并最终获得成功与喜悦。因此，人民幸福是个人和社会共同创
造的，是主观感受和客观存在的统一，是个人的主观自我实现与社会客观

①　袁凌新：《幸福与国民幸福指数》，载《中共福建省委党校学报》2007 年第 6 期。

发展进步的有机统一。

人类生存和发展的基本需要既包括物质需要，也包括精神需要。物质需要是幸福的基础，当人的物质需要得到基本满足之后，精神满足的需要便会自然而然地显现出来。只有人的生存发展需要与人的价值实现需要都得到满足才是真正的幸福。

人的社会属性决定了个人幸福不能离开社会而获得和存在。马克思主义认为，幸福并不是单个人的追求，具有广泛的社会性、群体性。社会幸福是个人幸福的基础，个人幸福是社会幸福的具体表现。而且随着人类生产和生活的社会化程度的不断提高，个人幸福的实现越来越依赖于社会进步和全社会每个个体的共同发展。人们应正确处理个人幸福与社会幸福之间的关系，个人利益和国家利益、局部利益和整体利益、当前利益和长远利益的关系，自觉地把个人命运与国家、民族和社会的命运联系起来，在为实现共同理想而奋斗的过程中实现个人的人生价值和理想追求。

幸福不仅仅是指拥有和感受现实存在的幸福，还包括对于未来幸福的追求和奋斗。马克思主义认为，幸福是实现了的或者尚未实现的希望，是一种对理想和目标的不懈追求，是主体由于实现了自己的理想和目标而带来的精神满足，这种精神满足往往存在于充满希望的期待和奋斗中，体现于主体劳动和创造过程之中。人感受现实是幸福，而对目标和理想追求的过程本身也是一种幸福，这种创造幸福的过程是更深刻更高级的幸福。因此，幸福不仅是一种拥有，也是一个动态的积极的梦想与创造过程。在现实生活中，人们不断寻求、创造精神与物质财富的过程就是创造幸福和感受幸福的过程。

三　人民幸福梦的图景

幸福梦是美好的，也是具体的。中国梦就是实实在在的人民幸福梦，就是要让中国人民有更好的教育、更稳定的工作、更满意的收入、更可靠的社会保障、更高水平的医疗卫生服务、更舒适的居住条件、更优美的环境，让孩子们成长得更好、工作得更好、生活得更好。就是要让中国人民过上更加富裕、更有尊严的生活，实现每个人自由而全面的发展。更好的教育、更稳定的工作、更满意的收入、更可靠的社会保障、更高水平的医疗卫生服务、更舒适的居住条件、更优美的环境，这些对美好生活的期待，勾勒出幸福梦具体真实的轮廓，也凸显了中国梦厚重的民生底色。中国梦既书写在国家层面的发展战略中，也融入了每个人的日常生活里。这样的梦，才有生命，才有根基，才能凝聚起亿万人民的力量。

（一）安居乐业梦

安居乐业是勤劳善良的中华民族几千年来的生活期冀和文化传承。安居乐业也是近代以来为了国家和民族的命运不懈拼搏奋斗的中国人的追求和目标。目前，安居乐业仍然是中国人最核心、最现实、最基础的幸福梦想。进入新世纪以来，党和政府把民生问题放到了一个更加突出的位置，在民生领域持续深化改革，不断加大工作力度，取得了显著的成效，为实现中国人民的安居乐业梦想提供了可靠的前提。实现中华民族的人民幸福梦，最首要的目标就是让人民过上安居乐业的生活。只有人民安居乐业，社会才能和谐稳定，我们才能真正实现中华民族伟大复兴的中国梦。

安居是民生之基和幸福之基，能够遮风避雨的房屋从古至今都是生产生活资料的重要组成部分。在现代社会，特别是在城镇地区，拥有属于自己的舒适而体面的一套房屋，是每一个家庭的最重要、最渴望实现的梦想。住房问题，一头关系着民生，一头紧连着发展，是经济社会均衡发展的重要标志。在现代化中国，"住有所居"是幸福生活的基本保证和基本标准，也是党中央对人民的庄严承诺。只有安居，生活才能有幸福感和尊严感，只有安居才能实现真正的社会和谐。

新中国成立后的一段时期，城镇居民的住房基本是靠单位或者房屋管理部门的统一分配，虽然条件与旧社会相比有明显的改善，但只有少数人真正拥有自己的住房。比如按照国家统计局公布的数据，在1956年，城镇居民的人均居住面积仅为4.3平方米，仅仅满足了人民"有地方住"的要求，与"住得宽裕"、"住得舒心"的实际需求差距还很大。改革开放以来，党和国家始终把改善人民特别是经济基础相对薄弱的地区和人民的居住条件作为城市住房制度改革和房地产业发展的根本目的，不断加大民用住宅的改造和建设力度。到2012年年底，全国累计用实物保障方式解决了约3250万户城镇家庭住房困难，受益户数达到城镇家庭总户数的

12.5％。还有近 500 万户城镇低收入住房困难家庭享受廉租住房租赁补贴。① 大量宽敞明亮、设施完备的民用住宅建成使用，使城镇居民的住房条件得到了很大的改善。但是，由于历史和现实的原因，住房问题目前仍然是困扰中国社会重大问题，比如大中型城市房屋资源紧张、城市房价持续较高、商品住房市场不均衡不完善等，许多城镇居民离真正意义上的家家安居的美好生活还有一定的距离。

为了实现中国梦和人民安居梦，国家正在坚定地深化住房市场化改革，同时下大力气建立完善的保障住房体系。使高收入人群的住房完全由市场解决，中等收入人群的大部分由市场解决，针对一小部分低收入人群，则由政府通过完善住房保障支持政策和住房保障机制，建立保障性住房管理制度来解决他们的居住需求。人民的安居梦会伴随着中国梦的实现进程而逐步成真，真正实现让绝大多数人通过努力能够买得起住房，能够在工作地就近有房住，并能够有经济条件持续改善居住条件和居住环境。

就业是民生之本和幸福之本，工资所得是绝大部分城市居民的收入之源，是否拥有一份稳定的工作和殷实的收入，与每个劳动者和每个家庭的幸福都息息相关，体现着广大人民的生存权和发展权，直接影响着家庭生活的质量，更密切关系着国家的和谐与稳定。增加就业机会、改善就业环境始终是一项事关国计民生的重要工程。在全民族追求中国梦的进程中，只有使劳动者拥有更稳定的工作、更满意的收入的"就业梦"得以实现，美丽的中国梦才会变得更真切、更实在。

中国是发展中的人口大国，正在通过改革进行经济战略结构调整，促进经济转型。在这个特殊的历史时期，就业市场的供需并不平衡，就业问题也就相对严峻且复杂。针对这些问题，国家始终积极实施就业优先战略，把就业当做保障和改善民生的头等大事，采取了扩大就业规模、增加就业岗位、注重就业帮扶、强化就业技能培训等多项举措以改善就业状况。

促进就业，就是要实现居民收入增长和经济发展同步、劳动报酬增长和劳动生产率提高同步。目前，面对工业化、城镇化加速发展的重要战略机遇，党的十八大明确提出，在实现更加充分就业的进程中，要推动实现更高质量的就业。在实现中国梦的伟大进程中，实现全民乐业的幸福目标

---

① 闵勤勤：《中国梦与中国经济升级版》，载《时事报告》2013 年第 6 期。

就需要党和国家整合全社会各方面的力量，政府在政策、体制、管理、服务上狠下功夫，构建和谐发展就业体系，制定紧扣经济和产业发展重心的就业政策，帮助劳动者提高自己素质能力来适应高质量就业要求，指导企业提高人力资源管理水平以构建科学的劳动关系，营造公平的就业环境，最终使社会经济发展成果更多更公平地惠及全体人民，让人民群众充分就业并享受劳动成果和劳动乐趣。同时，加大力量解决和遏制收入分配不公、贫富差距过大等问题，出台各种社会保障措施，保护弱势群体，缩小收入差距，最大限度地减少低收入群体的失落感，真正实现全民族共同富裕的梦想。

（二）社会保障梦

在人的基本生活需要满足之后，生活、工作及环境的稳定与保障，是人们更高层次的需求。在生活遇到困难时有保障、有依靠，在养老、医疗、教育等方面没有后顾之忧，是人类历史上始终期待实现的幸福梦想。对于传统的中国农业社会，土地的传承和后代的繁衍就是每一个家庭未来的保障。对于现代中国社会的广大人民群众，社会保障就是能够老有所养，病有所医，残有所助、贫有所济。在能够通过劳动为社会做贡献时，努力工作，从个人收入和工作单位提取各种保障资金，与全社会一道共同构建稳定高效的社会保障体系；到生病、年迈和发生意外需要帮助时，则由社会保障体系来支付和满足其各种实际需要。

新中国成立后，中国政府开始逐步研究和构建城乡现代化的社会保障体系。改革开放以来，伴随着我国经济社会快速发展，我国的民生保障水平也得到前所未有的提高。从土地养老、养儿防老、储蓄防老，到国家建立社会保障网络，现代中国老百姓的社会保障理念和社会保障体系正在快速进步与发展。目前，随着中国经济规模的不断增长，社会保障资金实力越来越强，已经初步形成了以社会保险、社会救助、社会福利为基础，以基本养老、基本医疗、最低生活保障制度为重点，以慈善事业、商业保险为补充的社会保障体系框架。初步实现了由单位和家庭保障向社会保障、由面向城镇职工的保障向覆盖城乡全体居民的保障、由单一保障向多层次保障的历史性的变革。

但是，与经济高速增长相比，我国的社会保障体系还存在覆盖面不全、保障水平低、地域与行业不均衡等不少问题。养老保障与老龄社会问题、医疗水平与医疗费用问题、生态保护与环境优化问题等等，都还没有得到很好解决。实现伟大的中国梦需要国家在大力发展经济的同时，加快推进以改善民生为重点的社会建设，切实解决好人民群众普遍关心的健康、教育、就业、安全、住房、环境等公共服务问题，全面建成覆盖城乡居民的社会保障体系，让城乡居民都能享受到社会保障体系建立和完善的成果，不断提升广大人民群众的幸福感。党的十八大报告明确指出："要多谋民生之利，多解民生之忧，解决好人民最关心最直接最现实的利益问题，在学有所教、劳有所得、病有所医、老有所养、住有所居上持续取得新进展，努力让人民过上更好生活。"

1. 病有所医的健康梦

健康是广大人民生活和发展的基本要求。解放后，我国建立了基础公共卫生医疗体系，绝大多数城乡居民得到了城镇医疗体系和乡村合作医疗体系的服务，虽然水平不高，但是费用低、覆盖广，明显改善了我国人民整体的卫生健康状况。改革开放以来，我国改善医疗条件和健全医疗保障体系的速度进一步加快。截至2012年，我国的基本医疗保障体系通过持续推进的新农合、城镇居民医保等措施，已经覆盖了全国95%以上的人群，构建了世界上最大的医保网。[①]

但是，由于计划经济体制医疗服务体系的解体和市场经济体制下的公共医疗服务体系的不完善，同时存在着医疗资源行政垄断与医疗公共服务的过度市场化的问题，人民群众看病难、看病贵的问题依然普遍存在。不少农村居民甚至城镇居民，因患大病重病而导致生活水平下降，甚至成为贫困家庭。因此，病能及时治，医疗费用低，是人民对中国梦在医疗卫生公共服务方面的普遍梦想与希望。

在实现中国梦的进程中，党和政府将以健全完善覆盖全体人民群众的高水平、高效率的医疗体系为目标，明确政府责任，持续增加社会投入，建立合理的医疗费用分担机制和重特大疾病保障和救助机制，加大医疗卫生基础设施建设力度，逐步构建覆盖城乡居民的基本医疗卫生制度，大力降低基本药物价格。广大人民群众真正实现"看病不难"、"看病不贵"的梦想已并不遥远。

---

① 刘国成：《从"数字十年"看中国共产党对"人民幸福观"的践行》，载《新西部》2012年第12期。

2. 学有所教的教育梦

教育是民族振兴和社会进步的基石，是惠及亿万人民、子孙万代的伟大事业。每一个家庭都希望子女受到良好的教育，教育寄托着人民对未来美好生活的期盼。在全民共创中国梦的关键历史时期，人民对接受良好的教育，提高自身素质，实现个人的全面发展有着更加迫切的愿望，每一个家庭都能公平地享受教育机会和资源是人民社会保障梦的主要组成部分。

党和国家历来高度重视教育发展，各级政府都把教育摆在优先发展的战略地位，在发展规划、资金保障、资源配置、人力投入等方面保障教育发展需要，举国上下都在共同推进教育事业的全面发展。中国目前已经普及九年制义务教育，高等教育也进入大众化阶段的门槛。日趋完善的帮扶体系保证教育的均等化和公平性。据不完全统计，2012 年国家财政性教育经费支出达到 2.2 万亿元，约占国内生产总值的 4%。

党的十八大报告指出："努力办好人民满意的教育。"实现中国梦，就是要坚持教育优先发展战略，并将教育事业进一步深化协调发展。将财政性教育经费占国内生产总值的比重提高到发达国家的平均水平；大力促进教育公平，合理配置教育资源，重点向农村、边远、贫困、民族地区倾斜，提高家庭经济困难学生资助水平；加强教师队伍建设，改进教育方法，提高教育质量，全面实施素质教育，真正做到愿意读书的人都有学上，没人因为费用而被拒于校门之外，让每个孩子都能成为有用之才。

3. 老有所养的夕阳梦

敬老、养老、助老是中华民族的传统美德，老年人自古以来都是全社会最受尊重、最受关爱、最有尊严的群体。千百年来，老有所养，老有所为，老有所乐一直是中国人民追求、奋斗的梦想。在深化改革开放、经济快速发展的今天，实现"老有所养"是广大人民群众对国家和社会提出的重要诉求，也是实现人民社会保障梦的基本前提之一。

目前，世界各国均面临着日益严峻的人口老龄化问题的重大挑战，中国现状更不容乐观，实现老有所养任重道远。据统计，2013 年中国老年人口数量突破 2 亿人大关，达到 2.02 亿人，老龄化水平将达到 14.8%，预计 2050 年中国 60 岁以上老年人占总人口的比重将达到 30% 以上①。中国的人口红利已基本耗尽，社会未富先老的严峻局面已经凸显。人口老龄

---

①　诸晓玲：《我国家政养老服务建设探析》，载《江苏商论》2013 年第 6 期。

化的加速，既标志着我国经济社会发展和人民健康水平的提高，同时，也对产业结构调整、社会保障、养老服务等提出了新的挑战，"老有所养"已成为经济社会发展中不可回避、亟待解决的全局性、战略性问题。目前，我国的社会养老保障系统还没有达到真正全覆盖，养老政策相对滞后，公共财政投入不足，养老服务机构数量少、规模小、功能弱、服务人员专业化程度不高，这些现实问题都制约着中国人民社会保障梦想的实现进程。

2013 年 9 月，国务院印发《关于加快发展养老服务业的若干意见》，提出到 2020 年全面建成以居家为基础、社区为依托、机构为支撑，功能完善、规模适度、覆盖城乡的养老服务体系。为了实现"老有所养"的人民幸福梦，党和国家必将进一步推动养老事业多元化、多样化发展，建立健全城乡居民社会养老保险制度，持续加大对养老服务设施的投入力度和对养老服务业的扶持力度，让中国的每一位老人都能享受到社会发展的硕果，生活得安心、舒心，安享幸福晚年。

（三）　美丽家园梦

随着生活水平的不断提高，人民对生活水平和质量的要求也越来越高，不但要求有充实的物质基础，更要求有良好、优美的生活环境。人们渴望国家统筹发展经济和环境治理的问题，构建生态文明，渴望建设好天蓝、地绿、水净的美好环境，使人民能够喝上洁净的水，呼吸洁净的空气，在山清水秀的生态空间中享受宜居适度的美好生活空间，实现人与自然的和谐相处的"美丽家园梦"。

生态文明是建设"美丽家园梦"的基石。生态文明建设关系人民群众的切身利益和中华民族的长远发展，最终目标是能够建立可持续的经济发展模式、健康合理的消费模式及和谐相处的人际关系，打造资源节约型、环境友好型、生态宜居型社会，实现经济效益、生态效益、社会效益的和谐统一，达到人与自然的和谐、人与社会的和谐、人与人的和谐。

面对当前资源紧缺、环境污染严重、生态系统严重退化的形势，我国探索和推进生态文明建设，经历了一个从自发到自觉的历史过程。从党的十六大提出"推动整个社会走上生产发展、生活富裕、生态良好的文明发展道路"，到党的十七大提出"建设生态文明，基本形成节约能源资源和保护生态环境的产业结构、增长方式、消费模式"，再到党的十八大提出"把生态文明建设放在突出地位",纳入中国特色社会主义事业五位一体总体布局,提出了建设美丽中国的全新的理念,描绘了生态文明建设的美好前景。十年间,我们党关于生态文明的理念不断提升,生态文明建设的内涵不断丰富。党和政府相继提出了一系列建设生态文明的发展理念,如走新型工业化发展道路、发展低碳经济、循环经济,建立资源节约型、环境友好型社会等等。十八大报告中强调:"生态文明建设是关系人民福祉、关乎民族未来的长远大计",强调要着力推进绿色发展、循环发展、低碳发展,形成节约资源和保护环境的空间格局、产业结构、生产方式、生活方式。十八届三中全会更进一步提出,要紧紧围绕建设美丽中国深化生态文明体制改革,加快建立生态文明制度;要健全自然资源资产产权制度和用途管制制度,划定生态保护红线,实行资源有偿使用制度和生态补偿制度,改革生态环境保护管理体制。中国梦的实现需要我们把生态文明建设融入经济、政治、文化、社会建设的各个方面和全过程中,从资源管理、环境管理、生态管理的视角创新人与自然之间的关系,坚持走生产发展、生活富裕、生态良好的文明发展道路,构建中国特色的生态文明和美丽家园。

实现美丽家园梦,是全社会共同参与、共同努力的长期而艰巨的事业。需要政府、企业和普通老百姓协同一致、各尽其责。需要加强环境立法,运用法律手段规范治理生态环境,为建设生态文明提供有力保障,处理好经济发展与环境保护的关系,注重环境保护与经济增长并重,使得环境保护与经济发展同步;需要转变发展方式,彻底改变单纯依赖资源消耗,节约利用资源,提高水、土地和能源利用效率,治理荒漠化、石漠化、水土流失和水、大气、土壤污染,维护生物的多样性,防止生态系统退化;需要保证我国人口的适度合理增长,实现人口资源环境的均衡发展,加强环境意识教育,推动适量消费、绿色消费的社会风尚,营造爱护生态环境的良好风气,建设资源节约型和环境友好型社会。

(四) 人生出彩梦

习近平同志指出,"中国梦是民族的梦,也是每个中国人的梦"。中国梦给了每个人创造未来美好生活的期望与力量,实现中国梦,就是要将个人的奋斗与民族的发展有机统一起来,逐步消除城乡居民在户籍、社会保障、基础设施、公共服务等方面事实存在的差别,使其不论"出身",

不讲"背景"，不靠"关系"，只要努力奋斗，就可以享有人生出彩的机会，享有梦想成真的机会，享有同祖国和时代一起成长与进步的机会，真正实现每个人自由而全面的发展。

1."共享"是人生出彩梦的基础

"共享"是在充分肯定个人幸福的必然性与个人努力的必要性的基础上，使个人与他人、国家之间利益能够相互促进和补充，使个人价值能够赢得一种广泛的社会尊重。可以说，共享精神是蕴含在实现中国梦道路中重要的精神特质。改革开放和经济发展给社会发展带来了生机与活力，给广大人民提供了更多的选择和成功的机会。但由于体制和管理中存在的问题，目前的中国社会中也存在机会不均等、社会群体"凝固化"的现象，抑制了社会的正常流动，也限制了人们共享社会发展成果的机会与权利。

习近平同志指出的三个"共享"的统一体现了中国梦的本质要求。在社会主义条件下，生产资料公有制为主体的基本经济制度和人民民主专政的国家性质，决定了每个中国人在经济地位和政治地位上的平等关系。正是这种平等关系，为每个中国人在共同创造财富的基础上实现共同享有劳动成果、共同享有人生出彩机会、共同享有梦想成真机会提供了制度保证。这"三个共享"其实质是人民共享公共财富的效益，共享公共权力的服务，共享公共资源的使用，共享公共职位的开放，社会赏罚奖惩机制公平地运用于每一个人，使人人享有平等的机会，只要自身积极努力，就可以得到社会应有的回报，都可以获得人生的成功。

马克思主义认为社会生活是互相联系的整体，个人离不开社会，个人幸福和社会幸福是不可分离的。对于广大人民来说，个人幸福的实现，依赖共享的社会环境。只有每个人都有机会把自己的人生理想奋斗融入国家和民族的建设发展事业中，并且能够共同分享由此而带来的发展成果，才能真正实现人民与祖国同成长，人民与时代同进步，真正实现中国梦与人民幸福梦的完美统一。

2."公平"是人生出彩梦的保障

公平正义是社会主义社会的基本价值取向。在实现中国梦的进程中，每个人都需要拥有机会公平、规则公平的圆梦空间，需要拥有平等参与、平等进步的发展权利。公平正义是中国特色社会主义的内在要求，也是广大人民群众越来越迫切的愿望要求。公正是社会创造活力的源泉，只有坚持社会公正，才能最大限度地激发人们的劳动热情与创造活力，增强人们对中国特色社会主义的认同感，才能凝聚共识，形成合力。实现社会公平公正直接关系到人民的幸福感，关系到人民对中国梦的信仰，对中国特色社会主义的信心。

目前中国的各种社会制度还不够完善，在教育、医疗、升迁以及经济利益的获取等方面，虽然通过相关的法律法规制度确立了形式机会的平等，但是在实际操作中，不同地区、不同群体之间存在很大差异。在全民族同圆中国梦，人人共享出彩梦的过程中，人民需要社会创造公平公正的社会环境来彻底改变这一局面。

社会公平的实现需要进一步培育人民的机会平等意识。人民民主意识的提升能够有效地推动政府树立服务观念，保证在合理合法的框架内行政，促使社会更加关注弱势群体、关注公平，切实落实民众的知情权、参与权、表达权、监督权，提升民众的尊严感。

社会公平的实现需要进一步构建机会平等的社会环境。国家要建立健全各项法律法规，不断强化依法行政，监督政府的权力行使全过程，切实统筹和调节城乡之间、区域之间、阶层之间的利益矛盾，逐步解决分配不公。从政策、体制与机制上最大限度地实现以权利公平、机会公平、规则公平、分配公平为主要内容的社会公平体系，缩小社会成员之间实现机会平等能力条件方面的差距，通过对弱势群体进行适当的补偿，为人民的幸福营造公平的社会环境。

第 三 编

中国梦的保障：
道路、精神、力量

实现中国梦必须走中国道路、必须弘扬中国精神，必须凝聚中国力量。

道路是旗帜，是形象，是方向。道路问题是关系党的事业兴衰成败第一位的问题。中国社会主义革命和建设的实践所取得的伟大成就，证明了中国共产党领对了路、人民选对了路、中国走对了路。这就是中国特色社会主义道路。

中国精神，这就是以爱国主义为核心的民族精神，以改革创新为核心的时代精神。二者相互联系、相互作用，共同构成了中国精神的核心内容。中国精神是凝心聚力的兴国之魂、强国之魂。

实现中国梦必须凝聚中国力量。这就是中国各族人民大团结的力量。中国梦是民族的梦，也是每个中国人的梦。只要我们紧密团结，万众一心，为实现共同梦想而奋斗，实现梦想的力量就无比强大，我们每个人为实现自己梦想的努力就拥有广阔的空间。

第七章

中国道路指引中国梦

毛泽东指出："革命党是群众的向导，在革命中未有革命党领错了路而革命不失败的。"① 胡锦涛同志在十八大报告中指出："道路关乎党的命脉，关乎国家前途、民族命运、人民幸福。"中国梦从根本上说，就是实现国家富强，民族振兴，人民幸福。中国道路寄托着近代以来无数仁人志士的夙愿和期盼，承载着几代中国共产党人的理想和探索，反映了中国人现实的共同利益，也凝聚着中国人的共同理想和目标，是全面建成小康社会、加快推进社会主义现代化、实现中华民族伟大复兴的必由之路。

一 中国道路的丰富内涵

中国道路就是中国所走的社会主义道路。中国道路，就是围绕什么是社会主义，怎样建设社会主义这个根本问题，形成和发展起来的中国特色社会主义道路。中国道路就是具有实践特色、理论特色、民族特色、时代特色的社会主义道路。

（一）中国道路的基本内涵

"中国道路"，就是中国特色社会主义道路。党的十八大对这条道路的内涵，做了科学的概括。这就是：中国特色社会主义道路，就是在中国共产党领导下，立足基本国情，以经济建设为中心，坚持四项基本原则，

---

① 《毛泽东选集》第 1 卷，人民出版社 1991 年版，第 3 页。

坚持改革开放，解放和发展社会生产力，建设社会主义市场经济、社会主义民主政治、社会主义先进文化、社会主义和谐社会、社会主义生态文明，促进人的全面发展，逐步实现全体人民共同富裕，建设富强民主文明和谐的社会主义现代化国家。

（1）中国道路是理论、制度、路径在实践中的统一。十八大报告提出，中国道路的理论、制度、路径"统一于实践"，是一个很重要的论断，表明三种形态不会单独形成，而是互为表里，互为印证，相互促进的。中国道路，是中国特色社会主义道路、中国特色社会主义理论体系和中国特色社会主义制度的总称。作为中国道路构成形态之一的具体道路，是中国特色社会主义的实现途径，主要包括"一个中心、两个基本点"的基本路线，以及在基本路线上延伸出来的社会主义市场经济、民主政治、先进文化、和谐社会和生态文明这五大建设途径等。中国道路的理论形态，包括邓小平理论、"三个代表"重要思想和科学发展观。它们是30多年来改革开放实践的思想结晶，党的十五大、十六大、十七大、十八大，先后把它们确立为党的指导思想，是中国道路的行动指南。中国道路的制度形态，包括中国的根本政治制度、基本政治制度、法律体系、基本经济制度，以及各方面的体制，它们是坚持和发展中国道路的根本保证。中国道路能够不断发展、走向成熟的原因，就在于中国共产党人总是自觉地把成功的实践上升为理论，用正确的理论指导新的实践，把成功的和成熟的实践确定为制度。中国道路的特色和品格就在这里，中国道路的科学性和深刻性就在这里，中国道路在中国之所以管用，特别有效率，之所以对全党有凝聚力，对全社会有吸引力，原因也在这里。

（2）中国道路的总依据、总布局和总任务。所谓总依据，即社会主义初级阶段这个当代中国最大的国情，它是中国道路的出发点。没有出发点，就没有依据去探索、开创和发展中国道路。毛泽东当年如果不弄清、不牢记半殖民地半封建社会的国情，也不会鲜明确立新民主主义道路，今天，我们也必须牢记国情，牢记出发点，才不会动摇走中国道路的决心。十八大报告再次重申，我国仍处于并将长期处于社会主义初级阶段的基本国情没有变，就是为了这个；所谓总布局，即社会主义市场经济、民主政治、先进文化、和谐社会和生态文明，"五位一体"，都要整体推进。提出这个总布局，反映了社会主义现代化建设的内在要求，意在强调，中国特色社会主义是全面发展的社会主义，必须全面、协调和可持续地推进各方面、各领域的工作；所谓总任务，就是中国道路的目标方向，即实现社会主义现代化和中华民族的伟大复兴。总依据、总布局和总任务，是中国道路的应有之义，简明扼要地指明，为什么要走这条道路，在这条道路上主要做什么，朝着什么样的目标去做。

（3）中国道路是由不同层面的若干具体道路组成。中国特色社会主义道路是由诸多具体道路构成的我国发展的总道路。全面建设和发展中国特色社会主义，反映在实践工作领域，必然延伸出不同方面、不同层面的具体道路。十七大报告就曾概括出了中国特色自主创新道路、中国特色新型工业化道路、中国特色农业现代化道路、中国特色城镇化道路、中国特色社会主义政治发展道路、中国特色军民融合式发展道路等。根据十八大报告，我们可以进一步概括为：以加快完善社会主义市场经济体制和加快转变经济发展方式为主要内容的经济建设道路；坚持党的领导、人民当家作主、依法治国三者有机统一，以实现更广泛、更充分、更健全的人民民主为目标的政治发展道路；增强文化软实力，以建设社会主义文化强国为目标的文化发展道路；以改善民生和创新社会管理为主要内容的社会建设道路；以建设美丽中国，实现中华民族永续发展的生态文明建设道路。此外，在国防和军队现代化方面，在推进祖国统一方面，在处理国际关系方面，在党的建设方面，所走的路子，十八大报告都有具体论述和新的要求，特别是从中国特色社会主义的根本原则上讲，突出强调要走共同富裕的道路。以上诸多方面的道路下面，还有一些具体层面的道路内容。例如，在经济方面，走新型工业化、信息化、城镇化和农业现代化"四化"同步发展的道路，以及科学技术上走中国特色自主创新道路；在国防和军队现代化方面，走中国特色军民融合式发展道路；在国际关系方面，走和平发展道路；在党的建设方面，走中国特色的反腐倡廉道路，等等。中国特色社会主义道路，是全面发展的道路，也是在实践中不断发展、不断完善的道路。

（二）中国道路的基本特征

中国道路，是马克思主义的科学理论同中国实际和时代特征相结合的产物，是近代以来拯救和发展中国的先进道路逐步演进的历史成果。

（1）时代性。任何事物的发生和发展，都与一定历史时期的社会环境相联系。如果说，中国新民主主义革命道路的开辟，是与20世纪上半期"战争与革命"的世界主题相关,与近代以来实现民族独立和人民解放的中国社会首要历史任务相关,那么,中国特色社会主义道路的开创,则与以"和平与发展"为主题的当代世界历史紧密联系在一起,与当代中国进入改革开放历史新时期紧密联系在一起。把握国际大势,顺应世界潮流,是党在错综复杂的国际形势下执政兴国的重要前提。十一届三中全会以来,我们党逐渐形成了关于"和平与发展是当代世界的主题"的重大论断,党的十三大报告将其作为构成建设有中国特色的社会主义理论轮廓的基本观点之一。十四大提出,和平与发展仍然是当今世界两大主题。十五大把"当今世界"改为"当今时代",提出和平与发展已成为当今时代的主题。十六大沿用了"当今时代"的提法,指出和平与发展仍是当今时代的主题。十七大继续采用"时代"这个历史概念,提出和平与发展仍然是时代主题,求和平、谋发展、促合作已经成为不可阻挡的时代潮流。十八大对时代主题的判断依然没有改变。

应该说,我们党关于中国特色社会主义道路的探索,是与当代世界历史的主题密切相关的,科学把握了国际大势,充分体现了世界潮流。同时,我们党立足当代中国的基本国情,紧紧抓住当代中国社会的主要矛盾、围绕建设和发展中国特色社会主义,探索开创了中国特色社会主义道路。立足当代中国的基本国情,最大的国情就是我国正处于并将长期处于社会主义初级阶段,当代中国处于改革开放历史新时期,新世纪新阶段我国发展呈现出新的阶段性特征。

(2)继承性。中国特色社会主义道路,是以毛泽东为核心的第一代领导人开始探索的,以邓小平为核心的第二代领导人开辟的,党的第三代中央领导集体坚持并不断推进这条道路,十六大以来,党中央进一步发展和完善了这条道路。

1956年年底,我国社会主义改造基本完成,确立了社会主义制度,这为探索和开辟中国特色社会主义道路奠定了制度基础。毛泽东在探索中形成了许多正确的认识成果,也出现了严重失误,应该说,为后来我们党开辟这条道路准备了正反两方面的经验。党的十一届三中全会开启了改革开放历史新时期,改革开放以来我们取得的一切成绩和进步的根本原因,归结起来就是开辟了中国特色社会主义道路,形成了中国特色社会主义理论体系。以邓小平为核心的党的第二代中央领导集体,吹响了走自己的路,建设中国特色社会主义的时代号角,创立邓小平理论,指引全党全国各族人民在中国特色社会主义道路上阔步前进。以江泽民同志为核心的党的第三代中央领导集体，高举邓小平理论伟大旗帜，创建社会主义市场经济新体制，创立"三个代表"重要思想，将中国特色社会主义推向21世纪。十六大以来，党中央以邓小平理论和"三个代表"重要思想为指导，坚持理论创新和实践创新，着力推动科学发展、促进社会和谐，完善社会主义市场经济体制，在全面建设小康社会实践中把中国特色社会主义伟大事业继续推向前进。在这些基础上，十七大界定了中国特色社会主义道路的内涵。继十七大报告以后，十八大报告再次论及"生态文明"，并将其提升到更高的战略层次。由此，中国特色社会主义建设总体布局由经济建设、政治建设、文化建设、社会建设"四位一体"拓展为包括生态文明建设的"五位一体"。"五位一体"构架为全面建成小康社会构建了基本框架、规划了主要途径，从而丰富了中国特色社会主义道路的内涵，充分体现了把科学发展观贯彻到我国现代化建设全过程的根本要求。

中国道路是一个不断深化的认识过程和不断完善的过程。铭记我们党探索和开创中国特色社会主义道路的历程，是为了倍加珍惜、长期坚持和不断发展这条道路，使其越走越宽广。

（3）实践性。中国特色社会主义道路是中国人民在中国共产党领导下不断探索、不断实践的过程。这条道路是社会主义与市场经济相结合实现现代化的新道路，通过解放思想，实事求是的实践，打破了传统思想观念的束缚，将现代化的一般规律与处在社会主义初级阶段的我国特殊国情相结合，开辟了通过社会主义与市场经济相结合实现我国现代化的新道路。

在中国只有这条道路而没有其他道路能够引导中国实现社会主义现代化。现代化道路是实现马克思主义与中国实际相结合的第二次历史性飞跃的标志，它创造了马克思主义与中国实际相结合的新模式。是指导我国各项事业建设的科学化方针。中国特色社会主义道路，坚持党的领导、人民当家作主、依法治国有机统一。无论价值取向、制度设计还是政策选择、操作实施，都充分体现着民主与集中的紧密结合。始终坚持以实现人民当家作主作为根本出发点和归宿，通过坚持和完善社会主义政治制度，切实保障人民当家作主的权利，最大限度地集中社会资源，实现高效发展。在解决自身问题、应对国际金融危机、和平发展等方面优势明显。这对于我国应对当今国际局势、走持续发展道路、建设富强民主文明和谐的社会主义具有重要意义。

中国特色社会主义道路形成于党和人民的实践，也发展于党和人民的实践。在今天，我们践行中国特色社会主义道路，就是要认真贯彻落实党的十八大和十八届三中全会精神，高举中国特色社会主义伟大旗帜，为夺取全面建设小康社会新胜利而奋斗。

（三）中国道路是中华民族复兴之路

每一个国家都必须选择适合自己的发展道路，因为最好的未必是适应自己的，只有适应自己的才是最好的。所以，中国道路必须是适合中国国情的发展道路。2013 年 3 月 17 日，中华人民共和国主席习近平在十二届全国人大一次会议闭幕会上发表重要讲话说，实现中国梦必须走中国道路，这就是中国特色社会主义道路。

（1）中国特色社会主义道路符合实现中华民族伟大复兴的要求。中国梦既深深体现了今天中国人的理想，也深深反映了近代以来不懈奋斗的中国人追求进步的光荣传统。从根本上说来，中国梦就是实现国家富强，民族振兴，人民幸福。具体说来，中国梦就是现代化之梦，社会主义之梦，民族复兴之梦。在中国梦的三种含义里，现代化是形态，社会主义是灵魂，民族复兴是主体。中国道路已经"不可逆转地开启了中华民族不断发展壮大、走向伟大复兴的历史进军"。[①] 中国道路最终要促进人的全面发展、逐步实现全体人民的共同富裕，建设富强民主文明和谐的社会主义现代化国家。在探索积累和开创发展中国道路的过程中，始终贯穿着对现代化之梦、社会主义之梦、民族复兴之梦的追求。习近平主席在第十二届全国人民代表大会第一次会议上的深刻阐释，无疑道出了当代中国最耀眼的时代主题。中国特色社会主义道路符合实现中华民族伟大复兴的要求，是引领中华民族走向伟大复兴的必由之路。实现中华民族伟大复兴的中国梦，就是要实现国家富强、民族振兴、人民幸福，就是要建成富强民主文明和谐的社会主义现代化国家。现代化是整体的社会变迁，是经济、政治、文化、社会、生态以及人等各方面的全面发展和进步。中国特色社会主义道路既坚持以经济建设为中心，又全面推进经济建设、政治建设、文化建设、社会建设、生态文明建设以及其他各方面建设；既不断解放和

---

① 习近平在十八届中共中央政治局第一次集体学习时讲话。来源：新华网 2012 – 11 – 19.

发展社会生产力，又坚持走共同富裕道路、促进人的全面发展。中国特色社会主义道路的内涵与指向与实现中华民族伟大复兴的目标是一致的、吻合的，只有经由中国特色社会主义道路，才能实现中华民族伟大复兴。

（2）中国特色社会主义道路为实现中华民族伟大复兴提供前提条件。实现中华民族伟大复兴是全民族的事业，有赖于人民群众积极性、主动性、创造性的发挥。肩负民族复兴任务，从整体而言是中华民族，从个体而言是每一个中国人。正如习近平同志指出的："中国梦是民族的梦，也是每个中国人的梦。"人民群众是社会物质财富和精神财富的创造者，是推动社会变革、历史前进的主要力量；没有人民群众的参与和支持，没有人民群众的智慧和力量，就不可能实现中华民族伟大复兴。中国特色社会主义道路顺应人民对经济发展、政治民主、文化繁荣、社会和谐、生态良好的期待，尊重人民的经济、政治、文化、社会、生态权益，充分体现了人民主体地位。中国特色社会主义实践的成功，促进了人民生活水平的提高，保障了人民基本权益的实现，人民亲身感受到中国特色社会主义道路的价值和魅力。因此，中国特色社会主义道路有利于调动人民群众的积极性、主动性、创造性，有利于凝聚人民群众的智慧和力量。这是实现中华民族伟大复兴的前提条件。

（3）中国特色社会主义道路为实现中华民族伟大复兴提供根本保障。中华民族伟大复兴走的是和平发展道路。当今世界，人类向往和平、追求和平，和平与发展仍然是时代主题。在和平、发展、合作、共赢的时代潮流中，我们必须清醒地认识到，中国的发展离不开世界，世界的发展也需要中国；中国的发展影响着世界，世界的发展也影响着中国。中国将继续高举和平、发展、合作、共赢的旗帜，以更加开放的姿态和勇气，进一步密切和加强我国同世界的联系与互动。坚定不移致力于维护世界和平、促进共同发展。中国特色社会主义道路是和平发展之路，既通过争取和平国际环境发展自己，又以自身发展维护和促进世界和平，推动建设持久和平、共同繁荣的和谐世界。和平发展既符合中国文化传统，又反映当今时代诉求，成为实现中华民族伟大复兴的根本保障。

二　中国道路是历史选择

人们对道路的探索和选择，不会是随意而为，道路更不会凭空而来。

"中国道路"是一条我们自己走出来的路。它承载着过去,也彰显着未来。中国特色社会主义的历史截至目前不过仅有 30 余年,但中国社会对中国特色社会主义道路的探索则可以上溯至 20 世纪初为中华民族复兴而创立的中国共产党的诞生算起。90 多年的开辟、60 余年的探索、30 来年的实践,经历了艰辛探索、曲折徘徊、凯歌突进,各种艰难险阻都跨越过。可以说,走中国道路既是历史和人民的选择,又是"中国模式"的经验总结,也是实现中国梦的唯一途径。

(一) 走中国道路是历史和人民的选择

鲁迅先生说过:"希望是本无所谓有,无所谓无的。这正如地上的路;其实地上本没有路,走的人多了,也便成了路。"中国的发展也是如此,中国道路就是中国人前赴后继走出来的发展之路。党的十五大把孙中山、毛泽东、邓小平并列为 20 世纪中国的三位伟人,他们的特殊贡献,恰恰在于分别在各自不同的历史条件下,卓有成效地实践和探索了先进道路。从三民主义道路到新民主主义道路,从新民主主义道路到社会主义道路,从实践探索适合中国国情的社会主义建设道路到开创中国特色社会主义道路,三位伟人都是从前一代人那里吸取了经验智慧,并且看到了前一条道路的不足,而后创新发展,实现历史性的飞跃。说中国道路是几代人"奋斗、创造和积累的根本成就",真实含义即在于此。在中国道路形成以前,为拯救和发展中国,中国先进分子在民主革命时期,为道路的问题,先后作了两次选择,使民主革命从旧民主主义革命发展为新民主主义革命。在新民主主义革命胜利后,经过一段时间的前进,我们党创造性地进行了社会主义改造,建立了社会主义制度,这才有了探索社会主义建设道路的前提和基础。为了找到一条建设社会主义的正确道路,我们党又经历了改革开放前和改革开放后两次探索,最终才形成了中国道路。

新中国成立以后,特别是在创造性地完成了由新民主主义革命向社会主义革命转变的深刻社会变革以后,毛泽东在带领人民转入大规模社会主义建设过程中,对适合中国国情的社会主义道路进行了艰辛探索。1956年,毛泽东发表《论十大关系》,强调我们的基本方针,就是要把国内外一切积极因素调动起来,为社会主义事业服务。1957 年,毛泽东又发表《关于正确处理人民内部矛盾的问题》,指出社会主义社会的基本矛盾仍然是生产关系和生产力、上层建筑和经济基础之间的矛盾;我们的根本任务已经由解放生产力变为在新的生产关系下保护和发展生产力；提出了严格区分和正确处理两类不同性质的矛盾，团结全国各族人民发展我们的经济、发展我们的文化，建设社会主义强大国家的战略思想。在艰辛的探索实践中，毛泽东提出了一系列关于中国社会主义建设的重要观点，涉及政治、经济、文化、国防、外交等各个方面。一个基本的事实是，新中国成立以来，在以毛泽东为核心的党的第一代中央领导集体带领下，把一个原来饱受帝国主义掠夺和奴役的国家，变成了一个享有主权的独立的国家；一个原来四分五裂的国家，变成了一个除台湾等岛屿外实现统一的国家；一个原来人民备受欺凌和压迫的国家，变成了一个人民当家作主、享有民主权利的国家。

中国特色社会主义道路奠基于从新中国成立到改革开放前这段时间对社会主义建设道路的实践探索。离开创造中国道路时间最近、关系最密切、影响最大的，是从新中国成立到改革开放这段时间我们党对社会主义建设道路的实践探索。改革开放前后两个 30 年左右的历史时期，当然不能混为一谈。在探索道路的方式和具体政策上，在工作中心和实际工作内容上，改革开放前和改革开放后，有很大差别。改革开放前对社会主义的实践和探索，开始是照搬苏联模式，带来很多问题，邓小平说："我们很早就发现了，但没有解决好。"①"没有解决好"，从根本说来是指还没有形成一条正确的道路。但是，不管经历了怎样的曲折，从新中国成立到改革开放前的探索实践，对中国道路来说，不是一种可有可无的承续和承载。从实践探索符合中国国情的社会主义道路，到形成中国特色社会主义道路的历史飞跃中，坚持科学社会主义基本原则没有变。改革开放不是对改革开放前的历史推倒重来，而是一个辩证发展、螺旋式上升的过程，是在回答"什么是社会主义，怎样建设社会主义"这个根本问题上，认识更清楚了，而且越来越清楚，实践上更有成效了，而且成效越来越明显。对此，十八大报告提出，毛泽东那一代人为中国道路"奠定了根本政治前提和制度基础"，"提供了宝贵经验、理论准备、物质基础"。

党的十一届三中全会是当代中国发展进程中的伟大转折点，也是中国特色社会主义道路的开端。以邓小平为核心的党的第二代中央领导集体，

---

① 《邓小平文选》第 3 卷，人民出版社 1993 年版，第 261 页。

在深刻总结新中国成立后我国社会主义探索的正反两方面经验，全面吸收其他社会主义国家探索的正反两方面经验，充分借鉴资本主义国家发展的正反两方面经验基础上，以"什么是社会主义、怎样建设社会主义"为切入点，深刻揭示了社会主义本质，确立了"一个中心，两个基本点"的社会主义初级阶段基本路线，吹响了走自己的路、建设中国特色社会主义的时代号角，成功地开辟了中国特色社会主义道路。

以江泽民同志为核心的党的第三代中央领导集体，在国内外政治风波、经济风险、自然灾害等一系列重大历史考验中，始终坚定中国特色社会主义理想信念不动摇，始终坚持社会主义初级阶段的科学判断不动摇，始终奉行"一个中心，两个基本点"的党的基本路线不动摇，以"建设一个什么样的党，怎样建设党"为切入点，明确提出了新形势下党自身建设的方向和目标，推进党的建设新的伟大工程；同时，在充分实践探索的基础上，建立、完善社会主义市场经济新体制，促进了社会主义法治化进程，既成功地捍卫了中国特色社会主义，也拓展了中国特色社会主义道路。

以胡锦涛同志为总书记的党中央，紧紧抓住新世纪新阶段的重要战略机遇期，在全面建设小康社会进程中切实推进实践创新、理论创新和制度创新，推进党的执政能力建设和先进性建设，以"实现什么样的发展，怎样发展"为切入点，明确提出了以科学发展观为核心的一系列重要战略思想，完善中国特色社会主义事业总体布局，推动经济社会发展从求速度、求增长的粗放式发展向求协调、可持续的永续式发展转型，为进一步拓展中国特色社会主义道路做出了新的贡献。

党的十八大以来，以习近平同志为总书记的党中央，把握时代潮流，立足国情实际，顺应人民期待，坚定不移深化改革开放，并在新的实践基础上大力推进理论创新，创造性地提出了中国梦这一重大战略思想。同时，对世界社会主义500年历史特别是中国建设社会主义的历史进行了新总结，进一步回答了开创和发展中国特色社会主义的历史必然性，强调要做到倍加珍惜、始终坚持、不断发展中国特色社会主义道路。

自从邓小平在党的十二大开幕词里提出"走自己的道路，建设有中国特色的社会主义"这个重大命题以来，从党的十三大到十八大，全国党代会报告标题，都把"中国特色社会主义"作为主题词突出出来，对中国道路的论述，都有标志性的拓展。十八大报告的标题，"坚定不移沿着中国特色社会主义道路前进，为全面建成小康社会而奋斗"，鲜明地展示了当代中国的旗帜、形象和方向。报告还强调，"道路关乎党的命脉，关乎国家前途、民族命运、人民幸福"。党的十八大后，习近平总书记在多次讲话中都突出道路问题的重要性。他在十八届中共中央政治局第一次集体学习时提出，"坚持和发展中国特色社会主义是贯穿十八大报告的一条主线"，只有抓住这条主线，"才能把党的十八大精神学得更加深入，领会得更加透彻，贯彻得更加自觉"；他在国家博物馆参观"复兴之路"基本陈列时，要求全党必须牢记，"道路决定命运，找到一条正确的道路多么不容易，我们必须坚定不移走下去"；他在中央党校对新进中央委员会的委员、候补委员讲话中又说，"党的十八大精神，说一千道一万，归结为一点，就是坚持和发展中国特色社会主义"，"道路问题是关系党的事业兴衰成败第一位的问题，道路就是党的生命"。

中国特色社会主义是中国人民在新的伟大实践中所作出的历史性选择，是实现民族振兴、国家富强、人民幸福、社会和谐的必由之路。在当代中国，只有中国特色社会主义伟大旗帜而没有别的什么旗帜能够最大限度地团结和凝聚不同社会阶层、不同社会群体的智慧和力量，只有中国特色社会主义这条道路而没有别的什么道路能够引领中华民族实现伟大复兴，只有中国特色社会主义理论体系而没有别的什么主义能够引领中国的发展进步。

（二）走中国道路是"中国模式"的经验总结

改革开放 30 多年的伟大实践，中国在政治、经济、文化和社会建设等方面取得了全面进步，中国人民正在享受前所未有的幸福生活。我们之所以能够取得举世瞩目的伟大成就，原因就是我们走上了一条既不同于传统社会主义，又不同于资本主义的中国特色社会主义现代化道路。这条道路也可以称作"中国道路"、"中国经验"或"中国模式"。"中国模式"的成功之处，就在于它是立足于中国的具体国情，充分学习和借鉴人类文明的优秀成果，坚持探索，走一条适合自己的道路。

"中国模式"是指新中国成立 60 多年来特别是改革开放 30 多年来建设和发展中国特色社会主义的理念、战略、政策、实践的过程和结果的总称。在其实质上是在经济全球化背景下，中华民族在中国共产党领导下把科学社会主义基本原则同当代中国国情和时代特征相结合而走出的一条后发国家的现代化之路。"中国模式"拓宽了发展中国家实现现代化的途径，促进了经济全球化时代人类文明的多样性发展，激发了人们关于社会制度的丰富想象。

"中国模式"是不同于改革开放前传统的社会主义模式即苏联模式。但是，"中国模式"也不同于西方发达国家的社会发展模式。"中国模式"与西方社会发展模式的区别也是极其明显的。在所有制方面，中国不实行全面私有化，而实行以公有经济为主导的混合所有制，公有经济仍然控制着国家的经济命脉，而且土地和森林、矿山等资源也不实行私有化。在资源配置上，虽然我们采用了市场经济，但政府调节和干预的程度比西方国家要强大得多。在政治上的区别就更明显：中国不搞多党制和议会政治，不搞立法、行政、司法的"三权分立"。在意识形态上，中国仍然坚持马克思主义在政治意识形态领域中的主导地位，但已经允许不同思想流派的存在。这些都是与西方发展模式的基本区别。在文化建设上，以建设社会主义先进文化，构筑文化强国为目标，始终坚持以改革创新和科技进步为动力，大力破除制约文化发展的体制性障碍，不断解放和发展文化生产力。在根本要求上，坚持社会主义核心价值体系，即马克思主义的指导思想、中国特色社会主义共同理想、以爱国主义为核心的民族精神和以改革创新为核心的时代精神以及社会主义荣辱观。

"中国道路"·或"中国模式"拓宽了民族国家走向现代化的途径，丰富了人类对社会发展规律和道路的认识，促进了全球化时代人类文明的多样性发展。"中国模式"的成就是多方面的。其一，中国持续而高速的经济发展，改变了全人类近 1/5 人口的历史命运。近 3 亿人口摆脱贫困，13亿人的生活正在被迅速地现代化，并且随着对外开放的不断扩大，全球近1/5 的人从原来的封闭状态大规模地融入全球化进程之中，从而使全球政治进程中的"中国因素"变得日益重要。其二，中国综合国力在短时期内的惊人增长，使中国在国际社会中的影响力大大增强，从而打破了原来由超级大国支配的世界政治格局。中国事实上已经开始作为国际政治生活中的一支独立力量而产生作用，并且正在有力地促成世界政治从单极向多极发展。其三，中国是一个发展中的大国，其国内发展的需要、对"和谐世界"的价值追求和目前的国家能力，都决定了中国的强大，只能是和平地发展。中国的崛起大大增强了国际政治中的和平因素，更加有利于国际社会实现世界和平的共同目标。最后，"中国模式"影响着全球治理。对外开放、国际合作、和平发展这些都是"中国模式"的重要内容，遵循着这些战略策略，改革开放以来中国更加积极地参与国际社会，更多地承担国际责任，为解决人类面临的共同问题贡献更多的力量，这就在相当程度上影响了全球治理的现状和未来。例如，中国对全球气候变暖和国际反恐的积极态度和有效合作，明显地增强了在这些领域内的全球治理效果。

中国在30多年的改革开放发展中走自己的路，形成了一种充分彰显中国特色的"中国模式"。"中国模式"决不仅仅是一条民族复兴、国家富强之路，其所蕴含、所体现的和谐发展的理念同时也是实现世界和平发展的价值支撑。首先，和谐发展是以"不同"为前提的。"中国模式"告诉世界，发展模式是可以多种多样的，发展模式也必须是多种多样的。不同国家、不同社会其"不同"是客观存在的，在审慎把握自身不同的基础上，扬长避短，就成为了不同社会的当然选择。走"中国特色社会主义道路"的成功实践表明，中国模式不是对西方模式的"克隆"，而是对西方发展范式的突破与超越。在西方范式内发展，中国可能会有小的进展，但难有大作为。在这个意义上，"特色"不是一种借口，而是一种本能，一种策略。旗帜鲜明地表明的"不同"，其实是为了更好地和谐相处；大大方方地表明"不同"，也才能更好地和谐相处。其次，"中国模式"告诉世界，不同的发展模式之间不是你死我活，而是可以互利的。这种互利不仅仅体现在经济领域的贸易合作，更多地体现在文化政治领域的交流借鉴。尽管中国社会与西方社会存在着很大的差异，但作为人类文明发展的成果，都体现着人类文明进步的内在规律，具有很强的互补性。相互借鉴而不是刻意排斥，取长补短而不是定于一尊，对于双方都是很有意义的。

改革开放30多年来所形成的"中国模式"雄辩证明，从改革开放伟大实践中走出来的中国特色社会主义道路，不愧为一条民族复兴之路、国家富强之路、人民幸福之路。"中国模式"的成功经验坚定了中国人民坚持走中国特色社会主义道路的信心。

（三）走中国道路是实现中国梦的唯一途径

梦想不同，圆梦的道路亦不同。由于国情不同，中国梦与美国梦、欧洲梦、印度梦等国家在梦想目标、进程乃至成效方面不可避免地存在着差异。中国要实现自己的梦就要走自己的路,实现中国梦的道路就是"中国道路"。"中国道路"是一条属于中国自己的路。马克思曾经讲过一段话,一个社会发展的条件不是我们自己选定的,而是直接碰到的、既定的、从过去继承下来的。我们不可能避开这些因素和这些因素所带来的既定状态。国情就是这样一种因素。一个国家的历史文化、经济状况、发展程度都是不可选的、都是既定的,甚至是特定的。任何道路如果不与具体的国情相适应,就会水土不服,难堪大用。中国特色社会主义道路的开辟和不断发展,决定了近代以来中华民族洗刷百年耻辱、走向伟大复兴的中国梦必将成为现实。

当前,人类正面临着前所未有的时空巨变,世界多极化、经济全球化深入发展,文化多样化、社会信息化持续推进,科技革命孕育新突破。加上 20 世纪的苦难经历等残酷经验,以及美国的两个主要特征"经济增长万能"和"个人绝对自由"受到质疑。这些人类历史上空前的大变动都要求我们重新考虑人类的生存意义和生存方式,反思我们需要塑造怎样一个世界,需要建立怎样的世界观和人生观来应对这一崭新的、影响全球的复杂局面。在经济全球化和区域竞争日益激烈的今天,地区的发展依据摆到国际的舞台上,每个国家或地区都需要寻找到最适合自己的角色,发挥自己的比较优势,融入国际发展格局之中,并在区域及国际竞争中脱颖而出。

当然,各国的发展都有一个模式的自发探索过程,这种自发探索过程,都是建立在自身现实的条件、国情、文化基础上的。从一定意义上说,中国梦的实现是以民族化为根基,以世界文明的优秀成果为借鉴,只有创造性地开拓有中国特色的圆梦之路,才能更好地步入世界的文明大道。

实现中国梦没有捷径可走。走中国特色社会主义道路,既是总结历史的深刻启示,也是面向未来的庄严宣示。不同国家的历史条件和国情不同,其发展的道路和途径也迥然相异。世界上没有放之四海而皆准的发展道路和发展模式,也没有一成不变的发展道路和发展模式。近代欧洲工业革命以来,西方资本主义国家凭借先发优势长期处于主导地位,"西方模式"奉行依靠发动军事侵略和对外扩张,依靠残酷剥削和殖民掠夺形成原始积累,内部社会矛盾尖锐、贫富差距悬殊,其资本主义制度不可调和的固有矛盾始终存在。历史经验已经使中国共产党人十分清楚地认识到,无论是搞革命还是搞建设，照搬照抄别国经验、别国模式，从来不能取得成功。

中国道路为广大发展中国家提供了有益经验及发展启示。中国道路以其创造的惊人成就，引起广大发展中国家的高度关注，并为其探索属于本国特色的发展模式提供了极好的示范效应，增加了发展中国家自主探索本国发展道路的信心和力量。在改革开放的历史进程中，中国特色社会主义道路的成功开辟，为历经磨难的社会主义注入强大的发展活力，也为中华民族的复兴奠定了良好的基础。事实证明实现中国梦必须走中国自己的路。

三　中国道路的现实要求

举什么旗、走什么路，关系我们党的事业兴衰成败、关系国家民族的长治久安。一个国家的发展道路合不合适，只有这个国家的人民才最有发言权。实现中国梦必须走中国道路，这就是中国特色社会主义道路。走中国特色社会主义道路，是中国近代以来至今求独立、求解放、求发展、求富强的必然。因此，必须在思想上、理论上以及实践中毫不动摇地坚持走中国道路。

（一）思想上坚持走中国道路不动摇

2013年3月，习近平同志在莫斯科国际关系学院演讲称："合作发展共赢成为时代潮流，人类越来越成为你中有我、我中有你的利益共同体。我们主张各国和各国人民共同享有尊严，鞋子合不合脚穿着才知道，一个国家的发展道路，只有这个国家的人民才知道。"我们只能走中国特色社会主义道路，这是党和人民经过长期实践探索出来的正确道路。要毫不动摇坚持改革开放，不为任何风险所惧，不为任何干扰所惑。

1. 坚决"不走老路，不走邪路"

胡锦涛同志在党的十八大报告中指出，"我们坚定不移高举中国特色社会主义伟大旗帜，既不走封闭僵化的老路，也不走改旗易帜的邪路"，强调坚定不移地走中国特色社会主义道路，夺取中国特色社会主义新胜利。所谓封闭僵化的老路就是指改革开放前的传统社会主义路子，当然也包括苏联模式社会主义的路子。封闭僵化违背了广大人民创造美好生活的意愿。脱离群众，脱离实践，就无法取得人民的支持，就等于放弃了不断认识和改造世界的责任。实践证明，封闭僵化是没有出路的，必然导致失去生机活力、不能发展进步，只能导致国家积贫积弱。只有改革开放才能发展中国，发展中的问题只有通过改革开放来解决。只有坚持解放思想、实事求是、与时俱进，以发展着的马克思主义为指导，党和国家的事业才能兴旺发达，焕发强大生命力。

改旗易帜的邪路主要是两个方面，一个是完全放弃社会主义的旗帜，走资本主义的路子。还有一个也是指我们不能照搬现在西方一些由社会民主党执政的发达国家所主张的民主社会主义道路，因为这不适合我们中国国情。不走改旗易帜的邪路，就是要坚定不移走中国特色社会主义道路，不能放弃社会主义的旗帜，走资本主义的路子。在改革开放中，我们要积极吸取借鉴发达国家创造的一切优秀文明成果，加强同世界各国的合作交流，坚持以自己的和平发展促进世界各国共同发展，但决不照搬西方的制度和模式。如果走改旗易帜的邪路，那就是否定社会主义，就意味着从根本上动摇立国之本、兴国之要、强国之路，毁掉中国实现社会主义现代化的根基。

2. 坚持中国特色社会主义方向不动摇

每一种国家制度都需要改革，同时也都需要设置改革的底线。底线的设置既体现了国家制度的性质，也决定了"改革红利"释放的空间。中国的成功，就是坚持了社会主义的改革方向。30 多年来，我们党在改革开放伟大实践中，既坚持马克思主义基本原理，又不断谱写新的理论篇章，系统回答了"建设什么样的社会主义、怎样建设社会主义"，"建设什么样的党、怎样建设党"，"实现什么样的发展、怎样发展"等一系列重大问题，形成了中国特色社会主义理论体系，社会主义和马克思主义在中国大地上焕发出勃勃生机。当前，虽然世情国情党情继续发生深刻变化，我国发展中不平衡、不协调、不可持续问题依然突出。但实践经验告诉我们，越是面对矛盾问题、风险考验，越要倍加珍惜、始终坚持、不断发展中国特色社会主义道路、中国特色社会主义理论体系、中国特色社会主义制度。只有始终高举中国特色社会主义旗帜，才能不为任何风险所惧，不为任何干扰所惑，始终沿着正确方向坚持不懈地把改革开放推向前进。

中国特色社会主义是党执政的思想、政治基础。中国共产党正是通过带领全国人民探索、实践、发展中国特色社会主义，并取得巨大的成功，把国家领上富强之路，把民族领上复兴之路，把人民领向幸福之路，展示了伟大、光明的发展前景；赢得了各族人民的拥护，成为全党的共识，也越来越获得国际的羡慕、理解和认同，给世界带来了新的希望，展示了中国共产党执政的深厚历史根基和蓬勃生命力。当前，中国的改革已经形成了具有自身特色的话语体系，有力支撑着改革的社会主义方向。社会主义在今天中国的改革中，已经不是外在的强制，而是灵魂。总的方向就是"坚持党的领导，贯彻党的基本路线，不走封闭僵化的老路，不走改旗易帜的邪路，坚定走中国特色社会主义道路，始终确保改革的正确方向"。

3. 走中国道路要坚持"三个自信"

中国特色社会主义"特"就"特"在其道路、理论体系、制度上，"特"就"特"在其实现途径、行动指南、根本保障的内在联系上，"特"就"特"在这三者统一于中国特色社会主义伟大实践上，"特"就"特"在始终坚持中国共产党的领导上。深化对中国近代史、中华人民共和国史、党史的认识，深刻理解中国特色社会主义来之不易，新民主主义革命的胜利果实绝不能丢失，社会主义革命和建设的成就绝不能否定，改革开放和社会主义现代化建设的方向绝不能动摇。要以发展的观点对待马克思主义、社会主义，不断有所发现、有所创造，有所前进，不断丰富中国特色社会主义的实践特色、理论特色、民族特色、时代特色。

坚定道路自信，为实现中国梦指明前进方向。正确的发展道路是实现中国梦的关键。中国特色社会主义道路，一头连接着国情，一头连接着梦想；承载着过去，承载着未来。中华民族伟大复兴是全方位的，是经济、政治、文化、社会、生态等方面的全面发展和进步。中国特色社会主义道路既坚持以经济建设为中心，又全面推进经济建设、政治建设、文化建设、社会建设、生态文明建设以及其他各方面建设；既不断解放和发展社会生产力，又逐步实现全体人民共同富裕、促进人的全面发展。中国特色社会主义道路的内涵和指向与中华民族伟大复兴的宏伟目标根本一致。中国人民在中国特色社会主义道路上越走越宽广，越走越自信。只要坚定不移地坚持和发展中国特色社会主义道路，中国梦就一定会实现。

坚定理论自信，为实现中国梦提供精神动力。高度的理论自觉和理论自信，是中国共产党区别于其他一切政党的鲜明特征和根本优势。中国特色社会主义理论体系，是改革开放30多年成功实践的理论结晶。中国特色社会主义理论体系，以崭新视野深化了对共产党执政规律、社会主义建设规律、人类社会发展规律的认识。改革开放 30 多年来，我们在马克思主义中国化的道路上与时俱进，实现了新的历史性飞跃，创造了世人惊叹的中国奇迹。面对一系列严峻挑战和重大困难，我们都成功应对、化险为夷、开创新局，根本就在于坚定理论自信，坚持以中国特色社会主义理论体系为指导。只要坚定不移地坚持和创新中国特色社会主义理论体系，中国梦就一定会实现。

坚定制度自信，为实现中国梦提供坚强保障。中国共产党把马克思主义基本原理同中国国情相结合，借鉴人类政治文明成果，经过长期探索实践，最终确立了中国特色社会主义制度。中国特色社会主义制度的确立，是中国人民掌握自己命运、共同团结奋斗、共同繁荣发展的必然结果，也是实现中国梦的根本保障。中国特色社会主义制度，坚持把根本政治制度、基本政治制度同基本经济制度以及各方面体制机制等具体制度有机结合，坚持把党的领导、人民当家作主、依法治国有机结合，为实现中国梦提供坚强保障。

要坚持改革开放的信念不动摇。我国过去 30 多年的快速发展靠的是改革开放，我国未来发展也必须坚定不移依靠改革开放，只有改革开放才能发展中国、发展社会主义、发展马克思主义。改革开放作为一场新的伟大革命，不可能一帆风顺，也不可能一蹴而就。改革开放中遇到的矛盾只能用深化改革的办法去化解，发展中出现的问题只能靠科学发展去解决。因此，站在新的历史起点上，我们必须牢牢把握重要战略机遇期，坚持解放思想、实事求是、与时俱进，勇于变革、勇于创新，永不僵化、永不停滞。只有坚持不懈地推进改革开放，才能开拓中国特色社会主义更为广阔的发展前景。

坚定不移走中国特色社会主义道路既是我们深刻的历史经验总结，也反映了当代世界各国的经验教训。苏联解体、东欧剧变，是传统僵化的社会主义的悲剧；一些发展中国家陷入发展陷阱，不能获得持续发展，是"华盛顿共识"的破产；一些发展中国家依然一盘散沙，陷入战乱分裂，这都给了我们深刻的历史启迪。中国共产党坚持从中国国情出发，既不走封闭僵化的老路，也不走改旗易帜的邪路，遵循社会发展规律，带领中国人民历经几十年艰苦探索，历经挫折而确立的中国特色社会主义，不仅开辟了国家富强、人民幸福的发展大道，而且日益在世界上展示其巨大优越性。坚定不移地走中国特色社会主义道路，不仅是实现民族复兴、人民幸福的历史要求，也必然是对人类文明进步的独特而巨大的贡献。

（二）在理论上要不断丰富中国道路的新内涵

一个民族要想站在时代的最高峰，一刻也离不开理论思维。实践基础上的理论创新是社会发展和变革的先导，是引导一个国家和民族不断攀登时代高峰的号角和指南。

1. 拓展理论创新的新境遇

理论创新是一个国家、一个民族、一个政党生存发展的强大动力，是社会进步的重要标志。回顾这波澜壮阔的 30 多年，改革开放的每一步推进都呼唤着理论创新，而党的理论的每一次创新都推动着改革开放进入一个新天地。可以说，一部改革开放的历史，就是一部中国共产党不断进行理论创新的历史。胡锦涛同志指出："把马克思主义基本原理同中国具体实际结合起来，推进实践基础上的理论创新，是马克思主义具有蓬勃生命力的关键所在，是我们党坚持先进性、增强创造力的决定性因素。"把马克思主义基本原理同中国具体实际相结合，在实践的基础上不断进行理论创新，用发展着的马克思主义指导新的实践、推动社会变革，是我们党带领人民取得中国革命、建设和改革一个又一个胜利的根本原因。

中国特色社会主义理论体系的形成和发展，是我们党在改革开放过程中坚持理论创新的集中体现。在进入改革开放历史新时期，在和平与发展成为时代主题的新的历史条件下，我们党围绕建设和发展中国特色社会主义这一主题，系统回答了什么是社会主义、怎样建设社会主义，建设什么样的党、怎样建设党，实现什么样的发展、怎样发展等重大理论和实际问题，不断推进马克思主义中国化，形成了包括邓小平理论、"三个代表"重要思想以及科学发展观等重大战略思想在内的科学理论体系——中国特色社会主义理论体系。这一理论体系以一系列新的重大理论观点、重大战略思想，继承、丰富和发展了马克思列宁主义、毛泽东思想，是马克思主义中国化最新成果，是当代中国的马克思主义。十八大以来，围绕什么是中国梦，如何实现中国梦，以习近平为总书记的党中央做出了全面深化改革的新部署。

实践发展永无止境，理论创新也永无止境。中国特色社会主义理论体系是不断发展的开放的理论体系。站在新的历史起点上，根据实践的发展和时代的要求，继续推动实践基础上的理论创新，为中国特色社会主义理论体系不断增添新的内容,把中国特色社会主义伟大事业不断推向前进,中国特色社会主义道路就会越走越宽广,当代中国马克思主义就能放射出更加灿烂的真理光芒。

2. 深化"五位一体"的新布局

为了推进建设中国特色社会主义的伟大事业,我们党不断思考这一事业所包含的各方面任务,不断作出新概括、新部署,对中国特色社会主义事业总体布局的认识一次次完善,一次次深化。党的十二大提出了社会主义物质文明建设和精神文明建设两手抓的重要思想,党的十五大提出了建设中国特色社会主义的经济、政治、文化三位一体的基本纲领,党的十七大确立了经济建设、政治建设、文化建设、社会建设四位一体的总体布局。党的十八大把生态文明建设提到与经济建设、政治建设、文化建设、社会建设并列的位置,从而把中国特色社会主义事业总体布局发展为五位一体,使我国社会主义建设的发展布局更加完善、发展目的更加明确、发展内涵更加丰富、发展道路更加广阔,体现了我们党对中国特色社会主义的认识达到了新境界,为全面建成小康社会、实现社会主义现代化提供了总体遵循。

中国特色社会主义是全面发展的社会主义,五位一体总体布局是坚持和发展中国特色社会主义的必然要求。以经济建设为中心是兴国之要,发展是解决我国所有问题的关键,只有推动经济持续健康发展,才能筑牢国家繁荣富强、人民幸福安康、社会和谐稳定的物质基础。人民民主是社会主义的生命,是我们党始终高扬的光辉旗帜,只有发展社会主义民主政治,建设社会主义法治国家,保证人民当家作主,才能使我国社会主义民主政治展现出更加旺盛的生命力。文化是民族的血脉,是人民的精神家园,只有推动社会主义文化大发展大繁荣,提高国家文化软实力,才能发挥文化引领风尚、教育人民、服务社会、推动发展的作用。加强社会建设是社会和谐稳定的重要保证,只有在改善民生和创新管理中加强社会建设,才能开创社会和谐人人有责、和谐社会人人共享的生动局面,为改革开放和社会主义现代化建设营造良好社会环境。生态文明建设关系人民福祉、关乎民族未来,只有尊重自然、顺应自然、保护自然,才能实现中华民族永续发展。在中国特色社会主义事业五位一体的总体布局中,经济建设是中心,政治建设是保障,文化建设是灵魂,社会建设是条件,生态文明建设是基础,它们之间相互作用、相互影响、相互支撑,是一个相互联系相互促进的有机整体。这个总体布局，体现了科学发展观的要求，有利于促进现代化建设各方面相协调，促进生产关系与生产力、上层建筑与经济基础相协调，形成经济富裕、政治民主、文化繁荣、社会公平、生态良好的发展格局，推动当代中国全面发展进步，把我国建设成为富强民主文明和谐的社会主义现代化国家。

（三）实践上不断探索中国道路的新路径

中国特色社会主义道路是不断发展、不断完善中的道路。中国特色社会主义道路经过那么长时间的探索，特别是改革开放 30 多年来的探索，我们已经形成了很好的发展思路和体制机制。但是我们仍然需要结合新的实践和经验，深入研究和探索这条道路，不断发展这条给中国人民带来希望的道路。我们的基本国情、主要矛盾、国际地位都没有变，中国梦依然在路上。

1. 圆梦路上挑战多

中国改革开放 35 年，GDP 以 9.8% 的年增长率持续发展，现在不仅以世界第二大经济体、第一大贸易国而举世瞩目，而且近年来在世界经济持续低迷、国家经济面临升级转型压力的严寒中，继续保持"稳中有进"，成为世界经济复苏的第一贡献国而"一枝独秀"。今天，我国的国内生产总值已达到 8.3 万亿美元，是名列世界第三的日本的 1.6 倍，现在人们普遍议论的是中国何时而不是能否跃升为世界第一。中华民族复兴的前景是美好的，但通往中国梦的道路一定是不平坦的。我们深知，前行的道路上还存在各种风险挑战。经济总量跃升至世界第二，但人均水平仍有不小差距；成为全球发展"新引擎"，但环境压力、资源瓶颈也日益凸显；整个社会活力涌动，但也要处理好转型过程中种种难题。具体表现在：首先，中国经济已进入增长阶段转换期。要素成本持续上升，资源环境约束增强，经济增长正逐步由高速转为中高速，在经济高速增长时期积累的财政金融、经济结构风险日趋显现，而且不无发生区域性、系统性风险的可能。因此，以提升经济发展的质量和效益为核心，加快经济发展方式的转变，打造中国经济的升级版，实现由主要依靠投资和外需拉动转向更多依靠消费和内需带动，由主要依靠制造业带动转向更多依靠创新和服务业驱动的发展方式，已成为亟待解决的历史性任务。其次，在经济领域的矛盾不断积累的同时，政治、文化、社会和生态文明领域的矛盾也日益凸显。贪污腐败屡禁不绝,思想意识出现极端化倾向,贫富差距拉大,食品药品安全、社会治安问题较多,自然生态环境恶化之势久未逆转。更为突出的是,经济、政治、文化、社会、生态文明各领域矛盾相互交织,相互影响,突发事件、恶性案件多发,社会生态环境面临严峻挑战。在这种情形下,党如何更好地发挥总揽全局、协调各方的领导核心作用,创新执政理念和执政方式以应对新形势、新矛盾,国家如何实现治理体系和治理能力的现代化以适应社会转型的要求,挑战同样严峻。再次,随着经济发展和社会进步,人民群众维权意识和平等意识日益增强,利益诉求日益增多,对公平正义的期待日益强烈,参与社会事务治理的意愿不断增强;同时,信息化技术的现代化、普及化,极大地扩大了信息的传播面和传播速度,这些既是社会文明进步的象征,也是对传统的社会管理理念和体制的新挑战。我们要正视这些困难和挑战,不断开拓创新。

2. 披荆斩棘谋新途

作为道路、理论体系和制度三统一的中国特色社会主义是我们已经取得并将继续取得成功的"体制"保障,我们的改革就是在不断发挥这一体制优越性的同时不断完善这个体制。习近平总书记反复强调,改革开放只有进行时没有完成时。发展要有新局面,改革就必然要有新开拓。面对人民群众的殷切期待,面对种种躲不开、绕不过的新命题,更需要有时不我待的紧迫感、继往开来的使命感。敢于倾听、正视并回应"发展中的问题和挑战",在通往民族复兴的道路上,逢山开路、遇河架桥,披荆斩棘、攻坚克难,为实现伟大中国梦创出一条大道。我们应根据国内外形势的新变化和新特点,从本国的实际情况出发,借鉴外国经验,构造实现中国梦的总体思路。

首先,中国发展要有超前意识,要彻底破除不利于中国梦实现的旧的思想障碍,努力开创中国与世界发达国家平等竞争、共同发展的新局面。要求切实将中国的发展纳入世界可持续发展趋势之中,使中国真正履行世界大国的责任和义务。尤其要注意把培育中国核心竞争力纳入国家总体战略规划,因为核心竞争力的构建是一个复杂的系统工程,需要从战略的高度整合国家优势资源,实施系统化、动态化的运营管理,只有这样,中国才能有底气自立于世界民族之林。

其次,利用"后发"优势,推动平衡协调发展。从中国的实际出发,通过引进技术和管理以及资金等,超越发达国家中的某些阶段,稳步、快捷、高效地实现后来居上。与此同时，要非常注意实现整体发展目标的综合平衡。中国的发展是一个系统，制定中国发展战略，必须贯穿大系统的思想，坚持科学论证、总体设计、综合平衡、协调发展。要正确处理局部与全局、眼前与长远、需要与可能的关系，把中国发展战略放在世界建设这个大系统中来考虑和筹划，从世界的整体利益中寻找战略定位。要正确处理中国发展与其他国家发展的关系，要适应世界经济全球化和政治多极化的发展趋势，必须加大结构调整的力度，从不平衡达到平衡，从不和谐达到和谐，又从平衡中达到新的不平衡，循环往复，螺旋上升，中国梦就会在中国的波浪式前进中最终实现。

再次，落实国际国内双驱动战略。就是对外坚持和平，对内坚持和谐，两者相互结合、相互促进，其遮掩点就是要引领全体中国人，在应对风险和挑战中坚持科学发展观，全民奋起，艰苦创业，在同世界的互利共赢中增大对人类社会的贡献。全球化进程中，发达国家向发展中国家进行中、低端产业转移，发展中国家利用发达国家的技术、资本，和本国的资源进行产业升级。也就是说，中国要在全球化的国际分工机遇中取得发展，最关键的是在这段时间比其他发展中国家取得更好的国际"比较优势"。

最后，以制度创新为引领。改革创新首先要正确看待中国的昨天和今天，正确地继承借鉴中国历史上成功的经验和做法。根据新的国家发展标准，通过制度创新，大力优化动力机制、经营机制、激励机制、竞争机制，更好地发挥中国的优势，构筑优胜劣汰的全面竞争效应场，使中国的发展始终具有强大的聚集力和推动力。

从中国共产党成立至今的历史表明，中国道路来之不易，今后的路还很长，也不会平坦。但只要我们始终高举中国特色社会主义伟大旗帜，坚持把马克思主义与中国实际相结合，坚定不移地沿着中国特色社会主义道路走下去，就一定能够实现中华民族伟大复兴的奋斗目标。

第八章

中国精神凝聚中国梦

习近平在十二届全国人大一次会议闭幕会上指出："实现中国梦必须弘扬中国精神。这就是以爱国主义为核心的民族精神，以改革创新为核心的时代精神。这种精神是凝心聚力的兴国之魂、强国之魄。"这一重要论述，深刻揭示了中国精神与中国梦之间的关系，明确阐释了中国精神的基本内容，着力强调了中国精神的重要作用。正确理解中国精神的科学内涵，准确把握中国精神的重要意义，科学探讨弘扬中国精神的基本对策，对实现中华民族伟大复兴的中国梦有着十分重要的理论意义和实践意义。

一　中国精神的时代内容

马克思指出："一切划时代的体系的真正的内容都是由于产生这些体系的那个时期的需要而形成起来的。"中国精神作为反映时代境遇和发展需要的思想观念体系，根植于时代发展的客观实践之中，彰显出鲜明的时代风格。中国精神是实现中国梦的强大精神支柱，它存在于实现中国梦的全过程。它激励人们坚定自信、增强自觉、奋力自强，在中国特色社会主义道路上向着实现中华民族伟大复兴的中国梦的目标奋进。

（一）以爱国主义为核心的民族精神是中华民族生存发展的精神支撑

1. 民族精神的内涵与特征

要科学把握中华民族精神必须对民族精神做一个正确的理解。民族精神是一个民族在长期的生活实践中逐渐形成的有关民族心理、民族性格、民族文化、民族风俗、民族信仰和民族价值观念、价值追求的升华，是维系推动民族生存与发展的关键性力量，是一个民族凝聚力、创造力和生命力的集中体现，也是一个民族的内在精神素养。民族精神表现一个民族的风范、气度和节操上，特别是当一个民族处在逆境中所呈现出的自强不息、刚健有为、不屈不挠的心智。民族精神集中表现了一个民族的世界观、价值观和思考方式、生存方式，是不同民族相互区别的重要标志。

民族精神具有自身独特的特质。首先是民族性。这种民族性是因为不同的民族各自具有不同的自然环境、生活方式、生存方式、历史传统等在此基础上所进行的独具特色的文化创造，集中体现在一个民族在长期的历史发展进程中积淀而成的民族文化心理素质，是民族自我意识的体现，是本民族成员对本民族及其文化的认同归属感。正如斯大林在《马克思主义和民族问题》中所言："必须注意到结合成一个民族的人们在精神形态上的特点。各个民族之所以不同，不仅在于他们的生活条件不同，而且在于表现在民族文化特点上的精神形态不同。"[①] 日常生活中，人们常说的中华民族精神、德国民族精神、美国民族精神等都表现出了民族精神的民族性差异。其次是开放性。这是指不同民族精神之间相互交流、相互吸收、彼此促进的特性。当然，这种开放是有条件的，必须建立在独立自尊的基础上，否则会失去自我的本真。相对于传统社会，现代社会条件，全球化飞速发展，各民族交流更加频繁深入，使"越是民族的越是世界的"更加突出。因此，当今任何一个民族处于封闭的状态则是不可能的。再次是时代性。这是指民族精神存在于特定的时空条件下，受社会经济历史条件的制约，能够随着时代的变化而变化，随着民族实践的发展而发展，并且与该民族在一定历史时期的历史任务紧密联系。正可谓民族精神是一定历史时期时代精神的积淀和累积。最后是传承性。这是指一个民族精神的延续发展，是一个逐渐形成、不断丰富、日趋成熟的过程，它与本民族的历史传统文化紧密相连，是对民族文化的升华和超越。任何民族精神都是以前人留下思想传统为基础的，不同时代的民族精神都是对上一代民族精神的继承和发展。

2. 中华民族精神的内涵与作用

中华民族精神是中华民族在漫长的社会历史发展进程中逐渐形成的，它是中华各族人民社会生活的精神映照，是中华传统文化最本质、最集

---

① 《斯大林全集》第 2 卷，人民出版社 1953 年版，第 294 页。

中、最核心的体现，是各民族生活方式、文化传统、理想信仰、风俗习惯、价值观念的文化浓缩，是中华民族赖以生存和发展的精神纽带、发展动力和智力支撑，是创新社会主义先进文化的民族灵魂，是中华民族区别于其他民族的核心标志。

中华民族精神是一个博大精深的思想体系。不同学者有不同的理解。我国当代著名哲学家张岱年认为，中华民族精神应具备两个要件："一是有比较广泛的影响"，即为中华民族的"多数人民所信奉"，"二是能激励人们前进，有促进社会发展的作用"。据此，他认为"中华民族精神就是指导中华民族延续发展、不断前进的精粹思想"[①]。学者方立天认为，中华民族精神内容丰富，概括起来主要包括"重德精神"、"务实精神"、"自强精神"、"宽容精神"、"爱国精神"等五个方面，其中"自强精神"是中华民族精神的核心。[②]江泽民在党的十五大上对中华民族精神作出了全面科学的概括："在五千多年的发展中，中华民族形成了以爱国主义为核心的团结统一、爱好和平、勤劳勇敢、自强不息的伟大民族精神。"这一重要论述是对中华民族精神核心内容和基本思想的高度凝练和概括，为我们准确把握中华民族精神提供了正确的指南。当然，还应该看到中华民族精神除了上述内容之外，诸如中华民族在长期的历史发展进程中体现出来的"实事求是的科学精神、舍生忘死的牺牲精神、敬老尊贤的伦理精神、与时俱进的创新精神、艰苦奋斗的创业精神以及天人合一的和合精神等等"[③]。这些也都是中华民族精神内容的重要元素，为我们理解中华民族精神提供了丰富思想材料。

在民族精神中，爱国主义是一国之人民在千百年来的社会实践中形成的一种对自己祖国的深厚情感，它是推动民族进步、社会发展的强大精神动力，是动员和鼓舞人们为国发展、为民服务的光辉旗帜。中华民族是一个具有光荣爱国传统的伟大民族。这可从脍炙人口的名言警句中得到充分体现，如"遥望中原怀故土，静观落叶总归根"；"公而忘私、国而忘家"；"乐以天下，忧以天下"；"先天下之忧而忧，后天下之乐而乐"；

---

①　张岱年:《文化传统与民族精神》，载《学术月刊》1986 年第 12 期。

②　方立天:《民族精神的界定与中华民族精神的内涵》，载《哲学研究》1991 年第 5 期。

③　赵存生:《关于弘扬培育中华民族精神的几个问题》，载《高校理论战线》2004 年第 2 期。

"苟利国家生死以，岂因祸福避趋之"；"一身报国有万死，双鬓向人无再青"，等等。爱国主义在不同时期有不同表现，战争时期为国捐躯是爱国，和平时期做好本职工作也是爱国。总之，无论什么时期，对祖国故土家乡的无限热爱，对国强民富的强烈期盼，对祖国主权完整的坚决捍卫，对社会发展的积极推动，对爱国言行的高度赞扬，对卖国求荣的深刻鞭挞等，都是爱国主义的具体体现。团结统一是爱国主义在对内处理民族关系的鲜明体现。它强调的是为了实现共同的目标和理想而需要的一种顾全大局、同心同德、维护统一的互助合作精神。这也是实现中华民族伟大复兴的前提条件。自古以来，中华儿女以"炎黄子孙"为自豪，有着强烈的民族自尊心和民族认同感，无数志士仁人无不用自己的行动践行着团结统一的精神，这可从中华民族历史发展的过程中一直以来统一占主体得到验证。爱好和平是爱国主义在对外处理本民族与其他民族之间关系的价值追求。中华民族号称"礼仪之邦"，历来以爱好和平而闻名于世。这不仅体现在组成中华民族的各个民族兄弟间的休戚与共、互帮互助，而且表现在与世界上不同民族之间的友善交往、相互促进。只有保持和平的国际环境，我们才能够聚精会神发展自己，实现伟大的目标。勤劳勇敢是爱国主义在人民改造客观世界的实践中表现出来的奋斗无畏的精神。勤劳是中华民族的优良传统，是安身兴业的传家宝，是富家强国的"金钥匙"，传统中的"业精于勤"、"克勤于邦，克俭于家"等是其切实的体现。勇敢表现的是人们面对困难艰险的精神状态，甚至不惜舍弃自己的生命而追求正义真理。自强不息内蕴着独立自主、奋发进取的精神高度，它是爱国主义精神的根本体现，也是中华民族脊梁的真实写照。正如"天行健，君子以自强不息"，"富贵不能淫、贫贱不能移、威武不能屈"，"大禹治水"，"精卫填海"，"与时偕行"等名言警句反映出来的不懈奋斗、顽强奋斗精神。正是靠着自强不息的精神，中华民族才在历史的发展中历经磨难而不倒，饱受欺凌而不惧；正是靠着自强不息的精神，我们才能战胜一个又一个突发起来的灾难风险，经受了各种各样的考验。在民族精神这一体系中，爱国主义居于核心地位，其他精神相辅相成，共同围绕着爱国主义这一核心。

中华民族精神具有重要的作用。中华民族精神内蕴着深厚的理性思维。而这种理性思维能够起到十分巨大的凝聚力作用。一个民族，其理性思维越高越深厚，凝聚作用就越强大。中华民族这样一个伟大光荣的民族,凝聚力之所以特别强大,是和中国 56 个民族自从组成大家庭的时刻起形成的统一的民族精神密不可分。这也是中华民族和世界上其他民族的不同之处。正是因为有了这种统一的民族精神,中华民族才能够历经万千磨难而不倒,并且越挫越勇,不断实现超越。这是一种理性凝聚作用。中华民族精神是中华民族价值观和思维方式的体现,是中华民族生存发展的精神支柱。有了这种强大的精神支柱,中华民族才能走出生死攸关的重大险境;有了这种强大的精神支柱,中华民族才涌现出众多可歌可泣的志士仁人,为了祖国和民族的命运不惜牺牲生命;有了这种强大的精神支柱,我们才能够取得今天这样一种蒸蒸日上的良好成绩。这是一种精神支柱作用。总之,中华民族精神对于我们现在处于并将长期处于社会主义初级阶段的这样一个发展中大国来说,在今天越发显得重要。

(二) 以改革创新为核心的时代精神是当代中国发展进步的不竭动力

1. 时代精神的内涵和特征

时代精神,顾名思义,就是一个时代所具备的精神风貌,它是一个国家和社会在某一个时期所应弘扬的主旋律。虽然不同学者对时代精神作了各具特色的界定,但总体上看,时代精神是一个时代物质文明、制度文明和精神文明内在的、深层的精髓与内核,是时代文明最高层次的抽象,是社会意识中的先进部分,对社会存在和社会实践起着重要的推动作用,是为解决重大现实问题而孕育的关系整个国家民族命运的精神希望并为之奋斗而体现的价值取向、精神风貌的综合体,是反映历史发展趋势、彰显人民意愿并推动时代政治、经济、文化和社会发展的精神力量。概括地说,时代精神是一个在社会最新的创造性实践中孕育和激发出来的、反映社会进步的方向、引领时代进步的潮流、为社会成员所普遍认同和接受的思想观念、道德规范、行为准则和价值取向,是一个社会最新的精神气质、精神风貌和社会时尚的综合体。[①]

时代精神作为精神产品及精神生产的精华,既不同于一般的社会心理,也非该时代精神产品的大杂烩。从动态的角度讲,它代表先进的更高形态文化的发展趋势,符合时代潮流的走向,体现着传统文化中的精华;从静态的角度看,它是时代先进的文化成果的集中体现,是民族精神的现

---

① 包心鉴:《时代精神与当今人类文明》,载《江汉论坛》2007 年第 8 期。

实体现。具体说来，时代精神的基本特征体现在以下几个方面：其一，时代性。时代精神首先要体现出一个时代的主流风貌和发展趋势，是一个时代中最为本质的思想意识。其二，社会性。时代精神是社会主流价值的本质呈现，体现在社会经济文化政治中各个领域，并且得到广大人民群众普遍认同、接受和践行的价值取向和思想观念，是社会存在的鲜明反映。其三，民族性。虽然世界上不同民族国家和地区可以同处于一个时代，但不同民族由于自身历史传统、文化积淀、基本国情、社会发展等不同，这就决定着时代精神不能脱离具体的民族情况而单独存在。时代精神是民族精神在现时代的具体体现，因民族精神的差异而各不相同。其四，变动性。社会是变化的，时代是发展的，时代精神也必然随之不断发展。它会随着时代的发展而不断丰富基本内容，不断自我更新，而不是一旦形成就保持不变。正是因为时代精神的不断丰富和超越这种改变，才能彰显出其自身的魅力。其五，实践性。时代精神不是空洞的抽象理论，而是立足在现实实践基础上的现实写照。每一个时代的时代精神都是彼时代实践的具体体现。如当代中国的时代精神是立足于新时期改革开放和社会主义现代化建设实践的基础上的。

2. 当代中国时代精神的基本内容

1978 年党的十一届三中全会的召开，实现了党和国家工作重心由先前的"以阶级斗争为纲"转向"以经济建设为中心"，开启了改革开放的新时代，也标志着当代中国的历史新纪元。当代中国的时代精神就是改革开放以来体现在政治、经济、文化、社会等各个领域、各个方面发生变化过程中体现出的精神风貌。

党和国家根据历史发展的大势，科学审视时代的基本特点，明确提出改革创新是时代精神的核心。这充分表明现时代人们所特有的价值取向、精神风貌，体现了这个时代和以往任何时代的不同之处。2001 年，江泽民同志在全国宣传部长工作会议上提出要大力倡导和弘扬的五种精神，即解放思想、实事求是的精神，紧跟时代、勇于创新的精神，知难而进、一往无前的精神，艰苦奋斗、务求实效的精神，淡泊名利、无私奉献的精神。这就是 21 世纪的时代精神。2004 年中共中央、国务院发出的《关于进一步加强和改进大学生思想政治教育的意见》，首次把改革创新作为时代精神的核心。2006 年，中共十六届六中全会把以改革创新为核心的时代精神与以爱国主义为核心的民族精神一起，确立为社会主义核心价值体系的基本内容。以改革创新为核心的时代精神,是马克思主义与时俱进的理论品格、中华民族开拓进取的思想品格与改革开放和现代化建设实践相结合的伟大成果,已经深深融入我国经济、政治、文化和社会建设的各个方面,成为振兴中华的力量源泉。

虽然党中央明确指出时代精神的核心是改革创新,并把其作为时代的主旋律来进行弘扬和培育。但对于其基本内容不像中华民族精神那样有了确定的基本内容,至今还没有最终形成定论。从中央实施马克思主义理论与建设工程的基本成果来看,专家学者普遍认为,进入新时期,在当代中国人民改革开放的伟大实践中,我们不断培育、积累和形成了以改革开放为核心的与时俱进、开拓进取、求真务实、奋勇争先的时代精神。作为时代精神核心的改革创新不仅是一种突破常规、大胆探索、勇于创造的思想观念,而且也是一种不甘落后、奋勇争先、追求进步的责任感、使命感,更是一种坚忍不拔、自强不息、锐意进取的精神状态。它贯穿于改革开放的全部实践,体现在时代精神的各个方面,代表着时代的最强音和社会发展的潮流。正是依靠这种精神,我们才能在日新月异的世界上,把我们从事的前无古人的事业推向前进;正是依靠这种精神,我们才能战胜各种艰难险阻,经受各种考验;正是依靠这种精神,我们才取得了改革开放和现代化建设的巨大成就,开辟了近代中国以来发展最好最快的历史新时期。

(三) 民族精神和时代精神相互交融、不可分离

以爱国主义为核心的民族精神和以改革创新为核心的时代精神,二者相互交融,相互作用,共同熔铸在民族的生命力、创造力和凝聚力之中,共同构成中华民族自立自强的精神品格,成为推动实现中华民族伟大复兴的中国梦的精神动力。在实现中国梦的历史征程中,民族精神和时代精神相辅相成、相得益彰、不可偏废,有机融合于中国精神之中。民族精神构成了中国精神的民族特质,离开民族精神,时代精神就寻找不到现实的民族承载体,就会丧失应有的民族特色,中国精神的培育和弘扬便无从谈起;时代精神构成了中国精神的时代特征,离开时代精神,民族精神就难以及时地从火热的时代实践中吸取鲜活的发展力量,就会失去时代价值,中国精神的培育和弘扬同样也无从谈起。①

---

① 吴潜涛、李忠军:《用中国精神凝心聚力》,《人民日报》2013 年 8 月 27 日。

二　中国精神是强国之魂

一个民族没有自强的民族精神，不可能自立于世界民族之林；一个国家没有独立的国家精神，不可能在世界上有所作为。中国，作为当今世界上人口最多、发展最快的发展中国家，逐渐形成了具有中国风格、中国气派、中国形式的国家精神——中国精神。中国精神，这就是以爱国主义为核心的民族精神，以改革创新为核心的时代精神。二者相互联系、相互作用，共同构成了中国精神的核心内容。中国精神是凝心聚力的兴国之魂、强国之魂。在全面建成小康社会、加快推进社会主义现代化建设、实现中华民族伟大复兴的关键时期，要充分认识弘扬和培育中国精神的战略意义。

（一）中国精神是综合国力的重要标志，是国家软实力的核心内容

随着世界多极化、经济全球化的深入发展和科学技术的日新月异，文化与经济、政治相互交融的程度不断加深，与科学技术的结合更加紧密，经济的文化含量日益提高，政治的文化意蕴更加明显，文化的经济功能越来越突出。当今时代，文化越来越成为民族凝聚力和创造力的重要源泉、越来越成为综合国力竞争尤其是国家核心竞争力的重要因素，丰富精神文化生活越来越成为我国人民的热切愿望。谁占据了文化发展的制高点，谁就能更好地在激烈的国际竞争中掌握主动权，赢得话语权。中国共产党科学把握时代发展趋势和文化发展方位，把提高综合国力尤其是国家文化软实力作为重要的发展战略，摆在更加突出的位置。中国精神是综合国力的重要标志，是文化软实力的和谐内容，弘扬和培育中国精神的过程，也是提高国家软实力的过程。

弘扬中国精神有利于增强中华民族的凝聚力。国家文化软实力在很大程度上表现为社会认同和民族凝聚力。任何社会的生存和发展，都需要有一种普遍的社会认同和凝聚能力，以维护社会的协调与稳定。这种认同与凝聚能力主要来源于这个国家的民族精神和时代精神。以爱国主义为核心的民族精神和以改革创新为核心的时代精神，通过立体式、全方位的宣传教育，把相关的知识体系、价值观念、思想信仰和行为规范传递给广大人民群众，使之产生强烈的认同并融化进自身的血液，进而外化为弘扬正能

量的高尚风貌，产生凝聚和激励社会成员的巨大力量。弘扬中国精神，要在全社会形成良好的舆论环境，克服不良的思想倾向，使每一个有思想能力的中国人超越民族、血缘、语言、地域等方面的差异，超越阶层、职业、行业、利益等方面的差异，增强对中华民族大家庭的向心力和归属感，不断巩固民族团结和睦的精神纽带。只要是炎黄子孙，无论身在何处，都应该可以切身感受到中国精神的凝聚作用。在实现这个过程中，中华民族凝聚力得到充分的增强，国家文化软实力得到充分的彰显。

中国精神有利于提高中华民族的创新力。创新是一个民族进步的灵魂，是一个国家兴旺发达的不竭动力。一个没有创新力的国家，难以拥有强大的文化软实力，也不可能占据综合国力竞争的制高点。在大力建设创新型国家的今天，必须大力弘扬中国精神。一方面，中华民族历来重视教育、辩证思维、集体主义精神，这为我国未来的创新提供了有利的条件，奠定了深厚的文化基础；另一方面，以改革创新为核心的时代精神要求我们要以问题意识为导向，客观审视我国的创新能力与我国经济社会发展的要求有许多不适应的地方，同世界先进国家的创新水平相比仍有较大的差距等现实情况，进而立足国情，深化科技体制改革，增强自主创新能力。这就要求我们必须在思想上引起重视，行动上主动探索，实践中积极创新，以理念创新带动思路创新，以机制创新推进工作规范，以方法创新提高工作水平，从而使中国精神的弘扬与培育始终体现时代性，把握规律性，富于创造性，始终体现创新观念、创新思路、创新方法、创新机制、创新载体、创新文化等组成的创新共同体，让一切创造的源流充分涌流，让一切创新的热情充分焕发，使中华民族始终走在时代前列，在激烈的国际竞争中立于不败之地。

中国精神有利于扩大中华文化的影响力。文化影响力的强弱，是衡量一个国家文化软实力的重要标志。中华文化博大精神，源远流长，富有独特魅力，是世界文化百花园中的奇葩。中国精神的文化基因在中华文化，没有中华文化作为基础，中国精神也就如同无源之水、无本之木。在全球化深入发展的今天，中华文化在世界范围内得到了广泛的传播，但中华文化的国际影响力与我们这样一个发展中的大国地位和世界渴望了解中华文化的愿望还不相适应。与此同时，西方思想文化对我国的渗透和影响在不断加剧。面对世情、国情的显著变化，我们应该以扬弃的态度充分挖掘和弘扬中华传统文化中的有益价值，不断从传统优秀文化中汲取营养，从火热的社会实践中获取新鲜养分，丰富中国精神的内容，使中华优秀文化更加鲜明地体现中国特色、中国风格、中国气派，以更加昂扬的姿态走向世界，扩大我国的国际影响力，也更好地抵御和防范西方资产阶级腐朽思想文化渗透和封建糟粕思想文化的影响，维护我国文化安全。

（二）中国精神是实现科学发展、社会和谐的推动力量

科学发展、社会和谐，是发展中国特色社会主义的基本要求，是实现经济社会发展的内在需要，是贯穿改革开放和社会主义现代化建设的一条主线。实现科学发展、社会和谐离不开中国精神的引领与支撑。弘扬和培育中国精神，有助于人们增强对科学发展、社会和谐的认同，进而同心同德地推动经济社会持续健康发展；有助于激发人们内在的潜力，为科学发展、社会和谐充分发挥出主动性、积极性和创造性，做出更大的贡献。具体来看：

其一，实现科学发展离不开中国精神。当前，我国正处于从传统社会向现代社会转变的社会转型期。要顺利实现这种艰巨的转型，需要中国精神的支撑。当下的中国已进入发展的关键时期、改革的攻坚时期和社会矛盾的凸显时期。我国发展既具有巨大潜力和发展空间，也承受着来自人口资源环境等方面的巨大压力；我国发展既面临前所未有的机遇，也面临严重挑战。在经济领域：我们实力显著增强，但生产力总体水平不高，自主创新能力不强，经济发展方式尚未根本性转变；市场经济体制不断完善，但影响发展的体制机制性障碍依然存在；人民生活水平不断提高，但收入分配差距较大，城乡发展存在不平衡等。在政治领域：社会主义民主法治不断进步，依法治国有序推进，但与经济社会发展不相适应和人们的期望还有较大差距。在文化领域：社会主义文化更加繁荣，但与人们日趋旺盛的精神文化需求不相协调，人们思想活动的独立性、选择性、多边性、差异性显著增强，为社会主义文化的发展提出了更高的要求。在社会领域：社会活力显著增强，但社会结构、社会组织形式、社会利益格局深刻变化的境况下，社会建设和管理还有许多新课题。上述种种问题，都不是科学发展的结果。审视、解决这些问题，必须要有国家视野和精神高度。中国精神中包含的改革创新、实事求是、解放思想、开拓进取、与时俱进等精神对有效解决政治、经济、文化、社会及其彼此之间不协调等方面的问题有着十分重要的作用。因此，必须以中国精神来倡导一切有利于国家富强、民族振兴、人民幸福、社会和谐的思想和精神，倡导一切有利于民族团结、祖国统一、人心凝聚的思想和精神，为科学发展提供坚实的思想保证和强大的动力支撑。

其二，社会和谐离不开中国精神。精神不是万能的，但没有精神是万万不行的。作为凝心聚力的中国精神，为社会和谐提供了高超的智慧。虽然说我国目前社会总体上是和谐的，但也存在不少影响社会和谐的矛盾和问题，主要表现为：政治、经济、文化和社会的发展还不够协调；城乡、区域、经济社会发展很不平衡，人口资源环境压力加大；教育、住房、就业、医疗、社会保障、收入分配、安全生产、社会治安等关系群众切身利益方面的问题比较突出；民主法治还不健全，体制机制尚不完善，一些领域违法乱纪现象还比较突出；一些社会成员诚信缺失、道德失范，一些领导干部素质不高、能力不强、作风不良、宗旨意识和服务意识淡薄；一些个体采取极端手段报复社会，伤及无辜；敌对势力的渗透破坏活动时刻不断，危及国家安全和社会稳定。这些问题如果处理不好，就会严重影响社会的和谐稳定和社会主义现代化建设的全局。而化解这些矛盾和问题，需要用中国精神来树立和谐理念，培育和谐文化，发扬和谐精神，把各方面的智慧和力量凝聚到促进社会和谐上来。

（三）中国精神是坚定理想信念的关键因素

理想信念是人们对未来的向往和追求，是一个人世界观和政治立场在奋斗目标上的集中体现。理想信念是思想和行动的"总开关"、"总闸门"。坚定正确的理想信念，是中国共产党人奋勇前进的指路灯塔，是战胜各种艰难险阻的精神支柱，是为党和人民事业不懈奋斗的动力源泉，也是我们党的强大政治优势。正如习近平同志指出："坚定理想信念，坚守共产党人精神追求，始终是共产党人安身立命的根本。对马克思主义的信仰，对社会主义和共产主义的信念，是共产党人的政治灵魂，是共产党人经受住任何考验的精神支柱。"中国精神是当下中国最高的理想信念，需要广大党员干部、青年学生内心认同、行为实践。

党员干部理应具有崇高的理想追求，做好人民的勤务员、为人民服务的践行者，但一些党员干部精神上缺"钙"，没有理想信念。理想信念不坚定，精神上就会"缺钙"，就会得上"软骨病"，就可能导致政治上变质、经济上贪婪、道德上堕落、生活上腐化。坚定的信仰始终是党员、干部站稳政治立场、抵御各种诱惑的决定性因素。在党内，有的把当干部作为一种谋取私利的手段、直至走向腐败变质，有的在大是大非问题面前退避三舍、立场摇摆，有的对共产主义心存怀疑，认为那是虚无缥缈、难以企及的幻想；有的"不问苍生问鬼神"，从封建迷信中寻找精神寄托，热衷于算命看相、烧香拜佛；有的心为物役，信奉金钱至上、名利至上、享乐至上，把配偶子女移民国外、钱存到国外，给自己"留后路"，随时准备"跳船"；有的是非观念淡薄、正义感退化，在大是大非和政治原则问题上，"爱惜羽毛"，态度暧昧、退避三舍、不敢亮剑，甚至模糊立场、耍滑头；有的甚至向往西方社会制度和价值观念，对社会主义前途命运丧失信心，等等。现在，形式主义、官僚主义、享乐主义和奢靡之风为什么盛行？为什么有人沦为腐败分子，走向犯罪深渊？说到底，就是理想信念不坚定，也是对中国精神的漠视。① 解决这些现象问题，需要用中国精神来凝神聚力，夯实党员干部的理想信念的坚定性。一方面，通过教育、制度等来使广大党员干部坚定中国特色社会主义理想信念，从思想上认定只有中国特色社会主义才是实现中华民族伟大复兴的正确选择，增强走中国特色社会主义道路的自觉性和坚定性，坚定不移地贯彻党的基本理论、基本路线、基本纲领、基本经验，做共产主义远大理想和中国特色社会主义共同理想的坚定信仰者，努力为实现党和国家宏伟奋斗目标贡献力量。另一方面，要用中国精神教育广大党员干部要树立正确的世界观、人生观、价值观和权力观、地位观、利益观。世界观、人生观、价值观以及由其派生的权力观、地位观、利益观，是人的精神世界的核心内容，是人的思想境界、价值判断和行为选择的总坐标。对于党员干部来说，要自觉把个人追求与党和人民的事业有机统一起来，时刻牢记自己手中的权力是党和人民赋予的，时刻警惕权力、金钱、美色的诱惑，正确看待利益关系和个人得失，努力在服务人民、奉献社会中实现自己的人生价值；要模范遵守社会公德、职业道德和家庭美德，敬业奉献，做一名好党员、好干部，明礼守法，做一名好公民，关爱和睦，做一名好儿（女）、好父（母）和好丈夫（妻子）。

青年学生是祖国的未来，民族的希望。其理想信念情况如何，直接关系中国特色社会主义的前途命运。伴随着经济全球化进程的日益深入，潮

---

① 张传开：《信仰：共产党人安身立命的根本》，载《求是》2013 年第 19 期。

水般涌入的各种文化思潮和价值观念冲击着大学生的思想，某些腐朽落后的生活方式也侵蚀着大学生的心灵。某些大学生在政治理想上，政治淡化倾向明显，主张以自我发展的观点来看待政治问题，主张独立与开放，对思想政治理论课教育普遍持冷漠态度，不同程度地存在对马克思主义信仰、对社会主义的信心和对共产党的信任危机。在生活理想上，渴望将来有稳定的工作，有安定的家庭，身体健康；讲究吃穿，追求物质享受，追求成功的事业与高质量的生活。在务实的前提上把理想变得更加现实，更关注芝麻大的琐事，却不去想西瓜大的理想。"赚大钱"、"有跑车"、"住在一所宽大的房子里，在午后的阳光中坐在阳台上喝着下午茶"，从而导致淡化艰苦奋斗的精神。在道德理想上，认同注重奉献的道德理想，但有理想却也功利化，注重实惠、实用和物质享受，受拜金主义的影响，一些青年以赚钱得利为目的，为人民币服务，提倡合理的利己主义，诚信意识淡薄。在职业理想上，"一手是面包，一手是憧憬"，选择职业偏重经济价值和权利价值，认为社会只是作为个人发展的现实条件存在着，因而社会责任感缺乏、团结协作观念较差。总之，普遍存在一种"过客心理"，他们不愿主动选择，因选择太耗费精力；不愿积极承诺，因承诺太冒风险，对待生活持等待观望的态度。对于大学生理想信念方面出现的这些问题，我们既不能忽视，也不能回避。为此，我们应该用中国精神的丰富内容来突出加强青年学生的理想信念教育，在青年思想政治教育中坚持以理想信念教育为核心，大力倡导艰苦奋斗的精神，按照思想政治教育的先进性要求努力引导青年大学生。

总之，中国精神能够激发广大党员干部、青年学生的责任感和使命感，以主人翁的态度积极投身于中国特色社会主义的伟大实践，在追求国家的繁荣昌盛、人民的幸福安康的过程中践行理想信念。

三　中国精神的凝聚之道

中国精神是中国的魂，它鲜明地回答了在新的历史条件下，中华民族以什么样的精神状态屹立于世界民族之林的重大问题，这为全面建成小康社会，实现中华民族伟大复兴提供了强大的精神动力和思想保证。扎实做好弘扬中国精神这一铸魂工程，需要我们积极进取，通盘谋划，多措并举，协同推进。

（一）弘扬中国精神，需要把弘扬民族精神与时代精神结合起来

民族精神和时代精神共同构成了中国精神。它包括了"天下兴亡、匹夫有责"，"富贵伴音、贫贱不能移、威武不能屈"，"先天下之忧而忧、后天下之乐而乐"等民族优良传统；涵盖了中国共产党领导人民在长期的革命斗争实践中形成的井冈山精神、长征精神、延安精神、抗战精神、西柏坡精神等优良传统；内蕴了在社会主义建设时期形成的大庆精神、雷锋精神、"两弹一星"精神等优良传统；包含了在改革开放新时期形成的创业精神、抗洪抢险精神、抗击"非典"精神、青藏铁路精神、载人航天精神、抗震救灾精神和北京奥运精神等现实精神风貌。我们要充分发挥民族精神和时代精神在中华民族发展历程中所起到的强大精神动力作用，更要薪火相传、继往开来，一代接着一代干。

伟大的事业需要伟大的精神，伟大的精神推动伟大的事业。今天，全国各族人民要在党的正确领导下，大力弘扬民族精神和时代精神，开拓创新，锐意进取，使人们始终保持昂扬向上的精神状态，使全民族的创造精神和创造活力充分迸发，以坚强的意志克服前进道路上的艰难险阻，谱写改革开放波澜壮阔的历史画卷，实现中华民族的伟大复兴。

（二）弘扬中国精神，需要大力发扬模范精神

模范是时代的脊梁。新中国成立以来，在各行各业都涌现出了许许多多先进模范。他们为国家的进步、社会的发展做出了杰出的贡献。他们身上体现出坚定的爱国精神、精细的敬业精神、进取的奋斗精神、忘我的奉献精神。这些成为中国精神的重要元素。在新的时代条件下，要大力发扬模范精神，为实现中国梦而不断奋斗。这里的模范主要包括劳动模范即劳模和道德模范。要以模范精神充实中国精神。

1. 大力弘扬劳模精神

作为工人阶级的优秀代表，劳模是民族的精英、国家的栋梁，是社会的精英、时代的楷模。在共和国的光辉历史上，各条战线涌现出成千上万的先进模范人物。他们在不同的发展阶段，始终走在改革开放和社会主义现代化建设的最前线，以忘我的献身精神，激励着一代又一代劳动者为祖国的繁荣富强而拼搏。他们是推进我国先进生产力发展和先进文化发展的代表，是当之无愧的时代领跑者。

在我们党团结带领人民进行革命、建设、改革各个历史时期,劳动模范始终是我国工人阶级中一个闪光的群体,享有崇高声誉,备受人民尊敬。在革命战争年代,"边区工人一面旗帜"赵占魁、"兵工事业开拓者"吴运铎、"新劳动运动旗手"甄荣典等劳动模范,以"新的劳动态度对待新的劳动",积极参加义务劳动,全力支援前线斗争,带动群众投身中国共产党领导的人民解放事业。新中国成立后,"高炉卫士"孟泰、"铁人"王进喜、"两弹元勋"邓稼先、"知识分子的杰出代表"蒋筑英、"宁肯一人脏、换来万人净"的时传祥等一大批先进模范,响应党的号召,带动广大群众自力更生、奋发图强。王进喜以"宁肯少活20年,拼命也要拿下大油田"的气概,带领石油工人为我国石油工业发展顽强拼搏,"铁人精神"、"大庆精神"成为激励各族人民意气风发投身社会主义建设的强大精神力量。在改革开放历史新时期,"蓝领专家"孔祥瑞、"金牌工人"窦铁成、"新时期铁人"王启明、"新时代雷锋"徐虎、"知识工人"邓建军、"马班邮路"王顺友、"白衣圣人"吴登云、"中国航空发动机之父"吴大观等一大批劳动模范和先进工作者,干一行、爱一行,专一行、精一行,带动群众锐意进取、积极投身改革开放和社会主义现代化建设,为国家和人民建立了杰出功勋。

长期以来,广大劳模以高度的主人翁责任感、卓越的劳动创造、忘我的拼搏奉献,谱写出一曲曲可歌可泣的动人赞歌,为全国各族人民树立了光辉的学习榜样。每一个时期的劳模虽具有不同的内容和特点,但其身上都体现了共同的精神风貌,这就是劳模精神。随着时代发展,劳模精神也在不断被赋予新的内涵。在今天,将民族精神和时代精神融为一体的劳模精神,集中体现在"爱岗敬业、争创一流,艰苦奋斗、勇于创新,淡泊名利、甘于奉献",其核心就是真抓实干、埋头苦干。这是极为宝贵的精神财富。无论经济社会发展呈现什么样的变化,劳模始终是我们民族的脊梁,劳模精神始终是民族精神和时代精神的重要体现。

发扬劳模精神,必须真抓实干。真抓才能攻坚克难,实干才能梦想成真。我们要在全社会大力弘扬真抓实干、埋头苦干的良好风尚。党员干部,特别是领导干部,尤其应该在真抓实干上当先锋、做表率,要出实策、鼓实劲、办实事,不图虚名,不务虚功。然而令人遗憾的是,少数干部为官一任,不是脚踏实地、老实肯干,而是作风飘浮、工作不实,不会出实策,不想鼓实劲,不能办实事,满足于吹吹打打,搞形式主义、官僚主义、享乐主义和奢靡之风，不但败坏了党风政风，还令老百姓深恶痛绝，反映强烈，影响极坏。领导干部带头发扬劳模精神，就是要能够静下心来、沉下身子、弯下腰来，真抓实干，踏实肯干，立足本职、干好本职，在真抓实干中服务人民、造福人民、取信于民。

发扬劳模精神，必须坚持崇尚劳动、造福劳动者。劳动是财富的源泉，也是幸福的源泉。人世间的美好梦想，只有通过诚实劳动才能实现；发展中的各种难题，只有通过诚实劳动才能破解；生命里的一切辉煌，只有通过诚实劳动才能铸就。劳动创造了中华民族，造就了中华民族的辉煌历史，也必将创造出中华民族的光明未来。"一勤天下无难事。"必须牢固树立劳动最光荣、劳动最崇高、劳动最伟大、劳动最美丽的观念，让全体人民进一步焕发劳动热情、释放创造潜能，通过劳动创造更加美好的生活。

2. 大力弘扬道德模范精神

自 2007 年以来，中央文明办、全国总工会、共青团中央、全国妇联共同主办的全国道德模范评选已有四届，共评出了 200 多名道德模范人物，他们是"助人为乐"、"见义勇为"、"诚实守信"、"敬业奉献"、"孝老爱亲"的典型代表，是老百姓身边看得见摸得着的人物。他们中的每一个人的背后都有一个不同寻常的故事，它们或许催人泪下，或许轰轰烈烈，或许平平淡淡，或许……但每一个故事都折射了时代的光芒，更书写着时代的感动。平凡的名字，平凡的面容背后，是不平凡的坚持，不平凡的勇毅让人动容。他们是我们道德之路上的前行者，更是我们身边的平凡人，是我们的邻居、同事、同学。但是，他们以一己之力，为这个社会带来融化在手心里的温暖，流淌在身边的感动！他们像前进路上的明灯，引领这个社会在道德之路上前行。

当前，我们国家正处在大变革大发展的时代，人们思想活动的独立性、选择性、多变性、差异性不断增强，价值取向呈现多样化的趋势，道德观念呈现复杂多变的特征。人民群众深情呼唤着、期待着良好的道德风尚。这是我国公民道德建设的新机遇，也是我国公民道德建设面对的新挑战。时代在变化，社会主义道德的要求在不断更新，社会主义道德楷模的观念、形象和特点也会随之发生变化。但是，无论时代如何变迁，永远不变的是社会主义道德楷模精神。这种精神，体现了中华民族传统美德、革命道德和时代要求的统一，体现了中国特色社会主义伟大事业的客观要求和广大人民群众的根本利益，是中华民族成就伟业、繁荣富强、自立于世界民族之林的强大动力，它将生生不息，与时代同辉，永远是时代主旋律的最强音。

榜样的力量是无穷的，时代前进需要健康向上的道德风尚来引领，社会发展需要道德楷模的力量来推动。时代呼唤道德模范，道德模范展现时代风采。道德模范代表的先进事迹和高尚情操，适应了我国经济社会发展的现实需要，反映了新形势下道德建设的客观要求，体现了中国特色社会主义社会道德建设的主流，具有很强的亲和力、高度的认同性和重大的影响力。

今天，我们实现中华民族伟大复兴的中国梦，就要在全社会大力学习道德模范，弘扬社会正气，学习他们助人为乐的无私品格，体现崇高的人生境界；学习他们见义勇为的牺牲精神，用自己的行为忠实履行公民应尽的社会义务；学习他们诚实守信的高尚情操，在建立和完善社会主义市场经济体制中彰显出每一个人的人格魅力；学习他们敬业奉献的人生追求，在平凡的工作岗位上创造出非凡的业绩；学习他们孝老爱亲的优良品德，为建设和谐家庭树立榜样。与此同时，我们应该以道德模范为标杆，从身边小事做起，从现在做起，汲取道德的力量，学会自尊，懂得自爱，不断加强自身修养，提高个人素质，由对父母、子女的"小爱"扩展到对邻里和社会上需要帮助者的"大爱"，积小流成大河，凝聚起道德建设的精神旗帜。

（三）弘扬中国精神，需要大力培育社会主义核心价值观

中国精神，从本质上来说是一种价值观。在今天，弘扬中国精神，就要大力培育社会主义核心价值观。党的十八大报告从建设社会主义文化强国的战略高度强调："要倡导富强、民主、文明、和谐，倡导自由、平等、公正、法治，倡导爱国、敬业、诚信、友善，积极培育社会主义核心价值观。"这些论述，明确了国家发展目标，彰显了社会核心理念，确立了公民基本遵循，表达了中国共产党人对社会主义核心价值体系的理论探索新成果，展现了中国共产党和中华民族高度的价值自信与价值自觉，为提炼概括社会主义核心价值观提供了基本范畴，符合党和国家一贯倡导的思想、理念、精神，体现了社会主义核心价值体系的本质要求，涵盖了最广大人民群众的普遍愿望。也进一步明确了提炼概括社会主义核心价值观

的基本原则，对于更好地凝聚全党全国各族人民的思想、在日趋激烈的国际思想舆论竞争中掌握主动权和话语权，具有十分重要的意义。

现阶段，我国正处在大发展大变革大调整时期，社会思想更加多样、社会价值更加多元、社会思潮更加多变，迫切需要积极培育社会主义核心价值观。2006年召开党的十六届六中全会第一次提出建设社会主义核心价值体系的战略任务，在全社会树立起了团结奋进的精神旗帜，有力地统一了全党思想、凝聚了社会共识。近年来，各方面普遍反映，应当在社会主义核心价值体系基础上作进一步提炼概括，鲜明提出简明扼要、便于传播践行的社会主义核心价值观。一些地方和行业为此进行了有益探索和实践，形成了各具特色的城市精神、行业精神，有力推动了社会主义核心价值体系建设。伴随形势的不断变化、实践的不断深入、理论的不断创新，培育社会主义核心价值观的任务日益突出。

培育社会主义核心价值观是一项复杂的社会系统工程，必须与各方面工作有机融合、协调发展。要坚持先进性要求与广泛性要求相统一，把培育社会主义核心价值观的要求融入国民教育、精神文明建设和党的建设全过程，贯穿改革开放和社会主义现代化建设全过程，体现到精神文化产品创作生产传播各方面。要把培育社会主义核心价值观的要求体现到制度设计、政策法规制定和社会管理之中，从政策环境、体制环境、社会环境等多方面给予有力支撑，形成培育社会主义核心价值观的强大合力。

当前和今后一个时期，培育和践行社会主义核心价值观，要与实现中国梦紧紧联系起来，从团结、动员干部群众为实现中国梦而奋斗的高度来谋划、来推动。一方面要在"做什么"上下功夫。实现中国梦，需要团结动员不同阶层、不同利益群体的人们做好大量艰苦细致的工作。社会主义核心价值观应上升为国家层面的要求，成为制定法律法规、制度设计、决策部署及实施公共管理的价值准则，体现于经济社会各方面政策措施及其实践之中，这方面可做的还很多。另一方面，要在"怎么说"上下功夫。人是价值的主体，是先进价值观的承载者、体现者。要使社会主义核心价值观得到人们的思想认知、情感认同，除了做好常规的理论宣讲、思想教育，还应重视发挥文以载道、文以释道、文以传道的优势，多做"以文化人"的隐形、软性教育。聚焦社会主义核心价值观在社会发展进程及个体命运变迁等方面的典型事例，善于用艺术的形式把深刻的大道理和贴近百姓的小道理结合起来讲述好、传播好，使人们在得到审美享受的同时感受到真理的魅力，更加增强对社会主义核心价值观的认同。此外，要重视、抓好落实，在落实中不断完善。这不仅要加大宣传力度，使"三个倡导"社会主义核心价值观家喻户晓、人人皆知。使广大群众深入了解和掌握社会主义核心价值观的核心、精髓与特征。而且要搭建载体，组织动员广大群众采取多种形式实践社会主义核心价值体系，形成人人参与的局面，使群众在参与中身心得到净化和提高。要大力开展道德领域中突出问题的整治，推进公民道德建设工程。要学习道德模范，举办道德讲堂，深化精神文明创建活动。要大力开展志愿服务。志愿服务在奥运中得到推动，它是社区的黏合剂，是个人实现价值的方法，是感恩感激社会的方法。

（四）弘扬中国精神，要充分发挥党员特别是领导干部的带头作用

中国共产党是中国工人阶级的先锋队，是中国人民和中华民族的先锋队，因而也是当代中国精神最热忱的倡导者和最忠实的践行者。毛泽东在谈到夺取中国革命胜利时强调："首先要使先锋队觉悟。"今天，我们要凝聚和带领亿万人民实现中国梦，同样要首先使"先锋队觉悟"。共产党员和领导干部必须做践行和弘扬中国精神的模范，坚定中国特色社会主义的理想信念，以报效国家、服务人民为最高价值追求，始终保持艰苦奋斗的政治本色、奋发有为的精神状态、开拓创新的革命精神、求真务实的优良作风，以自身的模范行动影响和带动全民族。

近年来，一些党员干部素质不高，能力较低，不善于做为人民服务之事。社会上所谓的"替谁说话"话题和一些地方不和谐事件闹得中国社会沸沸扬扬，这是很不正常的。中国共产党最怕什么？最怕脱离人民大众。中国共产党人来自于中国人民，全心全意服务于中国人民，脱离了人民大众，就没了根基，没了依靠。历史上中国共产党不是没走过弯路，不是没有过挫折，不是没有过错误，党内也不是没有过分裂危险，不是没有过腐败贪污，不是没有过巨大困惑和困难，但是我们都胜利地过来了，最大的秘诀就是坚决依靠人民、团结人民，为了人民，"权为民所用，情为民所系，利为民所谋"，问计于民、问政于民。中国人民最怕什么？最怕中国共产党变质，变成只为权贵说话服务的党。党和政府与人民大众同呼吸共命运的传统政治关系，是我们中国最大的政治国情，这是一个涉及党和国家以及中华民族生死存亡的大问题，是我们在现实中坚守中国精神的底线，是一个不可动摇的底线。

面对新形势新任务，弘扬中国精神对全党特别是党的各级领导干部提出了新的学习要求。党员干部必须以高度的政治自觉带头抓好学习，推动中国精神的广泛弘扬。

一是党员干部要带头读书学习。读书学习是党员干部胜任工作的必然要求。当今时代，伴随着广泛而深刻的社会变革和突飞猛进的科技进步，知识更新的周期大大缩短，各种新知识、新情况、新事物层出不穷。只有经常不断地抓紧学习、坚持不懈地终身学习，真正把读书学习当成一种生活态度、一种工作责任、一种精神追求，才能够使自己不落伍、不倒退。党员干部在党内和社会上处于重要位置，具有强大的行为导向和风气引领作用。他们对中国精神的学习状况对其他群体有着重要的影响。因此，党员干部带头读书、勤于读书，必然会激发广大群众读书学习的积极性和主动性。尤其是领导干部要坚持带头读书学习，通过"带学帮学促学"发挥好对广大党员学习的示范引领作用。要带头学习掌握和运用马克思列宁主义、毛泽东思想和中国特色社会主义理论体系，真正用科学理论武装头脑、指导实践、推动工作；带头学习掌握和运用做好工作必需的各种知识，包括经济、法律、科技、文化、管理、国际和信息网络等方面的知识，加强现代知识的扩充和更新，不断调整知识结构、完善知识体系；带头学习掌握和运用历史知识和历史经验，深入学习党的理论、党的历史、党的知识，深入学习中国近现代史，深入学习世界近现代史和马克思主义发展史，不断深化对共产党执政规律、社会主义建设规律、人类社会发展规律的认识。通过不断学习，增强知识素养，提高理解中国精神的能力，为践行中国精神打下良好的前提基础。

二是党员干部要带头实践。学习的目的全在于运用，学习的成效要靠实践来检验。只有联系实际，才能深化对理论的认识和理解，才能用理论指导实践，解决工作中的实际问题。所以党员干部必须带头向实践学习，把向实践学习与向书本学习、向群众学习有机统一起来。必须大力弘扬理论联系实际的马克思主义学风，坚持学以致用、用以促学、学用相长，以学习创新工作思路、破解发展难题、推动科学发展，更好地履行工作职责、把握工作规律、提高工作水平、增加工作实效，在破解发展难题、推动本地区本部门科学发展上取得新成效，在解决人民群众最直接最现实最迫切的利益问题上取得新成效，在解决影响社会和谐稳定的突出问题上取得新成效。当前,党员干部要深刻把握科学发展这一主题,着力做好贯彻落实群众路线教育活动。通过深入学习来认识科学发展的规律,遵循经济、社会、自然协调发展的客观规律,不断解决经济社会发展实际进程中那些与科学发展的迫切要求还不相适应的矛盾,解决各级党组织和党员推动科学发展的能力与科学发展目标还不完全适应的矛盾,解决当前社会民生状况与人民群众对提高生活水平和质量的新期待之间还不完全适应的矛盾,努力增强推动科学发展的创造力、战斗力。通过做好群众路线教育活动,深刻认识我们党的最大政治优势是密切联系群众、党执政后的最大危险是脱离群众,带着深厚感情做群众工作,千方百计把群众工作做深、做细、做实。通过这些实践,使中国精神落地生根,成为党员干部的精神信仰。

三是党员干部要带头改造主观世界。党员干部带头弘扬中国精神在于使广大党员干部特别是领导干部,通过实践进一步在改造客观世界的同时改造主观世界,不断提高自我完善、自我超越的能力,始终保持党的先进性和纯洁性。因此,各级党员干部要增强改造主观世界的意识,增强提高改造主观世界的能力,在推进事业发展的同时加强党性修养,提高思想道德素养。强化宗旨意识,坚持立党为公、执政为民,贯彻落实以人为本执政理念,始终保持同人民群众的血肉联系;牢固树立正确的世界观人生观价值观,坚定理想信念、锤炼道德操守,始终保持共产党人的浩然正气;自觉接受廉洁从政教育,提高廉洁自律意识,筑牢拒腐防变思想道德防线,增强抵御风险的能力,使提高思想觉悟、陶冶道德情操、培养健康生活情趣成为一种自觉行动。

(五) 弘扬中国精神,要着力繁荣、发展社会主义先进文化

中国精神和社会主义先进文化密切联系。弘扬中国精神,必须要发展社会主义先进文化。社会主义先进文化是指以马克思主义为指导,以培养有理想、有道德、有文化、有纪律的四有公民为目标的,面向现代化、面向世界、面向未来的,民族的、科学的、大众的社会健康积极向上的文化。

社会主义先进文化是马克思主义政党思想精神上的旗帜。新世纪以来,我国社会主义文化建设面临的国际国内形势发生了新变化。面对当今文化越来越成为综合国力竞争重要因素的新形势,我们必须以高度的文化自觉和文化自信,着眼于提高民族素质和塑造高尚人格,以更大力度推进

文化改革发展，在中国特色社会主义伟大实践中进行文化创造，让人民共享文化发展成果。要坚持发展面向现代化、面向世界、面向未来的，民族的科学的大众的社会主义文化，推动社会主义先进文化更加深入人心，推动社会主义精神文明和物质文明全面发展，不断开创全民族文化创造活力持续迸发、社会文化生活更加丰富多彩、人民基本文化权益得到更好保障、人民思想道德素质和科学文化素质全面提高的新局面，建设中华民族共有精神家园。

当今时代，文化越来越成为民族凝聚力和创造力的重要源泉、越来越成为综合国力竞争的重要因素。弘扬中国精神，发展社会主义先进文化，必须把社会主义核心价值体系建设融入国民教育、精神文明建设和党的建设全过程，贯穿改革开放和社会主义现代化建设各领域，体现到精神产品创作生产传播各方面。要坚持用马克思主义中国化最新成果武装全党、教育人民，引导广大干部群众深刻领会党的理论创新成果，坚定理想信念。要在全体人民中大力弘扬以爱国主义为核心的民族精神和以改革创新为核心的时代精神，增强民族自尊心、自信心、自豪感，激励全党全国各族人民为实现中华民族伟大复兴而团结奋斗。要坚持用社会主义荣辱观引领社会风尚，深入推进社会公德、职业道德、家庭美德、个人品德建设，加强对青少年的德育培养，在全社会形成积极向上的精神追求和健康文明的生活方式。要坚持社会主义先进文化的前进方向，继承和发扬我们民族优秀的精神文化传统，借鉴和吸收人类一切有益的精神文化成果，建设具有鲜明中国特色、体现时代发展要求的先进文化，在满足人民日益增长的文化需求同时，提升人民的精神境界，强化人民的精神力量。深入开展爱国主义、集体主义、社会主义教育，深入开展改革开放、开拓创新教育，并综合运用思想教育、舆论引导、文化熏陶、典型示范、实践养成、制度保障等方法途径，积极倡导和培育社会主义核心价值观，使中国精神不断深入人心、发扬光大。

（六）弘扬中国精神，要认清问题与挑战，旗帜鲜明地反对各种错误思潮

弘扬中国精神，需要我们认清面临的诸多现实问题与挑战。中国在现代民族国家建构过程中，将长期面对境内外敌对分裂势力的各种图谋；内部发展程度的不平衡，也在一定程度上影响着人们对国家的认同；中国在现代性建构，尤其是引入市场经济过程中无疑也产生了个人主义以及功利主义；受全球化网络化和所谓超民族国家观的影响，很多人价值观混乱，国家意识淡薄；腐败现象的蔓延与蓬勃向上的中国精神格格不入；高速发展同样带来生态环境问题；而狭隘民族主义思潮的泛起，也不时给中国精神的合理建构添难。对这些问题与挑战，我们应以高超的智慧、扎实的工作来化解，为弘扬中国精神作出积极的努力。

弘扬中国精神，需要我们旗帜鲜明地反对各种错误思潮的影响。随着我国社会深刻变革和对外开放不断扩大，各种思想文化交流、交融、交锋日益频繁，一些西方国家凭借其经济、科技优势，加紧对发展中国家进行思想文化和意识形态渗透，一些错误思潮暗流涌动、此起彼伏，给弘扬中国精神带来种种挑战。例如，民主社会主义尽管打着"社会主义"的旗号，反对无产阶级政党掌握政权，主张实行听任资产阶级政党夺取政权的多党制；反对无产阶级专政，赞成以议会民主、三权分立为形式的资产阶级专政；反对公有制占主体地位，要求实行私有化；反对马克思主义为指导，主张指导思想多元化。民主社会主义鼓吹的"民主、自由、公平"等原则，不过是资产阶级的价值观念。民主社会主义不是社会主义的一种模式，不属于马克思主义的范畴，其实质是资本主义，只不过主张对资本主义做若干改良而已。

又如，极少数人是在打着"普世价值"旗号推销其政治主张，他们的主张就是要用西方政治制度模式取代中国共产党的领导和社会主义制度。如果真按他们的主张办，那中国必定要来一次大折腾，折腾出一个政党林立、纷争四起、国无宁日、动乱不已的乱世，折腾成一个四分五裂、虚弱不堪的西方附庸国。稍具常识的人就可以看到，西方推行所谓的"普世价值"，多半并非真正为了第三世界国家人民的生命和权利，而是将普世价值变成了一种工具，这一点尤其需要警惕。

再如，在有些人那里，"宪政民主"几乎成了政治体制改革的第一话题，称"宪政民主是中国的唯一出路"，这就值得警惕。他们说的"宪政"真的是指"宪法的实施"吗？他们真的认为"履行宪法就是宪政"吗？根本不是！有些人主张的"宪政民主"有着确切的政治内涵和指向，就是西方那一套制度模式。他们攻击我国"有宪法，无宪政"、"共产党一党执政不具合法性"、"党大于法"，等等，这哪里是要履行宪法、实施宪法，分明是要否定、反对我国的现行宪法，是要压我们进行他们所期望的"政治改革"，根本目的是要取消共产党的领导、改变我国的社会主义制度。同时，还要注意，有些人大肆宣扬历史虚无主义，以"重新评价"为名，歪曲党史国史，把党史国史描绘成一部罪恶史、权斗史、阴谋史，否定已有定论的历史事件和历史人物，贬损革命前辈，诋毁党的领袖，甚至不惜编造事实，竭尽攻击、丑化、污蔑之能事。搞历史虚无主义的目的，是要搞乱人们的历史认知，进而从根本上否定党的历史和新中国历史，否定宪法确立的中国特色社会主义道路、理论和制度的发展成果。此外，有些人质疑改革开放、质疑中国特色社会主义的社会主义性质，这是一股不容忽视的错误思潮。近年来改革话题一再引发热议，各种观点竞相发声。有些人把发展中的矛盾和问题归咎于改革开放，认为改革"改过了头"，"背离了社会主义方向"，质疑中国还是不是社会主义，或者干脆说成是"中国特色资本主义"、"国家资本主义"、"权贵资本主义"等；有的则鼓噪"改革停滞论"、"政治体制改革滞后论"，主张所谓"全面彻底的改革"。对改革进行工作层面、政策层面的反思是可以的，但如果得出改革已经走入歧途、背离了社会主义道路的结论，或者认为改革不照西方模式和标准改，就是"不真改"、"不到位"、"不彻底"，那实际上就是否定中国的改革开放，否定党的十一届三中全会以来的路线方针政策，进而否定中国特色社会主义。[①]

上述种种错误思潮，要害就在于要搞乱人们的思想，瓦解党和人民团结奋斗的共同思想基础，消解中国精神。本质上都是一样的，就是要改变我国改革开放的方向，颠覆中国共产党的领导，瓦解中国特色社会主义，使我国走向资本主义道路。

---

① 秋石：《巩固党和人民团结奋斗的共同思想基础》，载《求是》2013 年第 20 期。

第九章

中国梦的力量保障

习近平在第十二届全国人大一次会议上强调指出：实现中国梦，必须走中国道路、弘扬中国精神、凝聚中国力量。"实现中国梦必须凝聚中国力量。这就是中国各族人民大团结的力量。中国梦是民族的梦，也是每个中国人的梦。只要我们紧密团结，万众一心，为实现共同梦想而奋斗，实现梦想的力量就无比强大，我们每个人为实现自己梦想的努力就拥有广阔的空间。生活在我们伟大祖国和伟大时代的中国人民，共同享有人生出彩的机会，共同享有梦想成真的机会，共同享有同祖国和时代一起成长与进步的机会。有梦想，有机会，有奋斗，一切美好的东西都能够创造出来。全国各族人民一定要牢记使命，心往一处想，劲往一处使，用 13 亿人的智慧和力量汇集起不可战胜的磅礴力量。"

一　中国力量的科学解析

"人民这个概念在不同的国家和各个国家的不同历史时期，有着不同的内容。"① 在当代中国，一切赞成、支持和参加中国特色社会主义建设的阶级、阶层和社会力量，都属于人民的范畴，都是建设中国特色社会主义事业的依靠力量。包括知识分子在内的工人阶级和农民阶级，始终是推动我国先进生产力、先进文化发展和社会全面进步的根本力量。

---

① 《毛泽东文集》第 7 卷，人民出版社 1995 年版，第 205 页。

（一）坚持把人民的主体地位与党的领导核心地位相结合

凝聚中国力量，激发人民实现中国梦的力量，必须坚持人民的主体地位，尊重人民的首创精神。人民的主体地位是指人民群众是中国特色社会主义事业的主体性依靠力量。人民群众是历史发展的主体，是推动社会进步的决定力量，是建设中国特色社会主义事业的主体，也是我国改革和发展的动力，是稳定的力量源泉和深厚基础。人民是社会实践的主体，具有主体能动性。这种主体能动性使人们能够从实践活动中独立出来，能够对自己的活动进行理性思维，对自身、对社会有比较正确的认识，自觉有效地改造世界。人民也是社会关系的主体，通过自己的生产活动产生的社会关系是受个人控制和驾驭的，个人能在自我创造的丰富的社会关系中不断完善丰富发展自己。

坚持人民的主体地位是中国共产党的政治灵魂。我们党在长期的革命和建设实践中，确立了"一切为了群众，一切依靠群众，从群众中来，到群众中去"的群众路线，把人民群众视为我们党力量和智慧的源泉，把群众的利益视为最高利益，把依靠群众的方法视为最根本的工作方法，我们党才能拥有最广泛的阶级基础和群众基础，才能赢得群众的信任、拥护和支持。坚持人民主体地位体现了实现中华民族伟大复兴的中国梦的力量源泉。中国梦是中华民族的梦，也是每一个中国人的梦，体现着人们对美好生活的向往，需要凝聚全体人民的力量为之努力奋斗。人民是实现中国梦的实践主体，意味着人民在中国梦的实现中处于中心和主导的地位。这里的人民是一个具体的概念，是处于现实生活中的进行着生产实践活动的社会各阶层的人民群众。党的十八大提出的夺取中国特色社会主义新胜利的八条基本要求，第一条就是"必须坚持人民主体地位"，从根本上回答了依靠什么力量去夺取中国特色社会主义新胜利的问题，揭示了人民是实现宏伟目标的力量源泉。中国特色社会主义事业是亿万人民自己的事业，只有坚持人民的主体地位，发挥人民的主人翁精神，才能实现中华民族伟大复兴的中国梦。"要发挥人民主人翁精神，坚持依法治国这个党领导人民治理国家的基本方略，最广泛地动员和组织人民依法管理国家事务和社会事务、管理经济和文化事业、积极投身社会主义现代化建设。"[①]

---

① 《十八大报告辅导读本》，人民出版社 2012 年版。

　　凝聚中国力量离不开党的核心力量的发挥。中国力量本质上是一种合力，是全体中国人民团结力、向心力、凝聚力的一种体现和外化。形成这样一种力量，需要一个力量的聚合点，需要一个坚强的领导核心。而且人民利益的广泛性和实现人民利益的复杂性、艰巨性，必然要求一个代表最广大人民根本利益的坚强的政治核心，来广泛地动员、领导和组织人民掌握好国家权力，管理好国家、社会事务和各项事业。中国共产党是领导和团结全国各族人民取得民族独立、国家富强、人民幸福和建设中国特色社会主义事业的核心力量，是夺取中国特色社会主义建设事业伟大胜利的根本保证。

　　坚持中国共产党的领导地位，是党在领导中国人民进行革命、建设、改革的长期实践中形成的，是历史的必然选择。早在新民主主义革命时期，中国革命力量之所以能够由小变大、由弱变强、由分散到集中，最根本的原因在于有中国共产党这个领导核心。以毛泽东为核心的中国共产党带领全国各族人民，实现了民族独立，建立了新中国，确立了社会主义制度，为中华民族的伟大复兴奠定了坚实的基础。在社会主义建设和改革开放新时期，在党的领导下，中国人民确立了改革开放的基本国策和社会主义市场经济体制，为中华民族的伟大复兴开辟了正确的道路。可见，办好中国事，实现中国梦，关键在党。领导实现中华民族伟大复兴的中国梦是中国共产党人义不容辞的历史责任。恰如邓小平所讲："我们人民的团结，社会的安定，民主的发展，国家的统一，都要靠党的领导。"[①]中国共产党实现对国家政权、军队的领导，统筹兼顾，为中国人民创造了巨大的力量。只有在党的领导下，坚定不移地走中国特色社会主义道路，才能迎来国家富强、民族振兴、人民幸福的光明前景，中国梦也才能最终实现。这就要求党在实现中国梦的征途中要发挥团结亿万人民的核心力量，成为亿万人民凝心聚力的主心骨。做到这一点，必须加强党的建设，坚持党要管党、从严治党，始终保持党的先进性和纯洁性，不断提高拒腐防变和抗风险能力。唯有如此，党才能成为实现中国梦的坚强领导核心，才能带领中国人民形成实现中国梦的磅礴力量。

---

　　①《邓小平文选》第2卷，人民出版社1994年版，第342页。

（二）坚持把个体力量与整体力量相结合

中国力量是团结全国各族人民的力量，而人民是由无数个体构成的整体，没有一个个的个体，整体就成了抽象空洞的神秘之物，也就无所谓整体。离开一个个单个的个体的活动，就没有集体的活动，就没有人类的活动，也就没有人类社会发展的历史。可见，个体的发展和命运既是社会发展和历史命运的映现也汇成了社会发展的主流。马克思、恩格斯关于未来新社会的理想，其最高境界就是"每个人的自由发展是一切人的自由发展的条件"。马克思在《资本论》中进一步指出，未来新社会是"以每个人的全面而自由的发展为基本原则的社会形式"。这充分体现了个体与整体的对立与统一。整体居于主导地位，具有个体不具有的功能。当无数个体以合理的结构形成整体时，整体就具有全新的功能，整体的功能就会大于各个个体功能之和。当个体以欠佳的结构形成整体时，就会损害整体功能的发挥。因而，凝聚中国力量要坚持把个体力量与整体力量相结合，其基础是每个中国人个体的力量。个体力量的发挥及程度会影响整体的力量。整体中每个人的能力和作用的实现，直接决定着整个集体力量的发挥。在集体协作中，如同拔河比赛一样，每个个体的力量都会对集体活动的结果起着或大或小的作用。也如同木桶原理，一只木桶盛水的多少，并不取决于桶壁上最高的那块木块，而恰恰取决于桶壁上最短的那块。只有当整体中的所有个体都积极发挥个人的力量，并能齐心协力，有机地协调配合时，整体的力量才能得到增强。

实现中华民族的伟大复兴，是中华民族近代以来最伟大的梦想。这个梦想，凝聚了几代中国人的夙愿，体现了中华民族和中国人民的整体利益，是每一个中华儿女的共同期盼，体现了国家层面和个人层面二者的统一。因而，中国梦既强调中华民族伟大复兴的实现，又强调个人福祉的获取，是个体与整体的统一。中国梦是民族复兴之梦，也是在复兴过程中每个个体自我实现之梦。正如习近平总书记指出，"中国梦是民族的梦，也是每个中国人的梦"。中国梦以实现每个人的全面发展为其价值追求。实现中国梦不仅仅是增强国家实力的单项推进，也是国家、民族、社会、个人的多维发展。个人梦与中国梦唇齿相依，个人的奋斗离不开国家，个人梦的实现离不开中国梦的实现，中国梦的建构为个人梦的实现提供平台和土壤。同时，中国梦的实现依赖于每一个人最大限度地把自己的聪明才智和创造力发挥出来，个人梦的实现构成了中国梦实现的一块块基石。"中华民族的梦想和我们每个人的命运息息相关，而我们每个人具体的梦想是'中国梦'的真切展开。……如果中国不发展，普通人实现梦想的机会就会更小；同时如果没有普通人为梦想而作的坚实的努力，就不可能有中国的进步和繁荣。"① 中国梦必须同个人梦融合起来、统一起来，梦想才有生命，梦想才有根基，梦想才有力量。实现中国梦，是全体中国人民的共同心愿，需要每一名中华儿女贡献智慧与力量。

　　凝聚中国力量，实现中国梦，坚持把个体力量与整体力量相结合，要凝聚每一个中华儿女的智慧和力量，充分激发每一个中国人的创造活力。只要每一个中国人都为实现共同梦想而奋斗，都成为中国梦的追逐者，实现梦想的力量就无比强大。这是因为整体汇聚了个体的力量，形成了新的联系，使个人的力量得到发挥和增强。在生产力水平落后的原始社会，个体离开了整体就无法获得生存所需要的物品。在封建社会自给自足的自然经济条件下，虽然个体可以单独进行劳动，但如灌溉等大型的活动仍然需要依赖于整体的力量。单个人的力量总是微弱的，只有在集体中才能不断得以增强。正如马克思所说："我们知道个人是微弱的，但是，我们也知道整体就是力量。"② 当然，这种整体力量的发挥需要建立在个体正当利益得到某种程度的满足的基础上，个体利益满足的程度，影响整体力量的发挥。整体中个体利益的满足与否，影响着个体的某种精神状态，决定着个体的行动，反过来又影响着整体的活动和利益。当个体的正当权益得到合理的尊重和满足时，个体就能很好地发挥他们参加整体活动的积极性、主动性，整体的利益也才能够实现。

　　因此，坚持把个体力量与整体力量相结合，需要激发每个个体积极向上的力量，让每个人都享有人生出彩的机会，享有梦想成真的机会，享有同祖国和时代一起成长与进步的机会。同时，中国梦是13亿中国人的共同理想信念，中国力量是来自中国特色社会主义事业各个领域、各条战线、各行各业的共同力量。只要广大人民群众在党的领导下紧密团结，万众一心，把全体中国人的力量汇聚成一个整体，为实现共同梦想而奋斗，

---

① 李庆英、张记合：《中国梦是历史自觉，是责任担当》，《北京日报》2012 年 12 月 3 日。
② 《马克思恩格斯全集》第 1 卷，人民出版社 1956 年版，第 80 页。

就会形成无比强大的力量。

（三）坚持国内各族人民大团结与全体中华儿女大团结的有机结合

"中华民族"是梁启超在 1902 年《中国学术思想之变迁之大势》中提出的概念，目前中华民族是生活在中华大地上所有民族及海外华人的统称，不再是单一的中国各民族的代称，而是一个与中国的国家、民族、地域、历史紧密相连的整体的代称。"实现中华民族的伟大复兴"中的"中华民族"也是这样一个概念。我国著名的社会学家、人类学家费孝通教授在其著作《中华民族多元一体格局》一书中认为：在中华民族多元一体的民族结构中，"多元是指各兄弟民族各有其起源、形成、发展的历史，文化、社会也各具特点而区别于其他民族；一体是指各民族的发展相互关联，相互补充，相互依存，与整体有不可分割的内在联系和共同的民族利益。这种一体性，集中表现为祖国的统一和整个中华民族的大团结，表现为共同关心与争取祖国的完全统一与繁荣富强，大陆上各民族坚持党的领导和社会主义道路。所以，中华民族的一体，是指各兄弟民族的多元中包含着不可分割的整体性，而不是其中某个民族同化其他民族，更不是汉化，或者马上实行民族融合"①。简单地说，"多元"指出中国存在多个民族，"一体"则强调中华民族是由多个民族凝聚而成的这样一个统一的多民族国家。在长期的历史发展过程中，逐步形成了你中有我、我中有你，相互依存的大杂居、小聚居的分布格局。虽然各民族历史、文化、人口、经济发展水平和风俗习惯各不相同，但自古以来中国在历史上长期就是一个统一的多民族国家，各民族虽有这样或那样的矛盾，但认同自己是中华民族大家庭中的一员，始终是民族关系的主流。特别是近代以来，在共同反抗外来侵略的斗争中，中华儿女再次深深地体会到只有紧密地团结和联合起来，才能维护国家主权的统一和领土的完整，只有实现国家的独立自主和繁荣富强，各族人民才能拥有真正的自由、平等、发展和进步。邓小平同志曾指出："我们中华人民共和国是一个多民族的国家，只有在消除民族隔阂的基础上，经过各族人民共同努力，才能真正形成中华民族

---

① 费孝通等：《中华民族多元一体格局》（修订本），中央民族大学出版社 1999 年版，第309 页。

美好的大家庭。"① 各民族的联合是在民族平等基础上的联合,各民族间的相互关系是平等友好的关系。

习近平指出实现中华民族伟大复兴,是中华民族近代以来最伟大的梦想。这个梦想凝聚了几代中国人的夙愿,体现了中华民族和中国人民的整体利益,是每一个中华儿女的共同期盼。这里的中华民族就是多元一体下的。实现中华民族伟大复兴的中国梦,凝聚中国力量,不仅是国内各族人民在理想、目标、利益一致基础上所聚合起来的强大而深厚的力量,同时也需要凝聚全体中华儿女的力量,是国内各族人民大团结与全体中华儿女大团结的有机结合。毛泽东在总结中国革命之所以能够取得胜利的经验时指出:"国家的统一,人民的团结,国内各民族的团结,这是我们的事业必定要胜利的基本保证。"② 在新的历史时期,党中央又多次强调改善和发展社会主义的民族关系,加强民族团结,这对于我们这个多民族国家具有重大意义。在中华民族这样一个统一的多民族国家里,中国梦的实现离不开各族人民的团结奋斗。坚持民族平等,加强民族团结,才能促进各民族的繁荣发展,才有利于全国的安定团结,有利于全面调动各民族人民群众建设社会主义事业的积极性。增强民族团结,维护社会稳定既是凝聚中国力量的客观要求,也是实现中国梦的重要保障。

中国梦的实现离不开海内外中华儿女的支持,中国力量是中国各族人民大团结的力量,海内外中华儿女的大团结理应是其重要的组成部分。李瑞环在中央统战部召开的第 18 次全国统战工作会议上讲道:"以建设有中国特色社会主义为基础,实现大陆范围人民的团结;以拥护祖国和平统一为基础,实现大陆同胞与台港澳同胞的团结;以促进中华民族伟大复兴为基础,实现海内外全体中华儿女的团结。"长期以来,港澳台同胞和海外中华儿女凭着对中华民族的深厚感情,积极支持、参与中华民族伟大复兴事业,做出了积极贡献。辛亥革命中,海外侨胞参与创建革命团体,积极宣传革命思想,大力捐助革命运动,奋勇参加革命起义,做出了不可磨灭的贡献,孙中山先生曾多次赞誉"华侨乃革命之母"。100 年来,海外侨胞切身体验到祖国的兴衰给他们带来的荣辱,深刻感受到个人命运与祖国命运紧密相连,他们始终与祖国同呼吸、共命运,每当国家有难、民族

①　《邓小平文选》第 1 卷,人民出版社 1994 年版,第 23 页。
②　《毛泽东文集》第 7 卷,人民出版社 1995 年版,第 213 页。

危亡时，他们都义无反顾、挺身而出，慷慨解囊、倾力相助，为实现民族振兴、国家富强做出了重大贡献。今天，实现中华民族伟大复兴这一最伟大的梦想，仍然需要在爱国主义伟大旗帜下，团结一切可以团结的力量，调动一切积极因素，发挥港澳台同胞和海外中华儿女的作用，实现海内外全体中华儿女的大团结，进一步密切同广大海外侨胞的联系，更加关心海外侨胞的生存与发展，切实维护海外侨胞的正当权益、保护归侨侨眷的合法权益；引导广大海外侨胞不断增进中国人民与世界人民的友谊，进一步促进海内外中华儿女致力于弘扬中华民族优良传统，为实现中华民族伟大复兴而共同奋斗。"我们要适应我国社会主义初级阶段的发展要求，努力巩固和发展最广泛的爱国统一战线，使海内外中华儿女为实现中国的现代化和中华民族的伟大复兴而达到新的团结和联合。"① "中国特色社会主义事业需要全体中华儿女万众一心、团结奋斗。团结就是大局，团结就是力量。全党同志要用坚强的党性保证团结，用共同的事业促进团结，自觉维护全党的团结统一，巩固全国各族人民大团结，加强海内外中华儿女大团结，促进中国人民同世界各国人民大团结。"十八大报告强调不仅要在建设有中国特色社会主义的共同理想的基础上，实现祖国大陆全体社会主义劳动者和拥护社会主义爱国者的紧密团结，而且要在维护祖国统一和实现民族振兴的共同意志的基础上，实现祖国大陆同胞与香港和澳门同胞、台湾同胞以及广大海外侨胞的广泛团结，积极促进祖国的完全统一，为实现中华民族的复兴做出更大的贡献。

二　中国力量是圆梦动力

中国梦是中华民族的梦，也是每一个中国人的梦，体现着人们对美好生活的向往，需要凝聚全体人民的力量为之努力奋斗。

（一）中国力量是实现国家富强的前提

中国梦的实现需要坚实的物质基础，需要不断提高我国的综合国力。这些关键都要靠自己的发展，"发展才是硬道理"，而加快发展关键是发展经济，要领导和团结全国各族人民紧紧围绕经济建设这一中心，集中力

---

①　《江泽民文选》第 3 卷，人民出版社 2006 年版，第 143 页。

量发展生产力。以经济建设为中心,是兴国之要,是我们党和国家兴旺发达、长治久安的根本要求。能否以经济建设为中心,关系到我国社会主义现代化的成败、关系到社会主义的前途和命运。正如邓小平所说:"离开了经济建设这个中心,就有丧失物质基础的危险。其他一切任务都要服从这个中心,围绕这个中心,决不能干扰它,冲击它。"① 而中国共产党是国家富强的领导核心,国家富强要紧紧依靠全国各族人民。在中国共产党的领导下全国各族人民大团结的中国力量是实现国家富强的前提。

首先,人民群众是社会物质财富的创造者。人类社会是一个极其复杂的活的有机体,围绕一定的生产方式建立起来的整个社会形态,都是建立在物质资料生产方式的基础之上的。物质生产是全部社会生活的第一要素,决定着整个社会的面貌和发展。物质资料生产创造了人类生活所需要的食物、衣服等物质生活资料。"我们首先应当确定一切人类生存的第一个前提,也就是一切历史的第一个前提,这个前提是:人们为了能够'创造历史',必须能够生活。但是为了生活,首先就需要吃喝住穿以及其他一切东西。因此第一个历史活动就是生产满足这些需要的资料,即生产物质生活本身。"②

物质资料的生产是国家富强的基础,也是人类社会赖以存在和发展的基础。物质资料的生产方式是决定社会性质和面貌的根据,只有进行物质生产才能有人与人的一切活动,也才能有社会和社会的一切领域,社会生活的各个方面也只有根据生产方式所提供的基础和条件才能建立,只能以同生产方式特点相适应的内容和形式出现。此外,生产方式的变革和发展推动社会形态的发展变化,是决定社会发展的基本力量。可见,没有物质资料的生产,人连自己的生存问题都解决不了,更无法从事政治的、科学的等社会活动,也更谈不上人类的发展和社会的进步。广大的人民群众是物质资料生产活动的主体。人类社会赖以生存的物质生活资料是人民群众通过自己的劳动创造的。人民群众的物质生产活动是整个社会全部活动的前提和基础。在物质生产活动中,人民群众不断积累和传播生产经验,改进生产工具和生产技术,推动生产力不断向前发展、生产方式的不断改进。既然物质生产的实践活动是社会发展的根本动力,而以不同形式从事

---

① 《邓小平文选》第2卷,人民出版社1994年版,第250页。
② 《马克思恩格斯选集》第1卷,人民出版社2012年版,第158页。

和促进生产实践活动的人民群众必然对社会发展起到决定性的作用。正如江泽民在十三届六中全会上指出的那样："要在全党范围内进行马克思唯物史观的教育，批判各种否定、贬低人民群众在社会发展中的地位和作用的历史唯心主义观点，牢固树立推动历史前进的决定性力量是人民群众的科学观点。"

其次，人民群众是先进生产力的体现者。人民群众是社会存在和发展的最终决定力量——社会生产力的体现者，是推动历史前进的最伟大的客观物质力量。人民群众不仅是生产力的必要因素，也是生产力诸要素中最重要和最活跃的要素。生产力是人类凭借和应用劳动资料作用于劳动对象时发生的生产物质资料的能力，它由劳动资料、劳动对象和劳动者等三个要素构成的。其中劳动对象和劳动资料是生产力构成中"物"的要素，是死的劳动，它们只有同作为活劳动的劳动者相结合才能形成真正的生产力，也即是说，"物"在生产中的作用，不仅离不开"人"的因素，而且还取决于人的劳动技能和在劳动过程中发挥这种技能的积极性。劳动力始终是生产过程的设计者和控制者，劳动者的这种作用是不能替代的。任何先进的设备没有劳动者的参与也只能是一堆废物，可见，主体的劳动能力是最基本的生产力，这种劳动能力是存在于个人的"活的机体中的劳动能力"。因此，要在党的领导下，充分发挥各族人民的积极性、主动性、创造性，不断提高各族人民的思想道德素质和科学文化素质，不断提高他们的劳动技能和创造才能。

最后，人民群众包括脑力劳动者和体力劳动者。国家的富强、社会的发展是这两部分人共同作用的结果。这是因为在劳动生产过程中，首先要有人的体力的支出，同时也需要人的脑力的支出，特别是随着生产力的不断发展，劳动资料和劳动对象日益复杂，智力因素在生产过程中的作用越来越突出。正如马克思所说："有的人多用手工作，有的人多用脑工作，有的人当经理、工程师、工艺师等等，有的人当监工，有的人当直接的体力劳动者或者做十分简单的粗工，于是劳动能力越来越多的职能被列在生产劳动的直接概念下，这种劳动能力的承担者也被列在生产工人的概念下。"[①] 也即是说随着生产过程的现代化和繁重体力劳动的逐渐减少，作为人民群众重要组成部分的广大知识分子的脑力劳动日益成为实现国家富

---

① 《马克思恩格斯全集》第49卷，人民出版社2012年版，第100—101页。

强的不可缺少的重要的生产活动。当前，科学技术在国家富强的实现中所起的作用越来越重要，从事科学技术工作的广大知识分子在推动社会生产力发展，创造物质财富过程中所起的作用也日益突出。著名物理学家劳厄对此有过这样精彩的论述:"如同民族和国家的历史只记载在某个方面具有一定意义的较大事件和人物一样，一门科学的历史也只能够记载科学研究的某些高峰以及参加这些研究的那些人。自从 17 世纪以来，有成千上万不知名的人曾把物理学向前推进，他们献身于这门科学，许多人士由于纯粹的理想主义，而有时还作出了自我牺牲。但是，他们的工作绝不是多余的，也不是徒劳无益的。只有这许多人的默默地协作才能完成大量必要思维观察和计算，保证了科学的持续前进。只有多种多样的兴趣和才能防止了把科学研究限制在少数几个预先规定的方向里；这许多人的作用过去是、现在还是作出卓越的或者甚至是天才的贡献的必不可少的准备。至少自从 17 世纪末以来，物理学是集体的贡献，这也是一个历史的事实。"[①]

中国力量不仅是经济发展的决定力量，而且还有利于安定团结的政治局面的形成。特别是在当前正处于改革的攻坚期，利益格局不断调整，各种矛盾不断出现。只有全党和全国各族人民紧紧团结在一起，以安定团结的大局为重，对不安定团结的因素进行斗争、进行教育，安定团结的局面才能不断巩固和发展。这些对于化解当前的矛盾，维护和发展安定团结的社会政治局面，创造良好的经济发展环境，推动改革不断深入和经济不断发展，提升综合国力，实现国家富强都具有重要的意义。

(二) 中国力量是实现民族振兴的关键

民族振兴是中国梦的本质内涵之一，目的在于通过各个领域的振兴，使中华民族屹立于世界民族之林。国家核心价值观的振兴是民族振兴的首要问题，它是保障民族振兴在健康轨道上运行的精神动力。而这种精神生产活动的主体也是人民群众。人民群众在创造社会的精神财富方面起着重要的作用。人民群众通过物质生产实践为精神财富创造提供了必要的物质条件和设备。人民群众的生活实践是一切精神财富的源泉，离开了人民群众的生活实践，思想家、科学家的创造性活动就会成为无源之水，再美的精神花朵也会凋谢。历史上许多艺术家的伟大作品和科学家的成就是直接

---

① [德] M. V. 劳厄:《物理学史》，陈光金译，商务印书馆 1978 年版，第 11 页。

依据人民群众所创造和提供的素材加以整理和提高而成的。人民群众对精神财富的创造所起的作用，不仅表现在他们创造了精神财富赖以产生的原料，而且表现在许多普通群众对这些原料做了初步的加工，甚至直接创造出很好的精神产品来。正如习近平在中央政治局常委与中外记者见面会上所说："我们的人民是伟大的人民。在漫长的历史进程中，中国人民依靠自己的勤劳、勇敢、智慧，开创了民族和睦共处的美好家园，培育了历久弥新的优秀文化。"

回顾我们党领导人民进行革命、建设和改革的历史，不难发现，决定国家和民族命运的，除了战争能力的大小以及民族的耐受持久能力和思想文化之外，全民有一颗同仇敌忾、不畏强敌，矢志捍卫国家和民族尊严的团结精神也至为关键。可以说我们之所以能够击败强敌、化解难题，取得一个又一个胜利，靠的就是全党全国各族人民的团结奋斗，靠的是中华民族共同精神的指引。邓小平曾明确指出："如果搞得乱七八糟、一盘散沙，那还有什么希望？过去帝国主义欺侮我们，还不是因为我们是一盘散沙？"团结是国运昌隆、民族振兴的保证。没有团结就没有稳定，没有团结稳定，改革、发展和现代化建设就难以进行。

当前，随着改革开放的深入，利益格局多样化、价值观多元化和人民利益诉求多样化相互交织，由此带来经济结构和社会关系的新变化。面对这许多复杂的、较难处理的矛盾，凝聚各族人民大团结的中国力量显得更加必要和紧迫。只有凝聚中国力量，建设中华民族共有精神家园，在不同社会阶层中才能形成最大限度的理想认同和价值认同。文化是民族振兴的主要内容，中华民族共有精神家园首先是一种文化意义上的，是中华民族在文化认同的基础上产生的精神归属与情感依恋。中华民族共有精神家园的实质是由组成中华民族的各成员民族相互融合的历史进程中形成的中华文化，最为关键的是共同的价值观。中华民族共有精神家园应当是中华民族大家庭内的各成员民族的共有的精神家园。中华民族是由 56 个民族组成的多元一体的复合民族，每个成员民族都有自己独特的文化和历史，共有精神家园应该是国内各个民族的，此外，中华民族的政治区域由大陆、台湾、香港、澳门四大政治区组成，中华民族共有的精神家园应当包括这四大区域的民族成员。同时，海外还有 4000 万华侨也应当是中华民族共有精神家园的主体。而中国力量也正是国内各族人民大团结与全体中华儿女大团结的有机结合。凝聚中国力量，建设中华民族共有精神家园，才能促进民族团结、维护社会稳定和国家安全，才能实现中华民族的振兴。只要不断巩固和壮大中国共产党领导的统一战线，团结一切可以团结的力量，调动一切可以调动的积极因素，就一定能够形成无坚不摧的强大合力，战胜前进道路上的各种艰难险阻，实现中华民族的伟大复兴。

实现中国梦要凝聚各族人民大团结的中国力量。人民之所以愿意为中国梦的实现贡献自己的力量就是因为其能保证每一个人的利益。人民作为历史的主人，其创造历史的过程"不过是追求着自己目的的人的活动而已"。人民作为实现中国梦的实践主体，不仅是物质财富和精神财富的创造者，是改革发展的主体和动力，是稳定的力量源泉和深厚基础，更是创造成果的享有者。改善人民生活，让人民共享改革和发展的成果，是我们致力于发展，积极推进改革，坚持维护稳定的共同目的。

三　中国力量的汇聚之路

（一）坚持共同理想信念，汇聚强大力量

理想是人为自己确立的奋斗目标和方向，它或者是个人生活事业的理想状态，或者是民族、国家发展的理想状态，是遵循事物变化和发展的规律而构建的并希望通过努力得以实现的未来设想。信念是人们对自己所追求的理想目标表现出来的孜孜以求、不懈奋斗的意志力。理想信念体现了人们对美好生活的向往和追求，是一个国家和民族奋勇前进的精神动力。共同的理想信念是一个民族和国家的精神支柱，是其凝聚力的体现。在全社会树立共同的理想信念可以使人们有效地团结在一起，在求得思想大同的基础上形成一个有机的和谐整体。毛泽东曾经说过："我们都是来自五湖四海，为了一个共同的革命目标，走到一起来了。"邓小平也指出："最重要的是人的团结，要团结就要有共同的理想和坚定的信念。我们过去几十年艰苦奋斗，就是靠用坚定的信念把人民团结起来，为人民自己的利益而奋斗。没有这样的信念，就没有凝聚力。没有这样的信念，就没有一切。"江泽民在"七一"重要讲话中指出："全党同志既要树立共产主义的远大理想，坚定信念，以高尚的思想道德要求和鞭策自己，更要脚踏实地地为实现党在现阶段的基本纲领而不懈努力，扎扎实实地做好现阶段的每一项工作。忘记远大理想而只顾眼前，就会失去前进方向；离开现实工作而空谈远大理想，就会脱离实际。"胡锦涛指出："理想信念，是一

个政党治国理政的旗帜，是一个民族奋力前行的向导。"

理想信念作为凝聚中国力量的重要来源主要通过三个方面体现出来：首先，共同的理想信念以其共有的价值及在此基础上构建的理想社会形态能够得到社会成员的普遍认同和思维共鸣，并为此付诸行动。其次，共同的理想信念使社会成员明确了自身对他人、对当前社会和未来社会的存在价值，使社会成员愿意为之奋斗和付出；最后，共同的理想信念使社会成员之间有了基于共同价值思维和诉求的沟通桥梁，加强了社会成员之间的情感联系和合作关系。

理想决定行动，有共同理想信念，才能有共同的步调。建设有中国特色社会主义，是我国各族人民在党的领导下为实现自己的利益、创造美好生活的共同事业。当前，国际国内形势都发生了深刻的变化。国际上，全球化进程不断加速，科学技术飞速发展，但霸权主义和强权政治依然存在。国内，随着我国经济社会发生的深刻变化，社会经济成分、组织形式、利益关系、社会意识等日益多样化，特别是在对外开放中，西方的价值观念、生活方式也不断涌入，这就需要一个能够代表广大人民根本利益、为社会各阶层广泛认可和接受的共同理想，才能有效凝聚各方面的智慧和力量，为促进改革开放、维护社会稳定、为建设有中国特色社会主义提供有力的思想保证和强大的精神动力。我国社会的共同理想信念是在中国共产党领导下，走中国特色社会主义道路，实现中华民族的伟大复兴的中国梦。这个共同理想信念凝聚了全国人民的思想和力量，激励着全党全国各族人民奋力推进建设有中国特色社会主义的伟大事业，使我国从新中国建立之初的一穷二白摇身变成了举足轻重的政治和经济大国。正如习近平强调的："中华民族具有5000多年连绵不断的文明历史，创造了博大精深的中华文化，为人类文明进步作出了不可磨灭的贡献。经过几千年的沧桑岁月，把我国56个民族、13亿多人紧紧凝聚在一起的，是我们共同经历的非凡奋斗，是我们共同创造的美好家园，是我们共同培育的民族精神，而贯穿其中的、最重要的是我们共同坚守的理想信念。"

中国特色社会主义共同理想，是在中华民族长期发展实践中形成的，是历史和实践发展的必然结论。摆脱贫穷落后，走向富强民主文明和谐，实现中华民族的伟大复兴，是中华儿女世世代代的梦想和追求。它是近代以来中国历史发展必然趋势的反映，是中国人民共同的利益和愿望的体现。鸦片战争以来一百多年的历史充分证明，中国共产党的领导、中国特色社会主义道路,是历史的选择、人民的选择,坚持这条道路,就能实现中华民族伟大复兴的中国梦。新中国成立以来,特别是改革开放 35 年来我国所取得的巨大成就,见证了中国特色社会主义共同理想的必然性。

中国特色社会主义共同理想把理想和信念有机结合起来,是一个综合性的社会理想,是一种关于中国社会发展状态的理想。它综合性地包含着社会生活各个方面的发展状态,它向我们描绘了社会的经济、政治、文化、日常生活等多方面的理想状态。它对个人理想具有整合作用,个人理想要服从并服务于共同理想。中国特色社会主义共同理想与中国国情和民族精神结合在一起,是一个具体的阶段性理想,它是实现最高理想的必经阶段。共产主义是我们最高的理想信念,但共产主义的实现需要若干阶段的具体理想,有步骤、分阶段地向前推进。"我们是最低纲领与最高纲领的统一论者",实现现阶段共同理想与实现最高理想在本质上是一致的。中国特色社会主义理想不单单是一个理想目标,而且包括追求和实现这个理想目标的道路和方式。这个共同理想既具有民族性,又具有时代性,把党在社会主义初级阶段的目标、国家的发展、民族的振兴与个人的幸福紧紧地联系在一起,把各个阶层、各个群体的共同愿望有机结合在一起,代表和反映了中国社会最广大人民群众的根本利益,为广大人民群众所认同和接受。中国特色社会主义共同理想能够形成一种强大的感召力、亲和力和凝聚力,推动着中国特色社会主义事业从一个胜利走向另一个胜利。

(二) 着力保障和改善民生,维护人民的利益

关注民生、维护和实现社会公平是实现中华民族伟大复兴的中国梦的重要领域。民生问题关乎党和国家的前途和命运,关乎中国梦的实现。所谓民生问题,是指与国民的生计和生活密切相关的问题,主要表现在吃、穿、住、行等生活必需方面。中国自古以来就将"民生"与"国计"相提并论。明人王廷相在《慎言·御民》中总结历代兴亡更替的规律时,就曾指出:"天下顺治在民富,天下和静在民乐,天下兴行在民趋于正。"国泰民安、美满幸福已深深内置于中华民族的梦想之中。要特别注意的是,"民生"是随着经济社会发展而不断提高的,具有动态性和全面性。有学者把民生问题总结为由低到高、呈现出一种递进状态的三个层面的具体内容:民生问题的第一个层面的内容,主要是指民众基本生存状态的底线。民生问题第二个层面的内容,主要是指民众基本的发展机会和发展能

力。民生问题第三个层面的内容，主要是指民众基本生存线以上的社会福利状况。①

　　由于我国当前正处于社会转型期，当代中国的社会转型，是一场全面、整体性的社会结构变革。它不仅是一场经济领域的变革，而且是一场思想、文化、政治、心理等各方面综合性的"革命"。改革使利益关系不断得以调整，利益结构发生重大变化。当前的民生问题是我国在未来发展中面临的最为重要的问题。不仅是国民的简单生计问题，而且是中国政府在转变发展方式进程中面临的一个重大政治课题。邓小平曾讲过："各项工作都要有助于建设有中国特色的社会主义，都要以是否有助于人民的富裕幸福，是否有助于国家的兴旺发达，作为衡量做得对或不对的标准。"胡锦涛同志曾指出："和谐社会建设，要从解决人民群众最关心、最直接、最现实的利益问题入手，为群众多办好事、实事。这是坚持以人为本的必然要求，也是坚持发展为了人民，发展依靠人民、发展成果由人民共享的必然要求。"党的十八大报告进一步指出："要多谋民生之利，多解民生之忧，解决好人民最关心最直接最现实的利益问题，在学有所教、劳有所得、病有所医、老有所养、住有所居上持续取得新进展，努力让人民过上更好生活。"

　　首先，要不断协调利益关系，构建合理的社会利益结构。"建立正常的渠道使一些相互冲突的利益得以表达，这有助于许多民族国家结构的稳定。"② 一个社会具备畅通的利益表达机制并不能自动地实现合理的利益分配，利益表达机制只是为利益各方搭成了一个利益博弈的平台。在此平台上，利益各方以和平方式达成具体的、合理的利益分配格局与方案，才是每一个政治体系所必须解决的问题和必不可少的职责。因此必须建立健全合理的利益分配机制。其实质就在于通过适当的制度安排在各阶层、群众之间实现利益资源的合理分配，使各个社会成员通过合理的利益分配能各得其所。此外，失衡心理人为地夸大了人们之间的利益差距，这些不良社会心理的存在使社会各利益群体之间的矛盾不断激化。要建立健全利益主体的心理调控机制，营造健康的心理环境，维护大众利益。

---

① 吴忠民：《走向公正的中国社会》，山东人民出版社 2008 年版，第 312—313 页。
② ［美］西摩·马丁·李普塞特：《一致与冲突》，张华青译，上海人民出版社 1995 年版，第 138 页。

其次，要加强社会公正的制度性建设，保障人民的基本权利。"制度是指在特定的社会活动领域中围绕着一定目标形成的具有普遍意义的、比较稳定和正式的社会规范体系。"① 制度具有规定性与强制性，是规范社会公众行为的制度化规则。制度的公正性是制度作为社会公众游戏规则得到人们普遍的认同与服从的前提。"一切社会制度若要得到民众最大的支持，必须拥有为全社会所接受的、行使社会权威的道德正当性。"② 但"制度不仅是'游戏规则'，它们也影响到一个社会应建立什么样的价值，也就是我们所谓的公正、集体认同、财产、信任、团结。"③ 公正是制度的内在要求，同时是制度的灵魂，是人类社会具有永恒价值的基本理念和基本行为准则，"是在一定历史条件下和一定社会范围内对各种利益进行合理分配的理念、规则和状态。它是一个社会的、历史的、相对的范畴。同时公正反映着人与人、人与社会的关系，渗透在人类社会生活的各个领域，是以权利和义务关系为核心而形成的合理状态"④。正如罗尔斯所说："正义是社会制度的首要价值，正像真理是思想体系的首要价值一样。一种理论，无论它多么精致和简洁，只要它不真实，就必须加以拒绝或修正；同样，某些法律和制度，不管它们如何有效率和有条理，只要它们不正义，就必须加以改造或废除。"⑤ 制度公正是人们按照一定的尺度作为标准，对一种制度做出的价值判断，是指"规范化、定型化了的正式行为方式与交往关系结构的公正性"⑥。制度公正能够克服人性的某些缺陷，规范和约束人的非理性和非制度化的行为。它能够协调个人利益与公共利益的关系，能够使个人在追求个人利益的同时，实现社会公共利益的不断增长，这样公众就会在心理上产生公平感，从而实现对公民基本权利的保护。

当前我国正面临着深刻的社会转型，人们的生产方式、生活方式、价值观念等都发生了深刻的变化。作为人们之间相互关系的制约性规则和各种规范的总和的制度也必然要随之变化。此外，我国正在进入利益分化、

---

① 郑杭生：《社会学概论新编》，中国人民大学出版社 1987 年版，第 253 页。

② ［美］丹尼尔·贝尔：《资本主义文化矛盾》，生活·读书·新知三联书店 1989 年版，第 124—125 页。

③ ［美］罗伯特·古丁等：《政治科学新手册》，上海三联书店 2006 年版，第 204 页。

④ 师泽生：《制度：公正的保障》，载《吉林大学社会科学学报》2006 年第 4 期。

⑤ ［美］罗尔斯：《正义论》，中国社会科学出版社 1988 年版，第 3 页。

⑥ 高兆明：《制度公正论》，上海文艺出版社 2001 年版，第 67 页。

利益冲突和利益博弈的新时代，由利益不均衡引起的社会矛盾和社会冲突在明显增加，这也需要相应的制度来调节。加强社会公正的制度性建设在一定程度上能够对失去了平衡的社会政治经济利益结构进行调整。首先，能够调动主体的积极性，增强其自主性，为人类自觉、自主、自愿地创造物质财富和精神财富的历史活动提供有利的社会环境。其次，能够缓解人与制度之间的矛盾，维护社会稳定。加强社会公正的制度性建设能够化解制度自身的规定性与主体多种选择性的矛盾以及制度自身的相对稳定性与人性发展的多变性的矛盾，这有助于抑制社会冲突，保障公民的基本权利，维护社会生活的正常运转。

（三）　增强认同感，维护民族团结

在中国，民族团结就是"把我国 56 个不同民族联合起来，使之成为彼此具有相互依存的良性互动关系，并形成更大民族共同体——中华民族的过程和状态"①。各族人民及海内外全体中华儿女平等相待、互相尊重、和睦相处，互助合作、紧密团结汇聚实现中国梦的中国力量。不断培养和增强社会成员的认同感是实现民族团结的关键。认同最初是作为一个心理学概念被西方学者所使用，著名心理学家弗洛伊德最早使用这一概念，他把认同"看作是一个心理过程，是个人朝向另一个人或团体的价值、规范与面貌去模仿、内化并形成自己的行为模式的过程，认同是个体与他人有情感联系的原初形式"②。后来，弗洛伊德的学生埃里克森把这一概念扩大到社会心理学的范畴，认为认同是对自己的本质、信仰及趋向一致的意识。认同不管是个体的还是集体的，都是在人与人、集体与集体的交往过程中发现的差异、特征和归属感。在社会心理学家看来，一方面，个体通过寻找自我与社群的差异而获得自我认同，即一种独特性和唯一性；另一方面，个体通过寻找自我群体与他群的差异而获得社会认同，使各自获得一种一致性和同一性。也即是个体认识到他（她）属于特定的社会群体，同时也认识到作为群体成员带给他的情感和价值意义。个体的定位和

---

①　郑杭生：《民族团结与和谐社会建设———一种社会学的解读》，载《创新》2009 年第 12 期。

②　See David. L. Sills Editor. International Encyclopedia of the Social Sciences, Volum15, Copyright 1968, by Crowell Collier and Macmillan. INC, p. 250.

自知正是通过认同来完成的。凝聚各族人民大团结的力量就是要全体中华儿女实现对中华民族的认同。"对中华民族的认同,就是 56 个民族中的每一个民族及其成员,认定自己归属于中华民族这个统一体,确认自己是有公共祖先的中华民族的子孙,具有中华民族的归属感、向心感、自豪感,并为自己能够作为中华民族的一员,能够捍卫中华民族的利益而感到无比骄傲。"①

国家认同是对中华民族的认同的具体体现。所谓国家认同(National identity)就是在有他国存在的情况下,国民对自己所属国家的身份的确认,是指"一个人确认自己属于哪一个国家以及这个国家究竟是怎样一个国家的心理活动"②。国家认同是国民将自己看作是国家的一分子,并在此基础上形成的捍卫国家主权和维护国家利益的情感和态度。其具体表现为个人和国际两个层面:就个体而言,国家认同是作为国民的个体对自己国家成员身份资格的确认与接受,从而获得一种身份认同;就国家而言,国家认同是指国家的独特属性及地位得到他国的承认与认可。只有同时实现国家层面和个体层面的认同,即同时得到本国国民和国际社会的认同,国家认同才能得以生成。

国家认同主要是基于文化认同进入国家的空间而形成的对国家共同体本身的认同,它是政治认同和文化认同的有机统一。这是因为,现代民族国家既是政治共同体也是历史文化共同体。现代国家的建设是在民主建设和民族建设两个层面有机展开的,奥罗姆认为现代民族国家建设是从政权和民族这两个角度出发的,他认为现代国家建设主要有四个构成要件:民族主义、政治合法性与稳定、公民身份与政治认同的建立和经济发展。③在奥罗姆看来,公民身份和政治认同是在民族的空间中实现的,是基于民族共同体的认同。英国学者麦克盖根也认为:"认同是一种集体现象,而绝不仅是个别现象。它最频繁地被从民族主义的方面考量,指那些身处民族国家疆域之中的人们被认为共同拥有的特征。"④ 现代民族的形成是与

---

① 郑杭生:《民族团结与和谐社会建设——一种社会学的解读》,载《创新》2009 年第 12 期。

② 江宜桦:《自由主义、民族主义与国家认同》,台北扬智文化事业股份有限公司 1998 年版,第 12 页。

③ 〔美〕安冬尼·奥罗姆:《政治社会学导论》,上海世纪出版集团 2006 年版,第 264 页。

④ 〔英〕吉姆·麦克盖根:《文化民粹主义》,南京大学出版社 2001 年版,第 228 页。

现代国家建构的历程相一致的。当民族认同进入国家的层面，此时基于民族的认同也必定演绎和具象化到对国家的认同。国家认同就不仅仅是一种与历史文化变迁和民族相关的，根植于人类深层意识的心理的建构，还包含了基于政治统治制度的作用和公共权力载体及政治价值观为基础的政治层面的认同。

而认同活动是认同主体所进行的自觉、能动的活动，是有目的、有意识的活动。在认同实现的过程中，认同主体不是被动的、静止的接受者，而是在认同实践中能动地作用和影响于客体，认同客体也能依据社会成员的反应而进行自身的调整。在当今全球化和社会转型的大背景下，随着内外环境的不断变化，每个社会成员的认同体系都处于动态之中。我国公民认同的内容与重点、逻辑都发生了一定程度的变化，其中既有公民认同的积极变化，也出现了一定程度的认同弱化问题。在国家合法性层面，加强对少数民族的国家认同教育，即国民个人承认和接受自己的传统文化和政治身份，对国家产生的归属感。要求全体国民不是从本民族而是从国家的角度来团结和凝聚起来，因而有着强大的号召力。

第 四 编

中国梦的展望：
考验、路径、影响

中国梦宏伟壮丽，寄托着几代人的夙愿，但在其实现的路上，并非一帆风顺，风险无处不在。既有来自国际环境的严峻挑战，也有来自国内发展的现实压力，更有执政党自身面临的种种考验。

要使梦想变为现实，必须直面当前面临的诸多困境与挑战，切实找到破解这些发展中难题的具体路径，才能最终梦想成真。对于中国来说，坚持走科学发展之路，继续推进改革开放，发扬实干兴邦的精神，无疑是披荆斩棘，攻坚克难，促动中国梦早日实现的路径选择。

在全球化的大背景下，中国梦也属于世界，在与世界各国的密切合作中，中国梦必将与"世界梦"共同成长。实现中华民族伟大复兴的中国梦，有利于"世界梦"的实现；而"世界梦"实现过程又为"中国梦"的实现提供了良好外部环境。我们期待中国梦与"世界梦"能够为人类带来更加美好的明天。

第十章

中国梦的现实考验

实现中华民族伟大复兴，是中华民族近代以来最伟大的梦想，凝聚了几代中国人的夙愿。中国梦非常宏伟，但是在实现的路上，并非一帆风顺，一路坦途，也会碰到非常多的险滩急流，非常严峻的国际国内挑战，需要沉着冷静，机智勇敢，正确应对，才能驾驭"中国号"巨轮驶向那梦想成真的彼岸。

一　中国梦的世界挑战

和平、发展与合作仍然是当今时代的主题，但历史已经步入发展的快车道，世界正处在深刻复杂的大变革大调整之中，加上西方冷战思维的敌视态度，可能会发生我们可以预料，还有很多不可预料的各种大事，影响中国梦的顺利实现。

（一）"和平崛起"的中国梦引来误解重重

《大国崛起》的开篇导语如是说："公元 1500 年前后的地理大发现，拉开了不同国家相互对话和相互竞争的历史大幕，由此，大国崛起的道路有了全球坐标。""五百年来，在人类现代化进程的大舞台上，相继出现了九个世界性大国，它们是葡萄牙、西班牙、荷兰、英国、法国、德国、日本、俄罗斯和美国。"① 毫无例外，这九个大国在崛起的过程中全是通

①　《大国崛起》解说词，http：//www.docin.com/p－236672.html。

过对外扩张和海外殖民来完成的。

当今，在全球问题中中国的崛起日益引人注目，西方学者和领导人对这种不同于西方殖民式强国之路，有的甚为忧虑，有的则极尽诽谤之能事，编造出一系列"威胁论"等谬论，混淆视听，干扰中国梦的实现进程。①

其一，"改变格局论"是"中国威胁论"的重要方面。西方指责中国在国力强大之后"不再韬光养晦"，而是要寻求扩大"核心利益"的范围、改变当今世界格局，主要是要取代美国成为世界的领导者。美国智库卡内基基金会中国问题专家史文撰写《解读过于自信的中国》一文，说中国经济越来越成功、经济实力日益扩张，特别是在全球衰退之中保持经济高速增长，中国据此认为全球重心从西方转到东方、美国作为全球超级强国也随之衰落，中国有意对抗美国、寻求取代美国。美国著名战略家约瑟夫·奈也指责中国在国际金融危机之后误判国际形势，抛弃了"韬光养晦"外交方式，想要"改变游戏规则"。

其二，"军事威胁论"向来是"中国威胁论"的"主力军"。美国企业研究所的卜大年，其一贯为美对台军售摇旗呐喊，近来大肆鼓吹"中国导弹威胁论"；美国战略和预算评估中心主任安德鲁·克雷皮内奇，其"发明"的"空海一体战"源自冷战时期针对苏联的"空地一体战"，声称足以突破中国的"反介入"与"区域拒止"；美国企业研究所的博尔顿，是主张凭借武力干涉与"民主改造"打造美国"单极霸权"的所谓"新保守派"骨干。

五角大楼2010年度《中国军力报告》堪称"中国军事威胁论"的"集大成"，指责中国在实施"世界上最积极的陆基弹道导弹和巡航导弹计划"，中国的军事理念正从过去侧重保卫国家主权，演变为维护覆盖全球的经济利益，"台湾海峡两岸军力对比仍在朝有利于大陆的方向转变"。

新一轮"中国军事威胁论"的重点是所谓"中国海权威胁论"，美国海军作战部长称中国正在试图构建军力，在台湾周围海域甚至更远的范围阻断进出。

美、日还大肆炒作中国研发新式武器装备。美国推出新的《国家军事战略》，强调海洋、太空及网络等"全球公地自由"受到"崛起大国"

---

① 陈向阳：《冷观对华"两论"新变调》，载《瞭望新闻周刊》2011年2月26日。

威胁；日本出台新《防卫计划大纲》，明确以中国为"假想敌"，主张强化西南诸岛军力。美、日"合唱""中国军事威胁论"，不仅企图掣肘中国军事现代化，而且也为自身军事与安全战略转型制造口实。

其三，"中国经济威胁论"。西方基于中国 GDP 总量在 2010 年超越日本、跃居世界第二，以及中国经济持续高增长、大规模对外投资与"走出去"、独占鳌头的外汇储备等，不断炒作中国 GDP 的世界排名、人民币汇率与"中国制造"导致了美国乃至新兴大国的贸易逆差、中国将外汇储备作为"政治杠杆"、"中国需求"加剧了能源与资源的供不应求、"中国投资"危及"东道国"的"国家安全"，等等。

美国彼得森国际经济研究所高级研究员萨勃拉曼尼亚撰文《中国超过美国》，认为按"购买力平价"计算，2010 年中国经济规模为 14.8 万亿美元，高于美国的 14.6 万亿美元。英国《金融时报》首席经济评论员马丁·沃尔夫质问"中国能'和平'崛起吗"①？指中国不久将取代美国成为世界第一大经济体，这意味着美国"唯一超级大国"地位与延续多个世纪的西方主导地位的终结，而权力更替将会引发重大摩擦。

其四，"中国网络威胁论"。互联网已成美国世界霸权的"关键"与新"制高点"，堪称其霸权的"神经触角"，美国一方面把自己打扮成所谓"网络自由"的"守护神"、企图独占道义高地，另一方面将网络作为实施对外干涉与颠覆渗透的"利器"，同时还加速推进网络军事化与实战化，极力维护其"网络安全"。鼓吹"中国网络威胁论"的主要是美国军方、美国某些互联网高科技公司的高管，以及俨然以"网络自由女神"自居的希拉里国务卿等，其主要论调包括：中国大力开发"网络战"技术、中国严格监管互联网、中国"黑客"大肆入侵西方重要网站等。而事实上，恰恰相反。2013 年 6 月，美国前中情局（CIA）职员爱德华·斯诺登向媒体爆料，美国国家安全局和联邦调查局于 2007 年启动了一个代号为"棱镜"（PRISM）②的秘密监控项目。美国情报机构一直在九家美国互联网公司中进行数据挖掘工作，从音频、视频、图片、邮件、文档以及连接信息中分析个人的联系方式与行动。监控的类型有 10 类：信息电邮，即时消息，视频，照片，存储数据，语音聊天，文件传输，视频会

---

① ［美］沃尔夫：《中国能"和平"崛起吗？》，载《文新传媒》2010 年 11 月 22 日。

② 《碟中谍：美国监听计划被曝光》，搜狐新闻，http://news.sohu.com/s2013/prism/。

议，登录时间，社交网络资料的细节，其中包括两个秘密监视项目，一是监视、监听民众电话的通话记录，二是监视民众的网络活动。从欧洲到拉美，从传统盟友到合作伙伴，从国家元首通话到日常会议记录；美国惊人规模的海外监听计划，在大西洋彼岸引发哗然。一些欧洲议会议员警告，如果美方用这些秘密项目监视欧盟成员国公民，将重新审查欧美之间关于数据共享的协议。"棱镜门"事件充分暴露了美国在网络安全方面，贼喊捉贼的卑鄙用心。

其五，"中国模式威胁论"。中国的持续快速发展与成功应对国际金融危机离不开其独特而卓有成效的政治体制和发展模式，以发展模式为核心的中国软实力增强，西方对此更为"关注"。马丁·沃尔夫指崛起的中国属于"非西方"，具有与西方截然不同的历史、文化和政治体制，强调这"或许是最重要的一点"，认为随着中国变得更加自信，西方应构筑一个"以制衡中国为宗旨"的联盟，其成员应至少包括美国、欧洲、日本以及印度等。

西方有学者将中国模式冠名为"北京共识"，认为其不仅与宣扬"市场万能"与"民主自由"的所谓"华盛顿共识"分庭抗礼，而且还大有"后来居上"的势头。美国智库尼克松中心高级研究员斯特凡·哈尔珀出版专著——《北京共识：中国的威权模式将如何主导21世纪》，强调将"经济自由"与"政治限制"相结合的"中国模式"对发展中国家具有更大的吸引力，包括中国"不附加任何条件"的对外援助方式，认为这威胁了"西方模式"。

其六，"中国威胁亚太地区论"。美国反复炒作莫须有的中国"南海核心利益说"，极力利用、插手中国和邻国之间的领土与海洋权益争端，在亚太地区搬弄是非、挑拨离间，诬蔑中国"胁迫"邻国、威胁"航行自由"、挑战美国的"亚太领导地位"，为其"重返亚太"施放烟幕弹；日本对中国海军穿越西太平洋第一岛链的正常训练大做文章，在"钓鱼岛"撞船事件上倒打一耙、把自己打扮成"受害者"、大肆欺骗国际舆论，极力维护区域性海洋优势与非法的岛礁权益。为防范与制衡中国在亚太地区的影响力，美、日还不时唱"双簧"，彼此相互利用、加固同盟关系。

对于"中国威胁论"的荒谬，美国著名战略学者托马斯·巴尼特在《美国为什么要妖魔化中国》一文中直白地提出了10点原因，包括：把美国自己的问题（寅吃卯粮的财政赤字、贸易不平衡等）归罪于中国（人民币汇率等）；把中国看成"假想敌"与"挑战者"、自我限制对华高科技贸易；歧视中国的政治体制；台湾因素；"美国海军和空军需要中国才能生存下去"；"新保守派的美国'一超'狂想依然盛行"，不仅防务开支要遥遥领先，而且要从军事上控制中国，并且"就在中国的家门口"进行；盲目的对华恐惧；宁愿相信关于中国的传言也不愿正视现实。

　　这也有国际金融危机的背景，西方普遍陷入危机之中，而中国仍然加速崛起、GDP等不断赶超西方大国，致使西方对华心态格外敏感复杂，优越感下降、危机感上升、焦虑感增加、"坏心眼"增多。需要纠正指出的是，西方的"中国威胁论"是假，"中国被威胁论"才是真。西方利用其话语霸权，动辄归咎与嫁祸于中国。事实上，明明是美国等在威胁中国，如美国高调"重返亚太"包围中国战略意图明显，但西方却一再炮制"中国威胁论"，对中国反咬一口，妄图混淆视听，实在可恨。

（二）美国"重返亚太"构筑对华战略包围圈

　　美国对东亚的关注和战略调整可以从前国务卿希拉里2009年2月发表的"亚洲协会"演说、2010年1月发表的"夏威夷东西方研究所"演说、2010年10月28日在夏威夷发表的"美国的亚太接触政策"演说，以及2010年11月奥巴马的东京演说中看出，美国亚太战略的调整方向，就是确立竞争主导型的亚太新战略，其意图是在急剧变迁的国际局势下，通过各种战略举措确保美国的霸主地位。2012年1月5日，美国总统奥巴马、国防部长帕内塔和参谋长联席会议主席邓普西在五角大楼举行了记者会，公布了题为《维持美国的全球领导地位：21世纪国防的优先任务》的新军事战略报告。奥巴马在讲话中表示，美军在经历十年战争后正处于"一个过渡时期"，虽然美军将继续为维护全球安全做贡献，但有必要对其关注重点进行再平衡，将把重心转向亚太地区。他强调，"但世界必须知道，美国将维持其武装部队的军事超强优势，美军将保持灵活性，准备应对各种紧急事态和威胁"[1]。这表明，美国新军事战略重心转向亚太地

---

　　[1]《美国的亚太"战略再平衡"》，http：//news. xinhuanet. com/ziliao/2013 - 06/05/c _ 124805041. htm。

区已经成为事实。

美国现任总统奥巴马强调，世界需要美国的领导，"无法接受美国处在第二名的位置"。美国认为，目前全球主导权的挑战主要来自亚洲，随着中国综合国力的不断提升，中国已经被美国视为一个重要竞争者。由此，美国开始将战略重心从欧洲大西洋向亚洲太平洋转移，把在亚太地区的主导权看作美国全球领导地位的主要保障，从而使自己的未来更加紧密地与亚太联系在一起。2010年7月23日在东盟地区论坛上，美国国务卿希拉里·克林顿声称"南中国海周边国家的主权纠纷，已成为该地区安全与外交的核心问题"，而美国对于化解南沙群岛和西沙群岛的主权争议具有"国家利益"。

2011年南海问题升温之际，希拉里在越南出席东盟论坛时表示，"解决南海主权争议是地区稳定的关键"，称"解决争议是美国国家利益所在"。希拉里还声称，按照《美菲共同防御条约》，美国将为菲律宾提供军事装备，以应对紧张的南海局势。她还说，今后10年美国外交战略最重要的使命，是大幅度增加对亚太地区外交、经济、战略及其他方面的投入，如前沿部署外交、维护条约联盟、召集小型多边会议、探究新型贸易协定、扩大军力部署等，明确提出美军重心转移的主要目的在于应对中国。2011年6月，美国与菲律宾、印度尼西亚、马来西亚、新加坡、泰国和文莱等六个东盟国家在马六甲海峡、西里伯斯海和苏禄海举行为期10天代号为"东南亚合作与训练"的海上联合军事演习。美国对南海问题的介入再次体现出美国战略重心的东移以及针对中国的战略图谋。其中一个典型表现是，2012年1月15日，美国发布新的《军事安全战略》，放弃了同时在欧亚两线作战的战略，明确提出了以海空军为支柱加强在亚太地区的战斗力。

2012年6月，第11届香格里拉对话会在新加坡举行。来自亚太地区27个国家的代表团、14位国防部长、众多政府官员及专家学者就亚太地区安全问题进行广泛的讨论和交流。本次对话共有5个主题分会，分别是"美国在亚太地区的再平衡"、"保护海事自由"、"威慑和地区稳定"、"新型战争：网络、无人机和新威胁"、"全球和亚太安全的新风险"。美国国防部长帕内塔首次亮相香格里拉对话会。此次对话会上，帕内塔发表了《美国对亚太的再平衡》演讲，重点谈及美国在亚太地区的作用以及如何推进"再平衡"的新军事战略，根据他对"亚太再平衡战略"军事计划的阐释，美国计划在 2020 年前在亚太地区保持 6 个航母舰队，以及将六成战舰部署到亚太地区。

近期，南海周边个别国家使劲闹腾，与美国及其他域外大国相互配合，是有目共睹的。即便如此，"山姆大叔"并不感到满足，时不时就直接跳到前台，亲自"舞枪弄棒"：2013 年 5 月和 6 月，正当中菲黄岩岛问题紧张胶着之时，美国先后两次派出攻击型核潜艇进出苏比克湾。不仅如此，美国还声称要在新加坡部署 4 艘濒海战斗舰，一个小小的新加坡竟然要塞下 4 艘当今最先进战舰，看中的当然是马六甲海峡处于两大洋要冲，以及紧锁南海咽喉的地理区位。

美国"重返亚太"不仅表现在军事力量的加强上，而且还表现为积极参与主导亚洲区域合作组织或机制。"10 + 3"经贸合作是当前东盟经贸合作的主要形式。为防止被排除在亚洲区域合作组织或机制之外，美国在挤进东亚峰会后，还在努力推动跨太平洋战略经济伙伴协定（TPP）的扩大和实施。美国加入 TPP 谈判，欲借此扩大在亚洲市场的份额，享受亚洲经济的发展成果。美国彼得森经济研究所 2010 年 1 月发表报告称，TPP 是美国掌控亚太合作的最佳途径，可以此遏制中国在东亚和亚太地区的"势力扩张"。美国《华尔街日报》2010 年 10 月载文指出，TPP 对美国具有"战略意义"，美国已通过该谈判成功地参与亚洲事务，尤其是制衡中国的发展。2010 年 9 月 24 日，奥巴马总统在纽约第二届美国—东盟峰会开幕式讲话中明确宣称："作为美国总统，我已经清楚表明，美国有意在亚洲发挥领导作用。"①

美国"重返亚太"或实施"亚太再平衡战略"，从军事上遏制中国，巩固和维护其世界霸权地位的目的十分明显。美国前总统安全顾问兹比格纽·布热津斯基在 1997 年出版的《大棋局》一书中曾悲观预计：到 2015年左右，美国将失去世界霸权地位。为此，美国必须防止另一个超级大国的兴起，防止任何一种威胁美国霸权地位的反美联盟的出现。布热津斯基认为，谁控制了欧亚中心地区，谁就控制了欧亚大陆，从而控制了世界。美国政界、舆论界认为，中国最终将对美国及美国霸权地位构成最大的挑战。这种挑战主要来自中国日益增长的经济力量以及与美国在亚洲地区影响力方面的争夺。美国的这种冷战思维和"重返亚太"战略，对中国来

---

① 《奥巴马明言美国希望领导亚洲》，http：//www.sina.com.cn，2010 年 9 月 27 日。

讲，无疑成为影响实现中国梦的外部不确定因素之一。

（三）中国与邻国"领土争端"频繁

中国是一个陆地和海洋大国，周边情况十分复杂，国土争端长期以来是困扰中国周边安全的主要因素之一，近年来时有升温迹象。"钓鱼岛"问题、南海问题等对中国周边安全影响尤其突出。这些难题不仅短期内解决无望，而且趋于恶化和复杂化，这对中国继续贯彻稳定周边的方略，和平实现中国梦无疑将带来重大考验。

首先，"钓鱼岛"纷争趋热。钓鱼岛及其附属岛屿是中国领土不可分割的一部分。无论从历史、地理还是从法理的角度来看，钓鱼岛都是中国的固有领土，中国对其拥有无可争辩的主权。中国最早发现、开发钓鱼岛，通过先占取得主权。钓鱼岛及其附近海域自古以来就是中国人民进行捕鱼、采药、避风、休息等活动的场所。至晚到明代就已经被中国人民发现、利用和命名。《更路簿》、《顺风相送》等中国古籍完整记载了中国渔民在此海域的航线。限于当时的海况等自然条件和造船等技术条件，只有中国军民可以利用季风前往钓鱼岛，从事航行、避风、在附近海域捕鱼、在岛上采集等经济性开发利用活动。在 1895 年前长达5 个世纪的时间里，中国一直在平稳地行使这些权利。日本在明治维新以后加快对外侵略扩张。1879 年，日本吞并琉球并改称冲绳县。此后不久，日本便密谋侵占钓鱼岛，并于甲午战争末期将钓鱼岛秘密"编入"版图。1895 年 4 月 17 日，清朝在甲午战争中战败，被迫与日本签署不平等的《马关条约》，割让"台湾全岛及所有附属各岛屿"。钓鱼岛等作为台湾"附属岛屿"一并被割让给日本。1900 年，日本将钓鱼岛改名为"尖阁列岛"。

第二次世界大战后，根据《开罗宣言》、《波茨坦公告》和《日本投降书》，钓鱼岛作为台湾的附属岛屿应与台湾一并归还中国。但 20 世纪50 年代，美国擅自将钓鱼岛纳入其托管范围，70 年代美国将钓鱼岛"施政权""归还"日本。美日对钓鱼岛进行私相授受，严重侵犯了中国的领土主权，中国坚决反对。

面对中国政府和人民的强烈反对，美国不得不公开澄清其在钓鱼岛主权归属问题上的立场。1971 年 10 月，美国政府表示："把原从日本取得的对这些岛屿的施政权归还给日本，毫不损害有关主权的主张。美国既不能给日本增加在他们将这些岛屿施政权移交给我们之前所拥有的法律权利，也不能因为归还给日本施政权而削弱其他要求者的权利。……对此等岛屿的任何争议的要求均为当事者所应彼此解决的事项。"① 同年 11 月，美国参议院批准"归还冲绳协定"时，美国国务院发表声明称，尽管美国将该群岛的施政权交还日本，但是在中日双方对群岛对抗性的领土主张中，美国将采取中立立场，不偏向于争端中的任何一方。

20 世纪 70 年代，中日在实现邦交正常化和缔结《中日和平友好条约》时，两国老一辈领导人着眼两国关系大局，就将"钓鱼岛问题放一放，留待以后解决"达成谅解和共识。但 20 世纪 90 年代以来，日本不断对钓鱼岛采取单方面举措。日本右翼团体多次登上钓鱼岛，设置灯塔、修建神社等设施，日本政府对此采取了纵容的态度，试图造成钓鱼岛是日本领土的既成事实。近年来，日本海上自卫队及海上保安厅舰艇又开始在钓鱼岛附近海域实施警戒，甚至还出动巡逻艇和军舰骚扰中国渔民并驱赶接近钓鱼岛附近的中国渔民和保钓人员，而且逐步在实际上控制了钓鱼岛列岛及其周围海域，由此多次引发了两国间的外交摩擦。最为严重的是 2012 年 9 月份，石原慎太郎为了获得东京都政府对钓鱼岛的直接性管辖和管理，发起日本国内民众捐款从私人手中购买钓鱼岛活动。最终，在 2012 年 9 月 10 日，日本政府正式以 20.5 亿日元（人民币 1.66 亿元）从栗原弘行手中收购钓鱼岛及附属岛屿南小岛、北小岛，导演了一场"钓鱼岛国有化"闹剧，严重影响了两国的关系。对钓鱼岛实施所谓"国有化"，这是对中国领土主权的严重侵犯，是对历史事实和国际法理的严重践踏。

安倍首相上台后，呈现出明显的军国主义倾向。在历史和领土问题上多次发表了许多不负责任的右翼言论。近一年来，安倍及其政府先后抛出"侵略未定论"、"慰安妇必要论"、"效仿纳粹修宪论"、"东京审判强加论"。2013 年 12 月 26 日，安倍完全不顾亚洲人民的感受悍然参拜了供奉有二战甲级战犯的靖国神社，引起韩国和我国人民的强烈不满。若对日本领导人参拜继续姑息纵容，则会进一步使日本像脱缰野马一样迅速滑向右倾军国主义。例如，安倍表示，2014 年他要遍访南太平洋岛国，追悼战

---

① 《钓鱼岛是中国的固有领土》白皮书，http：//www. bj. xinhuanet. com/bjyw/2012 - 09/25/c_ 113203351_ 3. htm。

殁者；进一步加强与东南亚各国的防务合作，应对中国"扩张"；元旦讲话发出"夺回强大日本的战斗才刚开始"以及修宪、强化安保措施等课题宣示，去看"神风特战队"电影。可以说，日本在军国主义路上越走越远，不断地挑战第二次世界大战后确立的世界秩序，严重地威胁着世界和平和中国的领土安全，已成为中国梦实现征程上最大的危险。

其次，南海主权争执升级。所谓南海问题，指的是南海周边的6国7方，即中国大陆和台湾、越南、马来西亚、印度尼西亚、文莱和菲律宾，在南海岛礁归属和海域划分上存在分歧和争端。从历史和国际法角度来说，南海诸岛是中国固有领土，中国对之享有无可争辩的主权。20世纪70年代以来，越南、菲律宾、马来西亚等国不顾中国政府的严正声明和警告，不断出兵侵占中国南海岛屿，掠夺中国南海资源，分割中国南海海域，其中菲律宾分割41万平方千米，马来西亚分割27万平方千米，越南分割近100万平方千米，印尼分割5万平方千米，文莱分割3000平方千米。

邓小平在20世纪80年代确定了"主权归我，搁置争议，共同开发"新思路。中国政府积极与南海有关国家开展外交协调和磋商，并于2002年11月在柬埔寨金边签署了《南海各方行为宣言》，对于缓和地区局势和推动共同发展起到了非常重要的稳定基石作用。但是，近年来，越南、菲律宾等国一再将中国的理性、大度、忍让视为坚持和平崛起的中国的无奈选择，不断冲击中国的利益底线。2009年2月17日，菲律宾参众两院追认了"海洋基线法案"，其最终版本将所谓的"卡拉延群岛"以及黄岩岛，划归为"菲律宾共和国的所属岛屿"。2011年6月13日菲律宾总统阿基诺办公室称，菲律宾方面计划将南海更名为"西菲律宾海"。7月25日阿基诺在国会发表国情咨文时，宣称菲律宾准备好使用武力保护该国在南海的"领土"。2012年4月10日，菲律宾海军企图在南海黄岩岛附近"抓扣"中国渔民，遭到中国海监船制止，随后中菲双方发生对峙事件，中菲关系一度紧张。菲律宾在南海问题上对中方公然挑衅可谓由来已久。南沙群岛历来为中国所有，这一点就连外国地图和国际公约都是予以承认的。然而，菲律宾从上世纪70年代强行占领南沙部分岛屿至今，一直努力将占有国际化，以造成"既成事实"。2011年6月9日，越南官方媒体《青年报》报道称，越南总理阮晋勇对外表态，越南对"黄沙群岛"（即中国的西沙群岛）和"斯普拉特利群岛"（即中国的南沙群岛）拥有"无可争辩的主权"。2012年6月21日，越南国会通过"越南海洋法"，将中国的西沙群岛和南沙群岛包含在所谓越南的"主权"和"管辖"范围内，中方表示强烈抗议和坚决反对。

总而言之，在南海纷争中，近年来中国的被动和窘迫不断凸显：首先，南海的大多数岛礁已被越南、菲律宾和马来西亚实际控制。菲律宾将继续推行所谓的"南海和平、自由、友谊及合作区"构想，以划分"争议区和非争议区"之名，行瓜分南海之实。其次，越南等国在南海的石油开发已颇具规模。统计发现，染指南海石油开发的石油公司，既有周边国家的国有石油公司，包括菲律宾国家石油公司、越南国家石油公司、马来西亚国家石油公司、文莱国家石油公司等，也有一直在国际能源市场上"长袖善舞"的英国石油公司、道达尔和埃尼石油公司等石油巨擘，甚至惊现了俄罗斯国家石油公司、日本帝国石油公司和三菱石油公司等。再次，南海问题的国际化、多边化趋势加重。尤其严重的是，越南等国与域外大国联合开发南海石油资源以及共同牵制中国的趋势加剧。2011年9月27日，日本首相野田佳彦与菲律宾总统阿基诺举行首脑会谈，确认两国在南海问题上的紧密合作；10月14日，日本外相玄叶光一郎与东盟秘书长素林在雅加达进行会谈，双方确认就南海问题进行合作；10月24日，日本防卫大臣一川保夫会见越南国防部长冯光青，双方就东盟国家与中国围绕南海所有权频现争端一事相互交换了意见并达成共识，认为"各相关国家需在国际社会的监督下共商对策"。这一系列的互访意味日本准备全面介入南海事务。同年，印度与越南签署了相关的海上油气开发协议，双方表示将加大投资和开发石油、天然气，并最终向两国供应。东盟一些国家与印度、日本的"抱团"，不仅使南海问题复杂化，而且将使这些国家在与中国相关的国土争端问题上遥相呼应、相互支持。最后。南海海域军演频繁。2011年越南高调在南海进行实弹演习，并且发布了征兵条令。这是越南政府自1979年中国对越自卫反击战爆发32年以来首次颁布此类命令。2012年7月，美菲两军在菲律宾东棉兰岛举行代号为"卡拉特"的战备与训练合作演习，以提高两国军队的协同能力。

为了进一步掌握南海的主动权，2012年6月，我国国务院撤销海南省西沙群岛、南沙群岛、中沙群岛办事处，设立地级三沙市，管辖西沙群岛、中沙群岛、南沙群岛的岛礁及其海域。中国此举向有关国家表明了在主权问题上没有任何妥协余地，其他国家不要存有任何幻想。但面对日益复杂的南海问题，如果任由南海争端继续趋于紧张，对于和平崛起的中国来讲，没有外在的和睦稳定环境，必将产生极大的消极影响。

再次，"三股"极端势力影响西北安全。新疆"三股势力"指的是民族分裂势力、宗教极端势力、暴力恐怖势力。他们三位一体，打着民族、宗教的幌子，煽动民族仇视，制造宗教狂热，鼓吹对"异教徒"进行"圣战"，大搞暴力恐怖活动，残杀无辜，挑起暴乱骚乱。他们的目标就是把新疆从中国版图中分裂出来，建立所谓的"东突厥斯坦伊斯兰国"。

20世纪90年代，苏联解体，中亚五国独立，宗教极端思想卷土重来，并且在车臣民族分裂分子大搞恐怖活动的刺激下，迅速形成了"三股势力"。这给一盘散沙的"东突"分子带来了机遇，他们于1992年12月在土耳其集结，宣布以"东突厥斯坦国"为"国名"、以"月牙旗"为"国旗"、以"夏迪雅"为"国歌"，开始了有组织的分裂新疆的活动。

2001年"9·11"事件后，美国为谋求中国的反恐合作，宣布"东突厥斯坦伊斯兰运动"（简称"东伊运"）为恐怖组织。为了取得合法身份，2004年，一部分"东突"分子跑到德国，与"世界维吾尔代表大会"（简称"世维会"）合并，注册成为德国的合法社团组织。自此，"世维会"成为新疆"三股势力"的头号组织者。除了"世维会"和"东伊运"两支老牌组织，"三股势力"还在新疆大量发展新面孔，近年来出现了一个异常活跃的恐怖组织"伊扎布特"。它以和田地区为据点，招募惯犯和刑满释放人员，擅长用"布道"的方式吸引年轻人，在县乡村煽动群众聚众闹事。"伊扎布特"的首领阿塔·阿卜·拉什塔是一个巴勒斯坦人，多年来遥控在新疆的人马，指示他们要"放手一搏"。

自20世纪90年代初以来，"三股势力"在全疆各地制造了上百起爆炸、暗杀、袭警、抢劫、投毒、劫机等暴力恐怖事件，造成了200多人死亡、400多人受伤。被他们残忍杀害的有少数民族基层干部、爱国宗教人士、公安武警战士、无辜的汉族和少数民族群众。1992年2月5日，"三股势力"在乌鲁木齐市制造了公共汽车系列爆炸案，炸死3人（其中维吾尔族2人，汉族1人），炸伤各民族乘客20多人。1997年2月25日他们又在乌鲁木齐市制造了一起公共汽车系列爆炸案，炸死9人（其中包括维吾尔族、柯尔克孜族女小学生各一人，7名汉族和回族群众），炸伤各民族乘客68人。1998年1月至6月，"三股势力"在新疆喀什市和英吉沙县制造了 24 起投毒案件。造成一名 3 岁的维吾尔族女孩死亡，数十名各民族干部群众中毒。1998 年 5 月，他们在乌鲁木齐市多个商品批发市场、商厦连续制造了 15 起纵火案，叫嚣要把乌鲁木齐变成火海。1996 年 4 月 29 日正是穆斯林的传统节日古尔邦节，"三股势力"在新疆库车县阿拉哈格乡库纳斯二村制造了一起杀死维吾尔族农村基层干部 4 人、杀伤 3 人的暴力恐怖案件。1996 年 5 月 12 日晨，他们又在新疆喀什市制造了暗杀艾提尕尔清真寺主持人、新疆维吾尔自治区政协副主席、中国伊斯兰教协会常委、喀什市伊斯兰教协会会长、74 岁高龄的爱国宗教人士阿荣汗阿吉的恐怖案件，凶手向老人连捅 20 多刀，向老人的儿子捅了 10 余刀，阿荣汗阿吉父子经多方抢救才脱离危险。1997 年 2 月至 5 月，"三股势力"在新疆喀什地区叶城县先后制造了杀死汉族菜农两家 6 口，杀死乡村汉族医生夫妻 2 人的暴力恐怖案件。2002 年 5 月 17 日，"三股势力"在新疆和田地区皮山县一乡村小学制造了凶杀案件，当场用铡刀砍死该小学的维吾尔族校长，砍伤 2 名教师、2 名农经站干部和一名派出所司机。以上所举的仅是 100 多个案件中具有代表性的几件。

2009 年，"三股势力"内外相互勾结，制造了乌鲁木齐"7·5"打砸抢烧严重暴力犯罪事件，共造成 197 人死亡（其中绝大多数为无辜群众）、1721 人受伤，331 个店铺被砸被烧，627 辆汽车被砸被烧。2014 年 3 月 1 日晚，新疆暴力恐怖分子又在云南昆明火车站制造严重暴力恐怖活动，持刀歹徒砍死 29 人，砍伤 100 多人。经公安部组织云南、新疆、铁路等公安机关和其他政法力量 40 余小时的连续奋战，案件于 3 月 3 日下午成功告破。现已查明，该案是以阿不都热依木·库尔班为首的暴力恐怖团伙所为。该团伙共有 8 人（6 男 2 女），现场被公安机关击毙 4 名、击伤抓获 1 名（女），其余 3 名已落网。

暴力恐怖分子在境内外反动势力唆使下肆意挑起骚乱，残杀无辜民众，目的无非是想摧毁我们美好的生活，扰乱我们的生活秩序，破坏新疆社会稳定，进而分裂祖国。面对"三股势力"的残暴行径，当今世界，没有一个负责任的国家，不谴责这样的血腥暴行；没有一个讲法制的政府，会对本国的暴力恐怖犯罪纵容姑息。在新疆制造骇人暴力案件的恐怖分子，站在了全国各族人民的对立面，站在了人类文明的对立面。他们是全国各族人民共同的敌人，必须坚决地予以打击。

二　中国梦的现实压力

中国梦的实现不仅面临着严峻的国际挑战,同时还面临着国内诸多现实困境,从某种意义上讲,国内的挑战带有更根本的意义,能否有效应对和解决国内的各种挑战,直接关系着能否实现中国梦的愿景。

(一) 资源约束矛盾突出

资源是支撑人类文明进步的物质基础,是现代社会发展不可或缺的基本条件。在中国实现现代化和全体人民共同富裕的进程中,资源始终是一个重大战略问题。

中国是个大国,无论是土地面积、土地资源、林木资源、水利资源还是矿藏资源,中国的资源基础储量都比较丰富,但如果按人均占有量计算,中国大多数资源都低于世界平均水平;而如果从国土面积的资源禀赋量来看,中国各种资源丰度不等。中国人口约占世界总人口的21%,国土面积占世界7.1%,耕地占世界的7.1%,草地占世界的9.3%,水资源占世界的7%,森林面积占世界的3.3%,石油占世界的2.3%,天然气占世界的1.2%,煤炭占世界的11%。据国土资源部网站消息,日前,《中国矿产资源报告 (2013)》完成编制工作。《报告》显示,截至2012年年底,石油剩余技术可采储量33.3亿吨,天然气4.4万亿立方米;查明资源储量煤炭1.4万亿吨、铁矿775亿吨、铜矿9037万吨、铝土矿38亿吨、金矿8196吨。然而,从整体上看,我国主要工业资源短缺现象十分突出。2012年,大宗矿产品进口持续增长,矿产品进出口贸易额为9919亿美元,同比增长3.4%。进口煤炭2.89亿吨,同比增长29.8%;石油3.11亿吨,同比增长5.6%;铁矿石7.44亿吨,同比增长8.4%,对外依存度为58.7%[①]。

就能源而言,目前,中国已成为世界上最大的能源生产国,形成了煤炭、电力、石油天然气以及新能源和可再生能源全面发展的能源供应体系。2011年,中国一次能源生产总量达到31.8亿吨标准煤,位居世界第

---

① 《中国矿产资源报告 (2013)》,http://www.mlr.gov.cn/xwdt/jrxw/201310/t20131030_1286740.htm。

一。其中，原煤产量 35.2 亿吨，原油产量稳定在 2 亿吨，成品油产量 2.7 亿吨。天然气产量快速增长，达到 1031 亿立方米。电力装机容量 10.6 亿千瓦，年发电量 4.7 万亿千瓦时，能源应急保障能力不断增强。

但是，《中国的能源政策》2012 年白皮书称，中国人均能源资源拥有量在世界上处于较低水平，煤炭、石油和天然气的人均占有量仅为世界平均水平的 67%、5.4% 和 7.5%。虽然近几年中国能源消费增长较快，但人均能源消费水平仅为发达国家平均水平的 1/3。近年来，中国能源对外依存度上升较快，特别是石油对外依存度从本世纪初的 32% 上升至目前的 57.8%。[①] 中国能源资源约束矛盾突出。随着经济社会发展和人民生活水平的提高，未来能源消费还将大幅增长。高盛大宗商品研究主管杰弗瑞—库里（Jeffrey Currie）在 2012 年 1 月伦敦举行的战略会议上表示，由于在页岩气（Shale Gas）等领域进行的科技创新提振了产量，美国过去数年的石油进口减少了 40%，而同期中国的石油需求大增。库里称："在未来 12—18 个月内，中国将超越美国成为世界最大石油进口国。"

现在，中国已经成为世界第二大能源消费国。依靠大量消费能源，推动了中国经济的高速增长，但也使中国经济增长越来越接近了资源和环境条件的约束边界。中国能源利用效率约为 30%，比发达国家低近 10 个百分点。中国单位国内生产总值能耗不仅远高于发达国家，也高于一些新兴工业化国家。资料显示，中国单位 GDP 能耗水平是世界平均水平的 2.2 倍，比发达国家高出 3—4 倍。钢铁和水泥等行业的能耗水平比发达国家高出 20%。由于能源密集型产业技术落后，第二产业特别是高耗能工业能源消耗比重过高，钢铁、有色、化工、建材四大高耗能行业用能占到全社会用能的 40% 左右，整个工业能耗占到总能耗的 70% 以上。化石能源特别是煤炭的大规模开发利用，对中国生态环境造成了严重影响。未来相当长时间内，化石能源在能源结构中仍占主体地位，中国保护生态环境，应对气候变化压力日益增大，迫切需要能源绿色转型。

（二）环境生态危机加剧

（1）水资源短缺和水污染加剧。由于人口的增长和社会经济发展需

---

① 《中国的能源政策（2012）》，http：//www.gov.cn/jrzg/2012 - 10/24/content_ 2250377. htm。

求的日益增加，水资源数量的短缺和质量的恶化已成为我国现代化建设和
持续发展的重大问题。全国有 300 多个城市缺水，100 多个城市供水矛盾
突出，地下水超采严重，每年因缺水造成的直接经济损失达 2000 亿元。
21 世纪，我国水资源供需矛盾将进一步加剧。据预测，到 2050 年全国将
缺水 6000—7000 亿立方米。同时，我国水资源污染严重。2000 年，中国
水利部对全国 700 余条河流约 10 万公里河长的水资源质量进行评价，评
价后指出，目前已有 46.5% 的河长受到污染；10.6% 的河长严重污染，
水体已丧失使用价值；90% 以上的城市水域污染严重。据有关媒体报道，
中国有 1/4 的人口在饮用不符合卫生标准的水，水污染已经成为中国最主
要的水环境问题。

（2）固体和有毒废弃物污染严重。我国工业固体废物的产生量和堆
存量以平均每年 2000 万吨的速度增长，城市垃圾以每年 10% 的速度增
加，造成垃圾包围城市的严重局面。固体废物中含有各种有毒有害物
质，扬尘污染大气，渗滤液污染地表水和地下水，堆存物污染农田，造
成土壤质量下降，并成为重大的环境隐患。目前全国遭受工业固体废物
和城市生活垃圾危害的耕地已达 1000 万公顷，每年损失粮食 120 亿
公斤。

（3）酸雨和空气污染严重。随着工业发展和化学燃料的大量使用，
排入大气中的二氧化硫、二氧化氮愈来愈多。我国空气污染以城市最为严
重。全国 600 多个城市，大气环境质量符合国家一级标准的不到 1%。据
统计，我国每年排出的 SO_2 和烟尘分别为近 2000 万吨和 1200 万吨，是世
界各国排放量最大的国家。空气污染导致酸雨。全国已有 20 多个省、市
出现酸雨，酸雨面积占国土面积的 30%，污染农田 533.3 万公顷，年直
接经济损失 200 亿元。

2011 年 11 月，世界卫生组织公布了首个空气质量数据库，在全球 91
个国家和地区首都城市和人口超过 10 万人的近 1100 个城市中，中国最好
的城市是海口，排名第 830 位，北京排名第 1053 位。今年 1 月份我国从
东北、华北到中部乃至黄淮、江南地区，出现大范围、长时间严重雾霾，
影响面积 130 多万平方公里，受影响人口达 6 亿人。根据中国科学院的研
究认为，最近我国中东部的雾霾，是异常天气形势造成的大气稳定、人为
污染排放、浮尘和丰富的水汽共同作用的结果，其中人类污染物排放是内
因、"主谋"，气象条件是外因、"帮凶"。京津冀地区的雾霾有机颗粒物

由四部分组成，氧化型有机颗粒物占 44%，油烟型有机物占 21%，氮富集有机物占 17%，烃类有机颗粒物占 18%。在北京地区，机动车为城市 PM2.5 的最大来源，约占 1/4；其次为燃煤和外来输送，各占 1/5。

（4）有毒有害化学品污染已对环境和人体健康构成明显威胁。化学农药、化学肥料等的大量应用，使自然界中原有的生态平衡被破坏，尤其是那些高毒高残留农药的施用，使粮食、蔬菜、水果和其他农副产品中有毒成分增多，影响食品安全，并危害人体健康。同时农业生产中大量使用化肥，引起湖泊水库的富营养化和地下水的污染，使生态环境受到严重摧残。据资料报道，我国农药年使用量已达 25 万吨，全国受农药污染的农田约 1600 万公顷，主要农产品的农药残留超标率高达 20%。农药已成为我国环境污染的重要来源之一。

特别是近年来出现一系列严重环境污染事件和生态危机，对人民生活质量的提高、实现现代化的进程产生严重不利影响。这些问题不解决或解决得不好，必将成为实现中国梦的最大障碍和硬约束。

（三）社会差距逐步拉大

改革开放 30 多年来，我国取得举世瞩目的伟大成就：2012 年 GDP 达到 52 万亿元，折合 8.3 万亿美元，人均 GDP 为 5432 美元，民众生活水平发生了显著提高。但同时社会经济处于深刻的转型期，各种社会矛盾呈现叠加效应，成为制约社会健康发展的主要因素。而社会贫富差距问题，无疑是其中一项重要问题，影响着社会的公平正义。

（1）社会贫富分化问题严重。据国家统计局 2008 年公布的数据，我国城镇居民收入差距最高达 10.7 倍，最富有的 10% 家庭与最贫穷的 10% 家庭人均可支配收入差距将超过 8 倍。在 2011 年 9 月 7 日公布的胡润富豪榜上，2011 年中国财富在 10 亿美元以上的富豪有 271 名，而 2009 年为 129 名。仅仅两年时间，财富在 10 亿美元以上的富豪人群就翻了一番。目前中国亿万富豪人数位居世界第二，仅次于美国的 400 多名。反映居民收入差距的基尼系数已由改革开放前的 0.16 上升到 2003 年的 0.458，2004 年的 0.465，2005 年的 0.47，2006 年 0.49。清华大学教授孙立平说，目前我国仅仅是城市居民的基尼系数，也在 0.5 以上，基本在 0.54 左右；这还不包括农民，如果加上广大农村居民，这个数字会大很多。世界银行《世界发展报告 2006》提供的 127 个国家近年来收入分配不平等状况的指标表明，基尼系数低于中国的国家有 94 个，高于中国的国家只有 29 个，其中 27 个是拉丁美洲和非洲国家，亚洲只有马来西亚和菲律宾两个国家高于中国。这说明我国的基尼系数不仅超过了国际上 0.4 的警戒线，也超过了世界所有发达国家和大多数发展中国家的水平。美国约翰·霍普金斯大学国际问题高级研究院中国项目主任戴维·兰普顿对于中国问题有一个非常典型的说明。他说:"中国领导人实际上需要管理四个中国，即:非常富裕的中国，比较富裕的中国，不太穷的中国以及非常穷的中国。"①

（2）城乡差距非常明显。首先是教育程度差距。"中国高等教育公平问题的研究"课题组的调查显示，随着学历的增加，城乡之间的差距逐渐拉大。在城市，高中、中专、大专、本科、研究生学历人口的比例分别是农村的 3.5 倍、16.5 倍、55.5 倍、281.55 倍、323 倍。更重要的是在九年义务教育阶段，农村学生辍学、流失现象也比较严重。我国城乡在基础教育投入的差别是相当大的。根据《中国统计年鉴（2004）》的相关数据，2003 年，在每 10 万人口中，城镇拥有中学数 7.163 所（其中高中 2.158 所），农村拥有中学数 5.114 所（其中高中 0.130 所）；每万人中，城镇拥有中学教师数为 54.132 人，而农村仅为 2.2102 人。如果考虑基础教育在质量上的差别，那么城乡之间的教育差别更大，无论是师资配备、办学条件，还是入学率、升学率、生均经费，农村都远远落后于城市。

其次是医疗卫生差距。2003 年中国卫生事业费支出 350.44 亿元，占国家财政支出的 1.59%，卫生建设投资 231.5 亿元，占国家基建投资的 1.31%，绝大部分用于城市卫生事业。在个人医疗支出方面，城乡差距也呈扩大之势。2004 年，城乡医疗支出之比的 4.09∶1，2006 年是 3.84∶1，2007 年是 4.01∶1。根据最近对全国 100 多个村庄的典型调查，农村住院分娩率和患病就诊率仍较低，有 32% 的婴儿是在家出生的，有 78.6% 的农村人口是在家死亡的。在实施新型农村合作医疗改革之前，90% 以上的农民属于自费医疗群体。"致富十年功，得病一日穷"的现象在农村随处可见。医疗支出已经成为农村居民一项沉重的经济负担。在全部调查农户中，医疗支出占消费性支出的 8.5%，大病户家庭则占了 30% 左右。

再次是居民收入差距。自农村改革开放以来，农民收入快速增长，城

---

① 丁刚等:《四中全会和国庆 60 年令全球聚焦中国共产党》，《环球时报》2009 年 9 月 16 日。

乡居民显性收入差距由 1978 年的 2.57∶1 缩小到了 1983 年的 1.76∶1。进入 90 年代以后，城乡居民显性收入差距总体上不断扩大。2003 年城乡居民显性收入差距是 3.23∶1。2006 年城镇居民人均可支配收入（11759.5元）是农村居民人均纯收入（3587 元）的 3.28 倍。2009 年，我国城镇居民人均收入（15781 元）是农村居民人均纯收（4761）的 3.31 倍。2010 年，我国城镇居民人均收入（21033 元）是农村居民人均纯收（5919）的 3.55 倍。从国际比较看，这一数字已经超过了世界上绝大多数国家和地区的城乡水平。目前的收入统计和调整数据并未把城市居民在公费医疗、养老、住房、教育等方面非货币化的福利和补贴统计进去。如果把这些城市居民的福利补贴都折算成货币，城乡收入差距可能达到 5—6 倍甚至更高。这些问题成为实现中国梦必须破解的难题。

三　中国梦的执政考验

追求梦想，离不开正确的方向；团结奋斗，更需要引领的力量。中国共产党是领导和团结全国各族人民建设中国特色社会主义伟大事业的核心力量，实现中国梦，关键在于党。然而，在世情、国情、党情发生深刻变化的新形势下，"加强党的执政能力建设和先进性建设，面临许多前所未有的新情况新问题新挑战，执政考验、改革开放考验、市场经济考验、外部环境考验是长期的、复杂的、严峻的。精神懈怠的危险，能力不足的危险，脱离群众的危险，消极腐败的危险，更加尖锐地摆在全党面前，落实党要管党、从严治党的任务比以往任何时候都更为繁重、更为紧迫"①。这"四大考验"与"四大危险"，表明我们党对面临的挑战的高度自觉和高度清醒，也显示了党自身建设任务的艰巨性。

执政考验。我们党经过漫长的革命，付出了无数的牺牲，才成为在全国执政的党。正是因为执政，党发挥社会主义制度集中力量办大事的优势，带领中国人民取得了社会主义现代化建设的巨大成就，从根本上改变了中国人民和中华民族的前途命运，不可逆转地结束了近代以来中国内忧外患、积贫积弱的悲惨命运，不可逆转地开启了中华民族不断发展壮大、

---

①　《中共中央关于加强党的执政能力建设的决定》，http：//www.china.com.cn/chinese/2004/Sep/668376.htm。

走向伟大复兴的历史进程，使具有 5000 多年文明历史的中国面貌焕然一新，中华民族伟大复兴展现出前所未有的光明前景。

同时，也应该看到，执政对我们党的严峻考验。因为执政，所以存在权力的诱惑，权力是一把双刃剑，容易造成腐败，使党反腐败难度加大；因为执政，容易形成官僚主义、文牍主义、等级主义；因为执政，民众要求高，容易成为矛盾的焦点；因为执政，容易陷入事务主义，导致党政不分，难以做到党要管党。中国古代之所以会发生周期性的王朝更替，一个很重要的原因就是历代王朝都没有经受住执政的考验。苏联东欧剧变的一个重要原因，就是这些国家共产党没有经受住执政的考验。我们党作为一个马克思主义政党，是能够经受得住执政的考验的，但前提是必须直面执政所带来的各种考验，正确应对这些挑战，有效处理执政所带来的各种问题。

改革开放考验。改革开放以来，我国持续 30 多年的经济高速发展，取得了举世瞩目的成就，人民生活水平有了显著的提高，综合国力名列世界前茅。但是改革开放也给党的建设带来巨大挑战。随着改革开放的深入和社会主义市场经济体制的建立，党所处的环境和条件与过去相比发生了很大的变化。社会经济成分、组织形式、就业方式、利益关系和分配方式日益多样化，各种思想文化相互激荡，经济、社会生活出现了许多未曾遇到的新情况，党员队伍也发生了重大变化。社会经济成分多样化冲击着党的执政基础；社会组织形式的多样化，使人们选择多样化；就业方式多样化、生产方式和生活方式多样化，促进人们自主意识、竞争意识、效率意识、民主意识和权利意识觉醒，导致人们思想活动独立性、选择性、多变性和差异性增强；物质利益和分配方式的多样化，使得群众自主性增强，对党依赖减弱。这些新情况，使得传统比较有效的党建办法受到挑战，适应新情况的党建办法还在探索中。

市场经济考验。在社会主义制度下建设市场经济，是中国共产党在人类历史上第一次伟大的创举。改革开放以来，特别是建设社会主义市场经济体制大方向确定以后，市场经济作为一种有效的配置资源的方式，使中国社会发生了翻天覆地的变化，使中国改革取得了巨大的成就，大大加速了中华民族复兴的进程，使社会主义焕发了前所未有的活力。

我们也应清醒地看到，市场经济的存在和发展不可避免地带有一定的自发性和盲目性，有其负面性。市场经济强化了人们的功利性，趋利成为人们的本能追求，使人们过分追求物质享受，深受消费主义的影响，淡化了精神追求；市场经济强化成本意识，增强了党建活动的物质约束，党建需要成本，需要资本的支持；市场交换原则延伸到党内，易导致权力市场化。2010 年全国党建研究会调查 1200 多名党员，29.1% 认为现在党建中出现的不少问题是市场经济的负面影响所致。

市场经济作为商品经济的高级形式，它产生的一系列思想、观念和原则，渗透到党员的心理行为之中，进入党内运行机制，与党性原则发生矛盾，造成党员心理上的强烈反差。这种反差具体表现为：商品经济的等价交换原则与全心全意为人民服务的党的宗旨的冲突；商品经济追求利润的冲动与党性要求以他人利益为第一的冲突；商品经济自发滋长的个人主义与党所提倡的集体主义的冲突；商品经济产生的"金钱至上"观念与党所要求的精神激励的冲突；等等。

外部环境考验。核心就是中国共产党如何应对全球一体化挑战、统筹好国内国外两个大局的问题。一是应对西方政治图谋的挑战。苏东剧变后，意识形态之争不再像冷战时期那样泾渭分明了，但是以美国为首的西方资本主义国家对我"西化"和"分化"的图谋始终未变，并且呈现出战术更加隐蔽的特点。政治、经济、文化、科技、军事渗透多管齐下，特别是以思想启蒙、文化交流为掩护引导中国舆论、引导国人思维的努力，其深耕、深植的作用不可忽视。唱衰与捧杀并用，中国威胁论、中国崩溃论、中国责任论、中国傲慢论、中国强硬论、中国必胜论等各种论调层出不穷。威逼利诱共举，扶植"台独"、"疆独"、"藏独"势力，拉拢我周边国家共同牵制中国，排斥、排挤、弱化我在非洲、南美洲等地区的发展。北非、中东"颜色革命"，也对我国外部政治环境产生深刻影响。此外，西方资本主义国家在经济制度、社会管理等方面的某些长处，也对党的领导方式、执政方式提出了挑战，群众在开放的环境下更容易接受新的信息，用比较和挑剔的眼光来看待党。

二是应对经济全球化的挑战。经济全球化是近现代世界经济发展的必然结果，是大势所趋，但并非所有国家都支持经济全球化，因为经济全球化带来的是资源的全球配置和产业链的全球布局，在西方发达国家拥有资本、技术和规则优势的条件下，经济全球化对欠发达国家而言往往意味着被动、被迫与从属。中国是一个大国，新中国成立以来建立了比较完整的国民经济体系，加之中国经济融入世界坚持了循序渐进、互利共赢的原则，因此尽管中国在全球一体化进程中同样有得有失，但总体看，得大于失、利大于弊。然而我们也必须看到，中国的经济发展方式还比较粗放，经济发展水平还不高，在全球产业链中的位置还处于较低端。提高中国经济在世界经济发展中的地位，任重而道远。此外，融入全球经济也使得中国的经济发展充满了许多不确定性、不可抗性，在面临经济危机时很难独善其身。波及全球的金融危机对中国经济的冲击，特别是对劳动密集型产业的伤害有目共睹。一些西方发达国家所采取的以邻为壑的经济复苏措施，也深刻影响到我国的经济形势。

三是维护国家文化安全。独特的文化，是国家与民族的身份证。在经济全球化背景下，国家安全问题已经从传统的政治、经济、军事安全等领域，蔓延到文化领域。近现代以来，在中华民族不断作文化的自我反省、反思的过程中，在中国人民不断向西方学习、借鉴的过程中，中国的传统文化已经受到巨大冲击。十年"文化大革命"对传统文化的破坏更是严重。在中华文化本已脆弱的情况下，西方文化借我国改革开放之机大举进入，进一步挤压民族文化的发展空间。与资本相捆绑的西方生活方式与价值观，如美国的"三大片"（薯片、芯片、影片），潜移默化地影响着青年一代的思想观念和价值判断。西方学者在世界范围内散布"文明冲突论"，将现代世界的诸多矛盾都归结为不同文明之间的殊死搏斗。这一论调隐含了西方文明是先进文明的前提，进而引导更多的非西方国家人民特别是青年人向西方文明看齐，事实上是在宣扬和推动文化趋同。

精神懈怠的危险。天下太平时，最大的危险就是懈怠。中国共产党由革命党到执政党，由早期执政到长期执政，也同样面临精神懈怠的危险。这一危险，现在已经摆在我们面前。一部分党员干部生活上贪图安逸，事业上不思进取，精神上缺少追求，党性上不负其责。究其原因：

一是长期执政、稳定执政让党内一些同志淡忘了忧患意识。革命战争年代，我们面临的是你死我活的斗争，戎马生涯，谁敢打盹？新中国成立之初，旧政府因腐败而覆灭犹历历在目，共产党人励精图治，不敢懈怠。执政时间久了，太平日子长了，精神也就渐渐松懈了。"忧劳可以兴国，逸豫可以亡身"的古训也就慢慢淡忘了。二是取得的成就让党内一些同志有了自满意识。我们党成立90年来，极大地改变了中国的面貌，取得了举世瞩目的成就。在成就面前，大多数共产党员保持着谦虚的态度、清醒的意识，但也有一部分党员干部产生了骄傲的情绪，以功臣自居的情绪，停顿下来不思进步的情绪，贪图享乐不愿再过艰苦生活的情绪。三是灯红酒绿的环境让一些党员干部迷失了自我。新中国成立以来特别是改革开放 30 余年来，人民物质生活水平有了很大提高，与之相伴随的是大众文化生活的日益丰富多彩。过去在上海滩才能看到的霓虹闪烁、歌舞升平的景象，如今每个县城都能看得到。灯红酒绿是个贬义词，但灯红酒绿本身并没有错，关键是作为共产党员要洁身自好。但是，现在有相当一部分党员干部经不起糖衣炮弹的考验，过着醉生梦死的生活。信念动摇，思想滑坡，意志消退，精神萎靡，严重影响党的形象和战斗力。四是个人主义、功利思想以及庞大的执政团队等让一部分党员干部抱有依赖心理。党在新的历史条件下面临的实践创新、理论创新任务是繁重的，但是并不是每一位共产党员都能做到"常怀忧党之心，恪尽兴党之责"。有的人在困难面前畏缩不前，有的人对不正之风置若罔闻，甚至习以为常，见怪不怪，不闻不问，有的人将理论研究、理论创新的希望寄托于他人。之所以出现这样的情况，原因是复杂的：集体主义淡薄、个人主义盛行的社会环境，可能让一部分人缺少责任意识；在功利主义思想影响下，一部分人的入党动机本身就不纯正；8000 多万党员的执政团队，也可能让一些同志产生依赖心理。所以从党建角度看，党的队伍应当有一个适中的规模，不一定是越大越好，关键还是要看质量。突出先进性、代表性应当成为党建的一个原则。

脱离群众的危险。群众观点是我们党的基本政治观点，群众路线是我们党的根本工作路线。我们党历来有着密切联系群众的优良传统和优良作风。但是，时下一些党员干部，却或多或少地存在脱离群众的问题。有的情感上不贴近群众，对群众疾苦漠不关心，对群众呼声置若罔闻，对群众利益麻木不仁，对群众危难视而不见。有的作风上不深入群众，交通工具越来越好，信息手段越来越新，联系群众却越来越少。有的工作上不依靠群众，事前不论证、不听证，草率决策；事中不发动、不宣传，轻率行动；事后不解释、不反馈，粗率了结。究其原因：一是官本位思想严重。一些党员干部深受传统官本位文化影响，不把自己当公仆，而是当老爷；不把群众当主人，而是当臣民。总以父母官自居，恨不得鸣锣开道。高高在上，唯我独尊，乃至颐指气使，飞扬跋扈。二是宗旨意识淡薄。在繁忙的工作中，应酬多了、读书少了，听到的恭维话多了、批评少了，渐渐放松了自我修养和精神世界的改造。在市场经济环境下，与老板打交道多了、与群众接触少了，帮老板开路多了、帮群众纾难少了，慢慢淡忘了为人民服务的宗旨。三是习惯于用行政手段开展工作。执政党拥有执政地位和行政资源。有些工作，不依靠群众，依靠行政手段也能推动，有时候甚至比发动群众、依靠群众来得更快。这就使得一些领导干部渐渐养成了发号施令的习惯，生疏了做群众工作的方法。久而久之，与群众也就形成了隔阂。四是制度不健全。群众选举产生干部，干部才会真正对群众负责。认真研究党管干部与群众产生干部的结合点，切实改进党的干部人事制度，是提高党员干部群众意识的治本之策。此外，新中国成立初期，我们党在加强与群众的联系方面有不少好的制度性安排，比如干部下乡，与群众同吃同住同劳动；干部到基层任职，家属必须随行落户；市县党委每年都要组织一次"三级干部会议"，统一思想，部署工作，整顿作风等。这些好的做法，也应当创新性传承。

能力不足的危险。执政能力建设是党执政后的一项根本建设，党的十六届四中全会就明确提出，全党要不断提高驾驭社会主义市场经济的能力、发展社会主义民主政治的能力、建设社会主义先进文化的能力、构建社会主义和谐社会的能力、应对国际局势和处理国际事务的能力。总体上看，广大党员干部的能力和素质同党肩负的历史使命是适应的，这也是我们党能够战胜来自经济、政治领域和自然界风险挑战的根本所在、依托所在。但是，面对改革发展的繁重任务，一部分党员干部或难以胜任，或力不从心，能力和素质亟待提高。有的动手能力差，纸上谈兵、头头是道，真刀真枪、左支右绌，喜欢讲空洞的道理，做不到理论联系实际；有的适应能力差，老情况老问题可以应付，新情况新问题难以应对，常规工作可以完成，突发事件难以掌控，简单局面勉强支撑，复杂局面难以驾驭；有的创新能力差，新的社会矛盾找不到解决之道，新的社会症结找不到疏通之道，新的社会关系找不到协调之道，新的社会趋势找不到引导之道。究其原因：一是学习意识不强。我们党一向高度重视学习，在新的历史条件下更是将学习型政党建设摆在了十分突出的位置。学习，是提高素质和能力最快捷、最有效的途径。不学习，就会落伍，就会掉队，就会跟不上时代。因此，每一位党员都应该树立终身学习的理念，勤于学习、善于学习，不断用新的理论、新的知识武装自己。二是实践锻炼不够。提高本领，不仅要向书本学习，更要向实践学习。抓住一切机会，深入实际、深入基层、深入群众，了解国情、了解民情、了解社情，真正把握事物的内在性质、内在规律，才能有能力、有把握做好工作，完成好党交给我们的任务。党组织有责任、有义务为党员干部创造更多的学习考察、实践锻炼的机会。三是创新精神不足。只要能过得去，就不愿意改革；只要能凑合干，就不愿意创新。因循守旧、得过且过的工作态度，不仅阻碍事业的发展，而且阻碍自身能力的提高。做同样一件事，是抱着敷衍了事的态度，还是秉持认真负责的精神，效果大不相同。

消极腐败的危险。腐败是当今世界政党政治中的"顽症"，是导致许多政党衰落乃至败亡的致命毒素。20世纪80—90年代一些长期执政的大党老党失去政权，2000年连续执政71年的墨西哥革命制度党在大选中败北下台，党内腐败都是重要的原因；近年来的菲律宾兵变、泰国骚乱、突尼斯和埃及政权更迭，以及利比亚卡扎菲政权的消亡，也都与腐败密切相关。

我们党是为解放劳苦大众而建立，并为人民的利益而奋斗的。党的性质和宗旨决定了党同各种消极腐败现象是水火不相容的。廉洁奉公、执政为民是我们立党、兴党、强党的根本所在。党无论是在革命战争年代，还是在和平建设时期，都始终高擎反腐大旗，同一切消极腐败现象作坚决的斗争，以保持党的思想和组织的纯洁性。新世纪新阶段，胡锦涛总书记指出："坚决惩治和有效预防腐败，关系人心向背和党的生死存亡，是党必须始终抓好的重大政治任务"，并号召全党一定要"充分认识反腐败斗争的长期性、复杂性、艰巨性，把反腐倡廉建设摆在更加突出的位置"，"坚定不移把反腐败斗争进行到底"[①]。习近平也指出："坚决反对腐败，防止党在长期执政条件下腐化变质，是我们必须抓好的重大政治任务。"

新中国成立以来，特别是在改革开放新时期，我们党虽然采取了一系列遏制腐败现象的措施，始终对消极腐败现象采取严厉打击和高压态势。但随着经济体制深刻变革、社会结构深刻变动、利益格局深刻调整、思想观念深刻变化，不可避免地带来和产生了大量新旧观念的冲撞和摩擦，仍有不少意志薄弱的党员干部经不起改革开放和发展市场经济的考验，经不住金钱、美色、权力的诱惑，在"糖弹"面前"翻身落马"、败下阵来。他们不是将官看成为人民服务的岗位，把权当作为人民谋利益的工具，而

---

①　胡锦涛：《在庆祝中国共产党成立90周年大会上的讲话》，《人民日报》2011年7月2日。

是将官职大小看成人生价值的标准，把权力看成谋取私利的资本；将价值追求从政治转向经济、从精神转向物质，把勤俭朴素当作寒酸和低贱，把吃喝玩乐作为人生的最大乐趣；把党和人民赋予的权力私有化，大搞以权谋私、权钱交易、权色交易，吃拿卡要、行贿受贿、贪污腐化，甚至跑官要官、买官卖官、抢官骗官，严重败坏了党的形象、侵害了人民利益，削弱了党的凝聚力、向心力、战斗力，给党的事业造成了巨大损失。

腐败不除，党无宁日、国无宁日。我们必须实事求是地评估反腐败斗争的现状，既不能否定党的主流是好的，也要看到"滋生腐败的土壤依然存在，反腐败形势依然严峻复杂，一些不正之风和腐败问题影响恶劣、亟待解决。全党同志要深刻认识反腐败斗争的长期性、复杂性、艰巨性，以猛药去疴、重典治乱的决心，以刮骨疗毒、壮士断腕的勇气，坚决把党风廉政建设和反腐败斗争进行到底"①。"反腐败高压态势必须继续保持，坚持以零容忍态度惩治腐败。对腐败分子，发现一个就要坚决查处一个。要抓早抓小，有病就马上治，发现问题就及时处理，不能养痈遗患。"这是因为，如果我们对腐败现象掉以轻心，不坚决惩治，其后果就会葬送我们的党，葬送我们的人民政权，葬送我们的社会主义现代化大业。

---

① 习近平：《继续保持反腐败高压态势》，http：//news. sina. com. cn/c/2014 - 01 - 14/202629242486. shtml。

第十一章

中国梦的实现路径

中国梦是一面催人奋进的旗帜，指引我们前进的方向，然而梦想毕竟是梦想，要使梦想变为现实，必须直面当前的诸多困境与挑战，切实找到破解这些发展中难题的具体路径，才能最终梦想成真。对于中国来说，坚持走科学发展之路，继续推进改革开放，发扬实干兴邦的精神，无疑是披荆斩棘，攻坚克难，促动中国梦早日实现的路径选择。

一　科学发展铸造中国梦

科学发展观是"马克思主义关于发展的世界观和方法论的集中体现，对新形势下实现什么样的发展、怎样发展等重大问题作出了新的科学回答"[①]。科学发展观是破解中国经济社会发展难题，实现经济社会又好又快发展的重要指导思想，推进社会主义现代化和中华民族伟大复兴的战略选择。

发展创造了"中国奇迹"。30多年的经济高速发展，传统粗放型、资源型发展模式弊端尽显，已经无力支撑中国进一步实现经济社会高质量发展的需求，必须走一条以科学发展观为指导的新型可持续发展之路，这是实现中国梦的唯一出路。

---

① 胡锦涛：《坚定不移沿着中国特色社会主义道路前进　为全面建成小康社会而奋斗》，人民网，http：//cpc. people. com. cn/18/n/2012/1109/c350821－19529916. html。

(一) 转变发展方式

从大多数国家的经济发展历史看,工业化从粗放型增长方式起步是一个共同现象。作为一个发展中国家,中国的工业化进程也必然具有类似于一般发展中国家的某些共性:经济走上了一条粗放型增长的道路。

在工业化的初期,经济领域中意识形态的最大变化是确立了追求收入、利润、财富的正当性。"时间就是金钱"、"企业利润最大化"、"效率优先"成为基本的经济行为理念。从而给经济主体注入了极大的发展欲望和内在动力,使中国的改革开放和工业化充满强大的活力。

粗放型经济增长方式在相当程度上具有"不择手段"和"不惜代价"的性质。受 GDP 至上理念影响,政府成为地区间经济活动的重要参与者,为了确保 GDP 增长,各地区间对不可流动要素采取竞相降价的血拼式方法进行竞争,突出地表现为:减税优惠、低地价、低价资源、低劳动保障、低环保标准。这样,就不可避免地加剧了以低价格要素大量投入为基本特点的经济增长的粗放性。而对于企业而言,总是倾向于大量使用廉价的资源,最大限度地扩大生产规模,尽快进行资本积累。因此,高投入、高消耗、追求高增长率和大规模生产,是粗放型经济增长方式的显著特点。

粗放型增长尽管在一定的历史时期具有存在的理由,但为了工业竞争力而付出更多的资源和环境代价,其弊端与危害是非常明显的,如资源枯竭、环境恶化、生态失衡、雾霾频发,等等。粗型式增长是工业发展的低级阶段,如果不能实现向高级阶段的转变,仍然采用浪费资源和破坏环境的方式来进行生产,则是没有前途的,而且也背离了经济发展所要达到的促进社会进步,提高民众生活质量的目标。

其实,为提高经济增长的质量和效益,早在 1987 年党即提出要将粗放经营逐步转变为集约经营的战略构想,由于受到各种条件的制约,这一转变之路并不顺利。1995 年党明确提出要实现国民经济增长方式从粗放型到集约型的转变,力求从根本上改变我国国民经济发展高投入、低产出,高增长、低效益的状况。然而,在我国经济迄今为止的快速增长过程中,原有的以高投入、高能耗、高物耗、高污染、多占地为特征的"四高一多"式的粗放型增长方式并未得到根本改变,同时又积累了较多的经济社会矛盾和问题。中共十六大以来,党对我国经济发展规律的认识取得了新的重大进展，最终形成了用于指导我国社会主义建设的科学发展观。十七大明确提出了实现未来经济发展目标，关键要加快转变经济发展方式，而转变经济发展方式，必须以科学发展观为指导，"着力把握发展规律、创新发展理念、转变发展方式、破解发展难题，提高发展质量和效益，实现又好又快发展"①。十八大再次强调："加快形成符合科学发展观要求的发展方式和发展机制，不断解放和发展社会生产力，不断实现科学发展、和谐发展、和平发展，为坚持和发展中国特色社会主义打下牢固基础。"②

在科学发展观指导下，转变经济发展方式的途径之一，是实现经济增长方式的三个转变：促进经济增长由主要依靠投资、出口拉动向依靠消费、投资、出口协调拉动转变，由主要依靠第二产业带动向依靠第一、第二、第三产业协同带动转变，由主要依靠增加物质资料消耗向主要依靠科技进步、劳动者素质提高、管理创新转变。这三个转变是我国今后一个时期推动经济发展的重要方针。第一个转变展示的是整体需求结构的调整方向，第二个转变展示的是产业结构调整的基本方向，第三个转变展示的是要素投入结构调整的基本方向。

我们要保持持久稳定的增长而不是短期的繁荣，必须立足扩大国内需求，把经济发展根植于国内需求特别是居民消费需求，形成消费与投资、出口协调拉动经济增长的格局。必须立足优化产业结构推动发展，把调整产业结构作为推动发展的主线，加强农业基础地位，逐步实现农业由弱变壮；提高工业技术水平，实现工业由大变强；加速发展服务业，实现服务业由慢变快，使经济增长由主要依靠第二产业带动向依靠第一、第二、第三产业协同带动转变。必须把提高自主创新能力、建设创新型国家作为国家发展战略的核心，着力构建科技与经济紧密结合，互相促进的体制，大幅度提高科技进步和创新对经济增长的贡献率，促进经济增长由主要依靠资金和物质要素投入带动向主要依靠科技进步和人力资本带动转变。

---

① 胡锦涛：《高举中国特色社会主义伟大旗帜　为夺取全面建设小康社会新胜利而奋斗》，人民出版社 2007 年版，第 15 页。

② 胡锦涛：《坚定不移沿着中国特色社会主义道路前进　为全面建成小康社会而奋斗》，人民网，http://cpc.people.com.cn/18/n/2012/1109/c350821 - 19529916.html。

在科学发展观指导下,转变经济发展方式的途径之二,是通过改善生态环境、促进人与自然和谐发展。经济发展方式转变是否见效,一个基本的标准是资源环境代价是否降低。应推动生产方式由高投入、高消耗、高排放、难循环、低效率向低投入、低消耗、低排放、能循环、高效率转变,应坚持资源开发与节约并举,量入为出而不是急功近利、竭泽而渔,应坚持资源节约与环境保护、生态建设相统一,既讲求经济效益,也重视社会效益和生态效益的有机统一。

具体地讲:一是用现代技术特别是节能减排技术改造传统产业,加速淘汰那些高能耗、高污染的生产技术和工艺;二是开发新能源,特别是开发风能、太阳能等清洁能源,使我国在推动经济发展的同时,减少对煤、油的消耗和对环境的污染;三是必须借助市场这只"看不见的手"和政府这只"看得见的手"大力发展环保产业,通过环保的产业化、市场化,促使环保产业的良性循环;四是大力发展循环经济,使之成为节能降耗和保护环境的基本途径,缓解经济增长对能源资源和生态环境的压力,促进经济增长由主要依靠增加资源投入带动向主要依靠提高资源利用效率带动转变;五是完善资源价格形成机制。

转变生产方式,在根本上讲需要提高创新能力,把经济发展动力转变到主要依靠科技进步、劳动者素质提高和管理创新上来,实现由主要靠物质投入向主要靠知识、智力和技术进步促进发展转变,才能真正推动整个社会走上生产发展、生活富裕、生态良好的文明发展道路,实现"美丽中国"的中国梦。

(二) 实现全面协调发展

经济社会协调发展,是当前社会发展的主流,也是中国实现中国梦的基本要求。没有经济、社会、政治、文化和生态的协调发展,没有城市、乡村的一体化发展,就没有真正实现现代化,也不是我们心中中国梦的全貌。

过去我们就提到要建设一个"富强、民主、文明"的现代化国家,虽然也包含着协调全面发展的思想,但由于受社会发展阶段影响,现代化的重心,主要局限于经济领域,单方面追求 GDP 增长,成为大多数地方政府经济工作的中心任务,经济、社会、政治、生态、资源等协调发展问题没能得到应有的重视。目前,我国存在的环境问题、资源问题、生态问题、社会问题等，都与过去这种经济至上的片面发展模式，有着极大关系。

科学发展观强调，"坚持以人为本，树立全面、协调、可持续的发展观，促进经济社会和人的全面发展"①。科学发展观的经济社会协调发展，体现在内容上的全面性、空间上的均衡性、时间上的连续性和方法上的统筹性，构成了协调发展的四个发展维度。科学发展观的经济社会协调发展系统中的各系统、各要素、各结构是一个有紧密内在联系的整体，是一种动态协调发展的目标模式。

发展内容的全面性，是指从社会系统的整体性出发，发展就是经济、政治、文化、社会、生态协调推进的全面发展，即表现为物质文明、政治文明、精明文明和生态文明等多维文明协调发展并在此基础上促进经济社会和人的全面发展的系统整合过程。具体来说，科学发展观中的发展就是以经济建设为中心，建设社会主义物质文明；发展社会主义民主政治，建设社会主义政治文明；发展社会主义先进文化，建设社会主义精神文明；谋求人与自然的和谐共生，建设社会主义生态文明。综括来说，所谓全面发展，就是包括经济建设、政治建设、文化建设、社会建设、生态文明建设"五位一体"的整体发展目标模式，从而建设社会主义和谐社会，实现经济社会的全面发展和人的全面发展。用联系的观点、全面的观点看经济发展、政治发展、文化发展、社会发展和生态文明建设是息息相关、密不可分，它们之间相互差异和相对独立，又相互依存和补充，共同构成了中国经济社会发展目标的基本框架和总体布局。在这个整体中，经济建设是根本，政治建设是保证，文化建设是灵魂，社会建设是条件，生态文明建设是基础。

科学发展观中空间意义上的协调主要表现在以下两个方面：首先，立足于实现全面建成小康社会的宏伟目标，坚持城乡的协调发展，推进社会主义新农村建设。我国城乡、区域、经济社会发展不协调由来已久，当前城乡差距和区域差距仍然很大。缩小城乡差距、区域差距，解决发展中的不协调问题，是我国现代化建设的必然要求，也是实现中国梦的迫切需要。科学发展观立足整体，统观全局，把农村问题置于全面建设小康社会

---

① 《中共中央关于完善社会主义市场经济体制若干问题的决定》，《光明日报》2003 年 10 月 22 日。

的系统目标中去认识。由于农村不仅是国民经济的基础，而且这个基础还相当薄弱，与整个经济社会的快速发展极不协调。因此，要实现全面建成小康社会的宏伟目标，关键在农村，重点在农村，难点也在农村，我们必须坚持统筹城乡发展，把解决"三农"问题作为一切工作的重中之重来抓，促进城市和乡村的良性互动，加快城乡一体化发展进程。其次，从社会稳定和国家的长治久安出发考虑问题，坚持不同区域间的协调发展，优化国土开发格局。我国地域广大，各个地区之间由于地理环境条件、文化因素、原有基础存在着很大差别，因此经济发展很不平衡。科学发展观把这个问题置于复杂的经济社会大系统中来认识，着眼于加强国土规划，按照形成主体功能区的要求，完善区域政策，调整经济布局，缩小区域发展差距。再次，从系统所处的特定环境出发，坚持国内发展与对外开放的协调统一，统筹国内和国际两个大局。科学发展观是一种全方位开放的发展观，它以开放性的思维方式来把握经济社会的发展过程，把经济社会发展置于一个开放性的视域和宏大的全球视野中来考察，纳入"世界历史"的进程中。其中特别强调要处理好国内发展和对外开放的关系，统筹国内发展和对外开放。首先，我们要拓展对外开放广度和深度，充分利用国内外两种资源、两种市场，在更大范围、更广领域和更高层次上参与国际经济技术合作和竞争，拓展开放发展空间，优化开放结构，增强国际竞争力，提高开放质量，完善内外联动、互利共赢、安全高效的开放型经济体系，形成经济全球化条件下参与国际经济合作和竞争新优势。其次，在努力扩大对外开放的同时，还必须处理好国内的发展，我们必须进一步解放思想，深化改革，促进经济社会的全面协调可持续发展。

在时间维度上，科学发展则代表着可持续发展。发展开始了由增长到发展的升级，坚持过去与现在的统一。科学发展观认识到，传统的高耗低效、依靠自然资源的高速流通和低效转换换取的经济增长，不是任何意义上的发展，增长不等于发展。真正意义上的发展在于质变和飞跃，发展不仅包含生产要素投入变化，而且包括发展的动力、结构、质量、效率、就业、分配、消费、生态和环境等因素，涵盖生产力和生产关系、经济基础与上层建筑各个方面。发展既要重视系统规模的扩大和系统效率的提高，也更强调系统增长过程的协调性、系统增长的可持续性和系统增长成果的共享性。由于长期积累的结构性矛盾的解决和粗放型经济增长方式的根本改变不会一蹴而就，制约我国发展的人口、资源、环境的压力还将加大，实现可持续发展任重道远。按照国际上判断发展可持续性的标准，扭转我国可再生资源消耗速率大于可再生资源开发速率、不可再生资源消耗速率大于可再生资源消耗速率、环境污染排放速率大于环境对污染吸收速率的局面，这是一个要经历长期努力才能实现的目标；而且随着到2030年我国人口将达到16亿人的高峰，能源、资源、环境的瓶颈制约将日益突出，经济发展与人口资源环境的矛盾将是我国发展长期面对的突出矛盾。这些事实表明，坚持可持续发展，解决好我国经济发展与人口资源环境的矛盾，将是贯穿我国现代化进程始终的要求。

科学发展观要求我们用科学的方法把全面发展中的各要素、协调发展中的各结构、可持续发展中的各时序有机统一起来，做到全面度、协调度和持续度的有机统一，最根本的科学方法就是统筹兼顾。所谓统筹兼顾，就是指在想问题、定政策、做工作时，要善于把握系统的全局和整体，做到总揽全局、协调各方、统筹谋划、兼顾全面，使系统各要素各结构的发展相互协调、相互协同、相互支持、相互促进，以获得系统发展的整体效益和最优效果。为了贯彻落实科学发展观，党的十六届三中全会提出了"五个统筹"的思想，即统筹城乡发展、统筹区域发展、统筹经济社会发展、统筹人与自然和谐发展、统筹国内发展和对外开放。党的十七大报告在"五个统筹"的基础上，进一步提出要统筹中央和地方关系，统筹个人利益和集体利益、局部利益和整体利益、当前利益和长远利益，统筹国内国际两个大局。[①] 党的十八大报告在已有统筹的思想上，进一步提出了要统筹治党治国治军各方面工作，统筹各方面利益关系，充分调动各方面积极性，努力形成全体人民各尽所能、各得其所又和谐相处的局面。

（三）共享发展成果

中国梦在本质上是人民的梦，人民的幸福梦。人民的幸福，关键在于能够共同分享经济社会发展的成果。诺贝尔奖获得者、印度著名经济学家阿马蒂亚·森曾说过这样的一句话，在一个走向现代化的国家中，经济发展是必然的事情。相比较于经济的发展，更为重要的事情是让更多的

①　胡锦涛：《高举中国特色社会主义伟大旗帜　为夺取全面建设小康社会新胜利而奋斗》，人民出版社2007年版，第16页。

人——尤其是普通人，能够分享到经济发展的成果。

共享发展成果更是社会主义的本质规定和必然要求，"发展成果"反映了社会对财富的拥有，是社会生产力发展水平的集中体现；"共享"则反映了社会成员对财富的占有方式，是社会生产关系性质的集中体现。按照科学发展观要求，让人民群众共享发展成果，必须抓住发展这个第一要务，始终坚持公共服务均等化取向，充分发挥调节收入分配，加快社会建设，"要多谋民生之利，多解民生之忧，解决好人民最关心最直接最现实的利益问题，在学有所教、劳有所得、病有所医、老有所养、住有所居上持续取得新进展，努力让人民过上更好生活"①，努力使发展成果惠及全体人民。

科学发展观蕴涵发展目标的核心，就是所有的发展，最终要落实到人的自由而全面发展这个价值层次上来；所有的发展都是为人而发展，发展的真正目的是为了人民获得实实在在的切实利益。胡锦涛同志曾指出，我们应该坚持发展经济，坚持社会公平正义，坚持以人为本，让经济全球化和经济发展成果惠及所有国家和地区、惠及所有人群。我们应该坚持优先开发人力资源的指导方针，实施有利于充分就业的发展战略，提高全体劳动者素质和能力。加快构建可持续发展的社会保障体系，真正做到发展为了人民、发展依靠人民、发展成果由人民共享。十八大报告进一步强调：要"始终把实现好、维护好、发展好最广大人民根本利益作为党和国家一切工作的出发点和落脚点，尊重人民首创精神，保障人民各项权益，不断在实现发展成果由人民共享、促进人的全面发展上取得新成效"。

促进发展成果共享要厘清两个误区，既要杜绝平均主义思想，也要防止陷入盲目乐观、一步到位的误区。

防范陷入平均主义误区。平均主义在我国有着根深蒂固的历史渊源，从现实角度来讲，又有着深厚的群众基础。平均主义一旦抬头，不仅会损坏中国经济的发动机，耽搁经济发展，而且会极大抑制个人活力的激发。因此，发展成果共享不是搞平均主义，平均主义只会影响社会和谐。

防范陷入一步到位误区。发展成果共享不能一蹴而就，一步到位，必

---

① 胡锦涛：《坚定不移沿着中国特色社会主义道路前进　为全面建成小康社会而奋斗》，人民网，http://cpc.people.com.cn/18/n/2012/1109/c350821-19529916.html.

须坚持尽力而为、量力而行。既要充分考虑现有财力水平，坚持客观需要与财力可能相结合，防止片面强调发展成果共享而超越财政的承受能力，又要努力克服"财力不足，难以作为"的思想，进一步强化政府对社会事业的支出责任，坚持与经济发展水平相适应，以财力可能为基础，分清轻重缓急，注意循序渐进。

共享发展成果要实现三个倾斜。（1）向"三农"倾斜，让广大农村共沐公共服务阳光。当前我国农业人口6亿多人，发展成果共享的主体是农民，重点和难点在农村。必须认真贯彻"工业反哺农业、城市支持农村"和"多予、少取、放活"的方针，努力扩大公共财政覆盖农村的领域和范围，让更多的老百姓得实惠，努力实现行有所便、农有所惠、污有所治、居有所宜、富有所盼。

（2）向困难群体和社会建设事业的薄弱环节倾斜，凸显社会公平正义。把困难群体和发展民生事业摆上突出位置，切实加强薄弱环节，促进经济社会协调发展，努力实现学有所教、老有所养、贫有所济、病有所医、劳有所得、住有所居、闲有所乐。

（3）向基层和困难地区倾斜，促进城乡和区域协调发展。发展成果共享重心在基层，重点在困难地区。国家要通过调节收入分配实现发展成果共享。

一是进一步完善财政体制，有效促进政府财力分配的合理均衡，缩小上下级政府之间、不同区域之间以及城乡之间的财力差距，使全体城乡居民都能享受基本均等的公共服务。二是在初次分配中，注重为不同的市场主体创造平等竞争的政策环境，充分激发社会活力，努力增加社会财富，不断提高最低工资标准。廉价劳动力曾是中国经济发展的一大优势，"人口红利"被津津乐道。但是这种优势如果不能适时转型，必将阻碍中国经济进一步发展，甚至落入"中等收入陷阱"。这至少可以从两个方面来解释：一方面，劳动者收入过低，中等收入阶层占主体的"橄榄形社会"就无法形成，消费能力就无法有效提高；另一方面，企业既然使用廉价劳动力就可以轻松获取高额利润，必然缺少产业转型升级的内在动力。在再分配时，积极运用税收、支出等财税政策，引导资金流向，调节过高收入，扩大中等收入阶层比重，加大扶贫帮困力度，合理缩小社会成员之间的收入差距；充分发挥第三次分配的调节作用，推动社会慈善事业发展。

二　改革开放驱动中国梦

1978 年，我们党召开了具有重大历史意义的十一届三中全会，开启了改革开放历史新时期。从那时以来，中国共产党人和中国人民以一往无前的进取精神和波澜壮阔的创新实践，谱写了中华民族自强不息、顽强奋进新的壮丽史诗，中国人民的面貌、社会主义中国的面貌发生了历史性变化。

（一）改革开放是实现中国梦的"关键一招"

习近平接任党的总书记后，在广州视察时指出："改革开放是我党历史上一次伟大觉醒，是决定当代中国命运的关键一招，也是决定实现'两个 100 年'奋斗目标、实现中华民族伟大复兴的关键一招。"① 回顾过去 30 多年的历程，正是我们党深刻总结历史经验教训，实现了改革开放这一次伟大觉醒，打出了改革开放这关键一招，才孕育和催生了新时期从理论到实践的一系列创新创造，才让中国人空前之近地迎来实现中华民族伟大复兴这一中国梦的曙光。

35 年来，改革开放创造了中国经济社会发展的"伟大奇迹"。面对翻天覆地的历史巨变，学者们称之为"当今时代最为重大的事件"，美国前国务卿基辛格说是"难以想象"、"超越想象"。改革开放创造的"中国奇迹"，实现了从低收入国家到中等偏上收入国家的历史性跨越，为中国梦积累了坚实的物质基础。所谓"中国奇迹"，是国际经济学界的评价。那么它"奇"在哪里呢？"奇"在经济增长之快、延续时间之长、惠及面之宽、人民生活水平提升之大，都前所未有。像中国这样一个 10 多亿人口的大国，国内生产总值连续 35 年保持年均增长 9.8%，经济总量从世界第十位跃居第二位，这在世界经济史上是没有过的。人均国内生产总值从 1978 年的不到 200 美元，是当时撒哈拉以南非洲国家平均水平的 1/3，到 2012 年已超过 6000 美元，使数亿人得以脱贫。还"奇"在中国的发展进步是全方位的，体现在从生产力到生产关系、从经济基础到上层建筑、从体制环境到社会结构等各领域各方面，中国人民的面貌、社会主义中国的面貌、中国共产党的面貌都发生了历史性变化。正是在此意义上，习近平

---

① 习近平:《改革开放是实现中国梦的"关键一招"》,《北京日报》2012 年 12 月 14 日。

说，今天，我们比历史上任何时期都更接近中华民族伟大复兴中国梦的目标，都更有信心、有能力实现这个目标。

实现中国梦与推进改革开放是一个问题的两面，改革开放的成功就是中国梦的实现。习近平总书记强调，实现中国梦，一必须走中国道路，二必须弘扬中国精神，三必须凝聚中国力量。而中国道路、中国精神、中国力量都聚焦于改革开放。中国道路，就是中国特色社会主义道路，其最为鲜明的特征是改革开放。中国精神，就是以爱国主义为核心的民族精神和以改革创新为核心的时代精神。中国力量，就是中国各族人民大团结的力量，也即改革开放的中国力量。因此，改革开放成败得失，直接关系到中国梦的实现。

改革开放的目的就是要实现中国梦。邓小平曾经明确地说过："我们要赶上时代，这是改革要达到的目的。"他还说过："党的十一届三中全会以后，我们集中力量搞四个现代化，着眼于振兴中华民族。"这就清楚地告诉了我们，"振兴中华"与"赶上时代"是我们改革开放两个相互联系的目的。而"振兴中华、赶上时代"，就是实现中华民族伟大复兴的中国梦。之所以在"振兴中华"的同时要强调"赶上时代"，是因为我们所说的中华民族伟大复兴，不是要恢复中华民族昔日的辉煌，而是要使中华民族赶上时代潮流。

改革开放是实现中国梦的动力。这是因为，在中国这么一个人口多、底子薄并且经历过历史曲折的东方大国建设、巩固和发展社会主义，只有在坚持社会主义基本制度的同时，扫除民族复兴大业的各种体制障碍，变革不适应生产力发展的经济体制和其他各个方面的体制，才能实现中华民族伟大复兴的中国梦。改革开放是推进社会主义制度自我完善和发展的强大动力。马克思主义认为，生产力是最活跃最革命的因素，是社会发展的最终决定力量。生产力与生产关系、经济基础与上层建筑的矛盾构成社会的基本矛盾，决定着社会发展的方向。改革开放是社会主义条件下正确处理生产力与生产关系、经济基础与上层建筑这对基本矛盾的必然要求，是根据生产力发展要求自觉调整和变革生产关系和上层建筑中不相适应的环节和方面的重要手段，是对不适应生产力发展要求的体制机制的根本变革，这种变革必然引起经济、政治、文化、社会等各个领域的深刻变化，引起人们精神面貌、价值观念和生活方式的重大变化。

改革开放还是调动和激发广大人民群众积极性、主动性、创造性的强大动力。改革开放以来，我们党始终把是否有利于发展社会主义社会的生产力、是否有利于增强社会主义国家的综合国力、是否有利于提高人民的生活水平作为衡量改革开放成效的根本标准，把实现好、维护好、发展好中国最广大人民的根本利益作为制定和执行各项方针政策的出发点和落脚点，使改革开放得到了广大人民群众的衷心拥护和支持。人民生活水平从温饱不足发展到总体小康，人民当家做主得到有效保证，物质文化需求不断得到满足，这些都极大地调动和激发了广大人民群众建设和发展中国特色社会主义的积极性、主动性、创造性。

正如习近平所说:"35 年来，我们党靠什么来振奋民心、统一思想、凝聚力量? 靠什么来激发全体人民的创造精神和创造活力? 靠什么来实现我国经济社会快速发展、在与资本主义竞争中赢得比较优势? 靠的就是改革开放。"① 实践已经证明，中国能够用短短 30 多年时间，就从苏联模式的体制中解放出来，发展成为世界第二大经济体，靠的就是改革开放。改革开放是中国经济社会发展的根本动力，没有改革开放，就不会有 30 多年来的发展成就;没有改革开放，就不会有中国特色社会主义道路的成功开辟;没有改革开放，就无法实现民族伟大复兴的中国梦。

（二）改革开放只有进行时没有完成时

改革开放的成功实践，不仅充分证明了 35 年来我们所走的中国特色社会主义道路是完全正确的，而且为改革开放"再出发"提供了实践支撑和宝贵经验。因此，习近平指出，正是从历史经验和现实需要的高度，党的十八大以来，中央反复强调，改革开放永无止境，改革开放只有进行时、没有完成时。

所谓"改革开放只有进行时没有完成时"，是说改革开放永远不会完结。它既是一个时间概念，也是一个空间概念。从时间方面强调任何时候必须永远坚持改革开放;从空间方面强调做任何事情都必须坚持改革开放的精神。这是习近平从马克思主义认识论的高度对改革开放作出的科学结论。

马克思主义认为，事物的运动性、发展性决定了它的规律性。中国共产党探索中国特色社会主义道路的历史也是这样，从社会主义制度的确立

---

① 习近平:《关于〈中共中央全面深化改革若干重大问题的决定〉的说明》，新华网，2013 年 11 月 15 日。

到"摸着石头过河"，再到建立社会主义市场经济体制；从农村起步到全方位改革开放，再到全面深化改革蓝图的实施，都是随着实践的发展、认识的深化，不断向客观事物"必然的王国"迈进。在这个进程中，没有捷径，唯有改革开放。从这个意义上说，改革开放就是中国特色社会主义的建设规律，就是我们找到的社会主义国家发展的成功路径，从而避免了苏东剧变的历史悲剧。改革开放的成功，回答了在坚持马克思主义的指导地位和共产党领导的前提下，如何建设社会主义和如何发展包括如何运用市场经济规律和学习借鉴人类发展的文明成果等重大问题，深刻揭示了社会主义建设规律、共产党执政规律和人类社会发展规律。习近平总书记把改革开放上升到科学规律的高度来定位，向世人宣告，改革开放是中国历史发展的必然结果，是马克思主义普遍原理与中国实际相结合得出的正确结论。

"改革开放只有进行时没有完成时"，从根本上讲是一个正确的方法论。习近平总书记指出：改革开放是决定当代中国命运的关键一招，也是决定实现"两个100年"奋斗目标、实现中华民族伟大复兴的关键一招。这里的两个"关键一招"，都是方法论的具体体现。他明确指出："改革开放是前无古人的崭新事业，必须坚持正确的方法论，在不断实践探索中推进。摸着石头过河，是富有中国特色、符合中国国情的改革方法。"习近平总书记从方法论高度概括改革开放的重大历史作用，高调评价一些具体改革措施，为我们战胜前进道路上的矛盾和困难提供了科学方法和思想武器。第一，它告诉我们，必须牢固树立改革开放意识，始终坚持用改革开放的精神、思路来考虑问题、谋划工作，这为我们明确了思维活动的着眼点和路线图。第二，它告诉我们，必须牢固树立问题意识，针对发展中存在的突出问题，坚持用改革开放的办法谋求破解良策，这为我们提供了解决发展过程中出现的各种问题的正确工作方法。习近平同志指出，我们中国共产党人干革命、搞建设、抓改革，从来都是为了解决中国的现实问题。可以说，改革是由问题倒逼而产生，又在不断解决问题中得以深化。他要求我们要有强烈的问题意识，以重大问题为导向，抓住关键问题进一步研究思考，着力推动解决我国发展面临的一系列突出矛盾和问题。

习近平关于"改革开放只有进行时没有完成时"的论述，以结论性的语言宣告：中国改革开放永远不会结束，党的基本路线永远不能动摇，改革开放政策永远不会变。它蕴涵着对国内外围绕中国的改革开放政策会不会变的疑虑作出"永远不会变"的肯定回答，蕴涵着对社会上的种种模糊认识作出的"中国的改革开放永远不会完结"的郑重表态。这一回答，充分显示了中国共产党人对中国特色社会主义伟大事业的道路自信、理论自信和制度自信。道路自信是说，我们立足基本国情，以经济建设为中心，坚持四项基本原则，走改革开放之路，实践证明是唯一正确的选择；理论自信是说，"旧的问题解决了，新的问题又会产生"，发展永无止境、实践永无止境，认识也永无止境。在改革开放实践中诞生的中国特色社会主义理论体系，经过改革开放实践检验，在指导改革开放的伟大事业中愈发闪耀着科学理论的光辉。制度自信是说，在改革开放中，我们根据新的实践要求，制定完善了一系列符合社会主义市场经济发展和改革开放需要的经济体制、政治体制、文化体制、社会体制等各项具体制度，为推进改革开放的伟大事业提供了强有力的政治、思想和制度保证。这一回答，向全党和全国人民吹响了把改革开放的伟大事业进行到底的时代号角。

（三）　在新时期必须全面深化改革开放

以党的十八大为标志，我国进入全面建成小康社会的决战阶段。我们已站在一个新的历史起点上，正在进行具有许多新的历史特点的伟大斗争，面对的问题和困难极为艰巨复杂。在这样一个攻坚期和深水区，我国怎样才能赢得主动、赢得未来？对此，新一届中央领导集体十分清醒，他们给出的"关键一招"，就是"全面深化改革"。

十八大之后这一年，以习近平同志为总书记的党中央继续鲜明地举起改革的大旗，表明坚定推进改革的决心，坚持用改革的办法攻坚克难。习近平同志在许多场合，反复强调"改革不停顿、开放不止步"，"突破利益固化的藩篱"，"以更大的政治勇气和智慧深化改革"。2014 年《政府工作报告》再次指出："改革是最大的红利。当前改革已进入攻坚期和深水区，必须紧紧依靠人民群众，以壮士断腕的决心、背水一战的气概，冲破思想观念的束缚，突破利益固化的藩篱，以经济体制改革为牵引，全面深化各领域改革。"

十八届三中全会，对全面深化经济、政治、文化、社会、生态文明体制和党的建设制度改革作出了总部署，勾画了到 2020 年全面深化改革的路线图和时间表。全会研究部署改革的力度、广度、深度，改革措施之多、政策之实、影响之大，都是空前的，不仅得到社会各方面的高度认同，也赢得国际舆论的高度赞赏。国外媒体评论说，中国推出了"最具雄心的改革"，是"数十年来最大规模的经济与社会改革"，预测"中国将迎来翻天覆地的变化"，并将"带来影响广泛的全球经济变革"①。

全面深化改革，必须坚持发展是硬道理的战略思想，决不能有丝毫动摇。首先要纠正那种以"发展是硬道理"为名搞违背科学发展的"唯 GDP 论"、以"效率优先"为名损害社会公平正义、以"市场化"为名规避必要的政府宏观调控和微观规制等错误观念和做法，坚决不再以牺牲质量而获得速度、不再用速度替代一切，做到速度与质量的高度统一。在推动经济持续健康发展中，要在尊重经济规律的基础上实现有质量、有效益、可持续的速度，要在不断转变经济发展方式、不断优化经济结构中实现增长。在对经济工作的管理中，要用更多的市场手段、经济手段、法律手段，不断提升创新能力、市场驾驭能力。在发展的出发点和落脚点上，要把民生工作放到经济工作的重要位置，把重大民生工程摆在发展工程的优先序列，努力在保障和改善民生上取得新成效。

全面深化改革，必须坚持正确的方法论，在不断实践探索中推进。现在的改革，已经不再是初期大刀阔斧、革故鼎新的开局状态，而是动辄牵一发而动全身，既错综复杂又敏感脆弱，现实中的问题千头万绪，各种深层矛盾错综复杂，这就需要全面深化改革开放，更加注重改革的系统性、整体性、协同性，努力做到全局和局部相配套、治本和治标相结合、渐进和突破相衔接，形成推进改革开放的强大合力；全面深化改革开放既要注重顶层设计，也要注重摸着石头过河，在摸石过河中加深对规律的认识，在统筹规划中协力推进改革。只有统筹兼顾全面深化改革开放，才能有效解决前进道路上的各种问题，推动我国经济社会持续健康发展，实现民族伟大复兴的中国梦。

全面深化改革，我们必须坚持社会主义市场经济的改革方向，坚持对外开放的基本国策，以更大的政治勇气和智慧，不失时机深化重要领域改革，朝着实现中国梦的宏伟目标奋勇前进。第一，进一步形成全国统一的

---

① 周爱兵：《中国道路为什么走得对——写在改革开放 35 周年之际》，《人民日报》2013年 12 月 23 日。

市场体系，营造公平竞争的发展环境。要把更好发挥市场在资源配置中的决定性作用作为下一步深化改革的重要取向，加快形成统一开放、竞争有序的市场体系，着力清除市场壁垒，提高资源配置效率；继续完善市场准入制度，促进各种所有制企业依法平等使用生产要素、公平参与市场竞争、同等受到法律保护。

第二，进一步增强经济发展活力，为实现经济持续健康发展提供不竭动力。要坚持和完善基本经济制度，着力深化改革开放，激发市场活力和内生动力。增强公有制经济特别是国有经济发展活力，鼓励、支持、引导非公有制经济发展，完善财税体系，发展更高水平的开放型经济体系，不断增强经济发展微观基础的活力。深化财税、金融、资源性产品价格等方面的改革，加快产业结构转型升级，提高发展的质量、效益和水平。深化科技体制改革，大力实施创新驱动发展战略，完善知识产权制度，强化企业创新主体地位，支持科技型企业和优秀人才创新创造创业，跟上世界科技革命步伐。

第三，进一步提高宏观调控水平，提高政府效率和效能。在国内外环境错综复杂、宏观调控抉择两难的情况下，我们从深处着力，把改革开放作为发展的根本之策，放开市场这只"看不见的手"，用好政府这只"看得见的手"，促进经济稳定增长。政府要加快转变职能、简政放权，处理好政府和市场的关系。减少对微观事务的管理，更大程度更广范围发挥市场在资源配置中的决定性作用，使企业在竞争中优胜劣汰，充分激发市场主体活力。同时，着力提高政府管理科学化水平，增强宏观调控前瞻性、针对性、有效性，真正做到该管的管住管好，不该管的不管不干预，建设人民满意的服务型政府。

第四，进一步实现社会公平正义，通过制度安排更好保障人民群众权益。要在全体人民共同奋斗、经济社会不断发展的基础上，通过制度安排，依法保障人民权益，让全体人民依法平等享有权利和履行义务。继续深化社会领域改革，优化财政支出结构，调动社会资本参与的积极性，着力推进教育、医疗、社保、住房等领域的基本公共服务均等化。改革收入分配制度，规范收入分配秩序，缩小收入分配差距。加快改革户籍制度，有序推进农业转移人口市民化，积极稳妥推进城镇化。加强和创新社会管理，促进社会公平正义，增强社会活力。

全面深化改革，必须提高党建科学化水平。提高党的建设科学化水平，是积极应对世情、国情、党情深刻变化的现实需要。当今在外部环境发生深刻变化的时代背景下，党在推进改革开放和社会主义现代化建设中所肩负任务的艰巨性和繁重性世所罕见，在改革发展稳定中所面临矛盾和问题的规模和复杂性世所罕见，在前进中所面对的困难和风险也世所罕见。国内外形势的新发展，改革发展稳定的新要求，人民群众的新期待，都迫切要求我们党以改革创新精神进一步加强自身建设，不断提高党的建设科学化水平。

党的十六大以来，我们党在自身建设上取得了重要成果，为党的建设科学化奠定了坚实的实践基础。从总体上看，党的领导水平和执政能力、党的建设状况虽然同党肩负的历史使命是适应的，但是党内也存在一些不适应新形势新任务要求、不符合党的性质和宗旨的问题，如"四大考验"、"四种危险"、"四风问题"，这些问题如不引起应有重视，及时加以解决，将严重削弱党的创造力、凝聚力、战斗力，严重影响党的执政地位巩固和执政使命实现。这就要求我们必须切实提高党的建设科学化水平，确保党始终成为中国特色社会主义事业的领导核心。

首先，加强党的制度建设。坚持用制度管权管事管人，健全民主集中制，推进党的建设制度化、规范化、程序化。其次，加强党风廉政建设。要深入开展党风廉政建设，反腐败斗争，保证我们的党是一个先进性、纯洁性的党。对于腐败的治理，坚持标本兼治、综合治理、预防腐败、惩防并举、注重预防的方针。再次，加强执政能力建设，提高党"自我净化、自我完善、自我革新、自我提高"的能力，建设学习型、服务型、创新型的马克思主义执政党。

全面深化改革尽管十分艰难，但正如邓小平所说的，不坚持社会主义，不改革开放，不发展经济，不改善人民生活，只能是"死路一条"。党的十八大描绘出全面建成小康社会、加快推进社会主义现代化、夺取中国特色社会主义新胜利的宏伟蓝图，激发起13亿人共走复兴路、共圆中国梦的豪情壮志，要实现、完成这些宏图伟业，必须要坚定不移地用好改革开放这"关键一招"，继续解放思想，坚持改革开放，推动科学发展，积极回应广大人民群体对深化改革开放的强烈呼声和殷切期待，凝聚社会共识，协调推进各领域各环节改革，努力把改革开放推向前进。

三　实干兴邦托起中国梦

全面深化改革开放，硬骨头、硬茬子为数不少，险滩暗礁无法预料，思想观念有新障碍，利益固化有新樊篱。我们必须拿出更大的政治勇气和智慧，进一步"大胆地试，大胆地闯"。我们需要从当年壮士断腕、扭转乾坤的战略家身上吸取力量，敢下决心打硬仗，敢冲破思想观念窠臼，敢打破固有利益格局。空谈误国，实干兴邦，我们必须用行动来涉急流、渡险滩，用实干来开新局、写新篇。

（一）"空谈误国"是历史教训

"空谈"一词，来自于魏晋时期的"清谈"之风。习近平同志十八大期间参加上海代表团讨论时纵论中国历史，曾经提过到魏晋南北朝。魏晋时代，风流名士以清谈为风尚，被王羲之贬为"虚谈废务，浮文妨要，恐非当今所宜"，后来顾炎武批评两晋亡于清谈，遂有"清谈误国"之说。应该讲，"空谈误国，实干兴邦"，是从历史经验教训中总结出来的治国理政的一个重要结论。历史上有许多空谈误国的教训，比如战国时期的赵括，只会"纸上谈兵"，以致40万赵军全军覆没，此类误国之鉴，发人深省。从历史经验看，空谈作为某些学者探讨学术问题的方式，尚可理解，但是如果空谈成为一种时尚，成为标榜的一种生活方式、生活态度，对社会就会产生极大的消极影响，它会妨碍人们积极地从事改变社会现实、推动社会发展的社会实践活动，那就真正地误国了。

最早提出"空谈误国，实干兴邦"这句名言的是邓小平同志。1992年1月18日，邓小平南巡，专列抵达汉口火车站时，对时任湖北省委书记关广富的谈话中讲道："空谈误国，实干兴邦，不要再进行所谓的争论了。"邓小平的这句话有很强的现实针对性，主要指向当时一股"左"的思潮，在"姓社姓资"问题上纠缠不断，其实质是否定改革开放。这股思潮伴随着改革开放的全过程，每当改革开放进入关键阶段，它就会高调登场，抓住改革开放中的一些问题，大做文章，阻挠和否定改革开放道路，制造思想混乱延误改革良机。

在邓小平看来，"不争论"就是不"空谈"，要实干，大胆地试，大胆地闯。因为空谈争论，会耽误时间，浪费时机。正如邓小平在南巡时说："不搞争论，是我的一个发明。不争论，是为了争取时间干。一争论就复杂了，把时间都争掉了，什么也干不成。不争论，大胆地试，大胆地闯。"① 邓小平认为，改革开放"会有不同意见，但那也是出于好意，一是不习惯，二是怕，怕出问题"②。他采取的方针叫"不争论，大胆地试，大胆地闯"，就是用实践来回答争论，用实干来实现强国之梦。

（二）从"不懈怠"到"讲清楚"

在纪念党的十一届三中全会召开 30 周年大会上，胡锦涛同志在会上发表重要讲话，提出"不动摇、不懈怠、不折腾，坚定不移地推进改革开放"③ 的重要论断，习近平同志 2013 年 8 月 19 日在全国宣传工作会议上提出"四个讲清楚"重要论断，这是对邓小平提出的"空谈误国，实干兴邦"论断在新的历史条件下的继承与发展。三者并不矛盾，在精神实质上都是一致的，就是为了更好地推进改革开放，早日实现中国梦。

胡锦涛同志的"不动摇、不懈怠、不折腾"作为一个整体来讲，"不动摇"就是坚持改革开放、走中国特色的道路不动摇，在这个问题上没有商量、讨论甚至于争论的余地；"不懈怠"，就是争分夺秒、惠民利民、全力以赴，大力加快经济社会建设；"不折腾"就是不再走老路、走邪路、走回头路。可见，"不动摇"是决心、"不懈怠"是态度、"不折腾"是作为，它是一个完整的体系，是一个循序渐进的整体。尤其对于"不折腾"应该从宏观和微观的两种角度来理解，从微观上看，折腾就是空耗、是内耗、是损耗，折腾就是消耗；折腾是做无谓的事、说无谓的话；折腾对发展经济无益、对科学发展有害。从宏观上看，"不折腾"是建立在"不争论"基础之上的，只有不争论，才能保证"不折腾"，只有"不折腾"，才能减少无谓的争论。胡锦涛在这次讲话中对"不折腾"已经给了我们答案，那就是"决不走封闭僵化的老路，也决不走改旗易帜的邪路"，解放思想和改革开放的道路必须坚定不移地走下去，决不因僵化而

---

①　《邓小平文选》第三卷，人民出版社 1993 年版，第 374 页。
②　同上书，第 367 页。
③　《十七大以来重要文献选编》（上），中央文献出版社 2009 年版，第 809 页。

走老路、走邪路、走回头路，在走什么路的问题上，我们没有再折腾的资本，"不动摇、不懈怠、不折腾"有力回答了社会上对改革开放的怀疑和动摇。由于"不动摇"，也不会再折腾。从这个意义上看，"不动摇、不懈怠、不折腾"的新论断，是在小平同志的"不争论"基础上的新发展和新飞跃的完整理论体系。

"不争论"有着特殊的时代背景，彰显了邓小平同志杰出的政治智慧和实干兴邦的价值追求。不争论也好，不懈怠、不折腾也好，并没有限制人们在大是大非问题上的讨论，"关于真理标准的大讨论"就是如此，正因为通过大讨论，才正本清源、拨乱反正，从此确立以实践检验作为判断意识形态与各种理论争论的唯一标准，重新确立实事求是是党的思想路线。在事关国家命运的重大理论问题上，在大是大非的路线问题上，争论就是为了讲清楚。只有在理论上讲清楚，才能在实践中更好地坚持中国特色社会主义的道路自信、制度自信和理论自信，凝聚民心，汇聚力量，早日实现中华民族的伟大复兴。

习近平 2014 年 8 月 19 日在全国宣传工作会议上做了很好的总结："宣传阐释中国特色，要讲清楚每个国家和民族的历史传统、文化积淀、基本国情不同，其发展道路必然有着自己的特色；讲清楚中华文化积淀着中华民族最深沉的精神追求，是中华民族生生不息、发展壮大的丰厚滋养；讲清楚中华优秀传统文化是中华民族的突出优势，是我们最深厚的文化软实力；讲清楚中国特色社会主义根植于中华文化沃土、反映中国人民意愿、适应中国和时代发展进步要求，有着深厚历史渊源和广泛现实基础。"①

从"不争论"到"讲清楚"，我们首先要认识到，当今的中国同 30 多年前、20 多年前的中国已经大不相同。中国实行了不同于西方与大多数国家的社会主义制度，加上国际上少数反华势力的鼓捣，如果中国不"讲清楚"，误会、敌意恐怕会越来越多，越来越重。在国内，中国作为拥有 13 亿人口的大国，虽然创造了世界历史上经济大发展的奇迹，但毕竟还有诸多不足，有一些阴暗面。如果不在中国的政治制度上"讲清楚"，在中国所走道路上"讲清楚"，对中国将要抵达的彼岸"讲清楚"，

---

① 《习近平论中国传统文化——十八大以来重要论述选编》，http：//www.ccpph.com.cn/sxllyw/wwjs/201403/t20140303_ 170110.htm。

势必会引起一些极端分子的质疑与挑衅，也会在部分民众中引起思想上的混乱。

"讲清楚"并不是在国际社会上针锋相对、剑拔弩张，也不是在国内携公权力与专政工具去压制争论，搞"一言堂"，更不是用"亮剑"来对付不同声音与意见。正如习近平在"8·19讲话"中所说，"讲清楚"在国际上"以利于积极借鉴人类文明创造的有益成果。要精心做好对外宣传工作，创新对外宣传方式，着力打造融通中外的新概念新范畴新表述，讲好中国故事，传播好中国声音"。"讲清楚"在国内"要深入开展中国特色社会主义宣传教育，把全国各族人民团结和凝聚在中国特色社会主义伟大旗帜之下。要加强社会主义核心价值体系建设，积极培育和践行社会主义核心价值观，全面提高公民道德素质，培育知荣辱、讲正气、作奉献、促和谐的良好风尚"①。

在国际上讲好中国故事，在国内把全国人民凝聚在社会主义核心价值观与中国特色的社会主义旗帜之下，是机遇，更是挑战，是务虚，更是务实。"讲清楚"这是时代的需要，发展的需要，社会主义建设的需要，更是实现中国梦的需要。

（三）中国梦重在落实

中国梦作为我们的理想，是合理之"想"，而"想"不仅是"干"的愿望和原动力，更要靠"干"变为现实。"理"与"实"、"想"与"干"的这种辩证关系，构成的就是理想与实干的辩证逻辑。历史经验告诉我们，我们向人民群众描绘美好蓝图，展望发展前景，是为了增强人民群众对中国特色社会主义的信心，但千万不能给人民群众以不切实际的过高期望，更不宜提一些虽然符合共产党人的理想但目前这一阶段还做不到的口号。也就是说，中国梦是以实践为基础的科学理想，只有通过坚持不懈的实干，才能变为生活中的现实。

（1）讲实干就是抓落实。习近平在《关键在于落实》一文中指出，反对空谈、强调实干、注重落实，是我们党的一个优良传统。对于抓落实的极端重要性，我们党和党的主要领导同志先后都有过很多精辟的阐述。

---

① 《要深入开展中国特色社会主义和中国梦宣传教育》，http：//forum. home. news. cn/thread/125620155/1. html。

毛泽东要求共产党员一定要有"认真实干"的精神，强调"一件事不做则已，做则必做到底，做到最后胜利"，"什么东西只有抓得很紧，毫不放松，才能抓住。抓而不紧，等于不抓"。邓小平强调"少说空话、多干实事"，凡事都"要落在实处"，"开会、讲话都要解决问题"。江泽民同志强调"落实，落实，再落实，因为这是做好一切工作的关键环节"，"不要在层层表态、层层开会、层层造声势上做文章，而要在层层抓落实、层层抓解决问题上下功夫"。胡锦涛同志强调"要坚持发扬共产党人的革命精神和坚持科学求实态度的统一，脚踏实地，埋头苦干，坚决反对形式主义和官僚主义"。这些论述，把抓落实的重要意义和基本要求讲得很清楚很深刻，我们在领导工作中要始终遵循和认真贯彻。

我们党建立已 90 年、新中国成立已 60 多年，在革命、建设、改革各个历史时期党和人民的事业之所以能够不断取得伟大的成就，在全国各族人民中我们党之所以能够享有崇高的威望，靠的就是把马克思主义基本原理同中国具体实际结合起来形成正确的理论和路线方针政策，靠的就是全党同志团结带领人民群众一步一个脚印地把党的路线方针政策变成认识世界和改造世界的巨大精神力量与物质力量。我们的所有成就，都是干出来的。这里的关键，就是始终注重抓落实。如果落实工作抓得不好，再好的方针、政策、措施也会落空，再伟大的目标任务也实现不了。因此，抓落实是领导工作中一个极为重要的环节，是党的思想路线和群众路线的根本要求，也是衡量党员领导干部世界观正确与否和党性强不强的一个重要标志。①

（2）抓落实必须具有知难而进、锲而不舍的奋斗精神。抓落实，是我们党执政能力的重要展现，也是对各级领导干部工作能力的重要检验。当前，我国处于发展的重要战略机遇期，但社会矛盾也日益凸显，前进中遇到不少需要克服的困难和风险。只有攻坚克难，乘势而上，我们才能抓住和用好机遇，赢得未来发展的主动权；如果自满懈怠，心浮气躁，就不可能开创改革和发展的新局面，已经取得的成果也有可能丧失。

抓落实的过程，必然会遇到许多矛盾和问题，只有努力解决好各种矛盾和问题，才能把落实工作真正抓好、抓出成效。矛盾和问题是普遍存在的，问题也是矛盾。没有矛盾，就没有世界、没有发展。因此，我们在各

---

① 习近平：《关键在于落实》，《学习时报》2011 年 3 月 15 日。

项工作包括抓落实工作中，不要怕遇到矛盾和问题，而要敢于正视矛盾和问题。不要绕开矛盾和问题走，而要同群众一道千方百计地去求得矛盾和问题的及时正确解决。这是各级领导干部在抓落实及其全部工作中应该具有的根本态度。

当前，我们在改革和发展中遇到很多这样那样的矛盾和问题，有的还比较突出。比如，经济发展方式粗放、资源约束加剧、环境压力增大、自主创新能力不强、保障和改善民生任务繁重等矛盾和问题，正在日益显现出来。又比如，在对外开放中涉及的贸易摩擦、贸易保护主义、技术封锁问题，以及涉及国家主权、安全和长远发展的种种矛盾和斗争，也越来越多。再比如，随着世情、国情、党情的发展变化，对党员队伍教育和管理的难度增大，保持党的先进性面临许多新情况新问题。所有这些矛盾和问题，都要求各级领导干部以对党、对人民高度负责的精神，迎难而上，敢于面对并认真探索解决之策。如果眼中只有成绩和经验，看不到问题和困难；如果回避矛盾，遇到困难绕道走，见到难题就躲避；如果报喜不报忧，有了矛盾推责任，出了问题捂着拖着，那么抓落实就有落空的危险。有些地方、部门和单位积累的问题长期得不到解决，有多种原因，但很大程度上与这些地方、部门和单位领导班子和领导干部遇到矛盾畏难情绪占上风、解决问题不得力有直接关系。抓落实，还要求领导干部增强预见性，及时发现并尽早解决矛盾和问题，努力使简单矛盾不演化成复杂矛盾，小问题不延误成大问题。领导干部要多到矛盾突出的基层去，多到困难较多的一线去，多到难点焦点问题聚集的地方去，在克服困难、化解矛盾、解决问题中抓落实、促发展、出实绩。

（3）抓落实必须发扬求真务实、真抓实干的优良作风。求真务实、真抓实干的对立面，就是弄虚作假，搞形式主义。现在，大多数领导干部是能够做到求真务实、真抓实干的，但在有些领导干部中也确实存在着比较严重的形式主义，这必须引起高度重视。

形式主义，就是凡事只看现象、不看本质，只讲究外在形式、不注重实质内容的思想方法和工作作风，归结起来就是"虚"字当头、"形"字挂帅、"假""大""空"横行。在当前，其主要表现有三：

学习上"虚"，不求实效。重视学习、善于学习，是我们党的优良传统和政治优势，也是党员领导干部健康成长、提高素质、增强本领、不断进步的重要途径。然而有些党员领导干部对马克思主义、毛泽东思想、中国特色社会主义理论体系等重大理论的学习只停留在会议上、停留在口头上、停留在本本上、停留在宣传报道上，不能真正做到真学、真懂、真信；有些党员领导干部表面上热衷学习，实际上却只是摆个架子、做个样子、举个幌子，不能真正做到提升自身素质和能力；有些党员领导干部看似在学习、在读书，却不能理论联系实际、学以致用，解决不了工作中的实际问题。

调查时"浅"，不察实情。开展深入细致的调查研究是制定和实施正确路线方针政策的重要前提，也是我们党一贯坚持的工作方法。然而有些领导干部开展调查研究，并不是要了解真实情况，研究实际问题，解决实际困难，而是"坐着车子转、隔着玻璃看"，走马观花、浅尝即止、走过场；并不是到困难和矛盾集中、群众意见多的地方去体察民情、了解民生，而是"走一圈"、"看一下"、"听一遍"、"讲一通"，图完成任务；并不是轻车简从，深入群众，深入基层，而是兴师动众，搞层层陪同，图场面热闹。

工作中"假"，不干实事。空谈误国、实干兴邦，只有坚持求真务实的工作态度和作风，党的路线、方针和政策才能得到贯彻落实。然而在目前工作中，弄虚作假、敷衍塞责、不干实事的却大有人在：贯彻落实中央和上级精神时文山会海，雷声阵阵，却不付诸实际行动；谋发展、抓工作时沽名钓誉，哗众取宠，搞形象工程、面子工程，不屑于解决与老百姓切身利益相关的民生问题；汇报时头头是道，夸夸其谈，工作中落不到实处，干不出实绩；制度建设喊得凶，但挂在墙上、印在纸上，却不抓督促检查和落实。

"形式主义害死人"，我党要高度警惕形式主义之害。形式主义危害党和人民利益，损害党群干群关系，腐蚀党员干部队伍，是党和人民事业的大敌，必须高度警惕。首先，危害党和人民利益。形式主义只讲形式，不干实事，严重影响党和国家的政令畅通，往往使中央和上级的精神、决定和部署流于形式，难以落实到基层。形式主义不注重深入调查研究，不了解实际情况，往往导致信息失灵、决策失误，造成重大损失。形式主义只图虚名、不务实效，铺张浪费、劳民伤财，往往浪费大量的人力物力财力，丧失发展机遇。形式主义空话套话假话连篇，报喜不报忧，掩盖矛盾和问题，往往酿成严重后果。形式主义误党误国误民，只会给党和人民的利益带来巨大损害，有万弊而无一利。其次，损害党群干群关系。始终保持与人民群众的血肉联系是我们党最大的政治优势。然而，形式主义热衷于送往迎来，只摆花架子，不为群众办实事、谋实利，群众非常反感。形式主义讲排场、比阔气，增加群众负担，群众深恶痛绝。形式主义伤害群众感情，损害党的形象，就像挡在党和人民中间的一座大山，严重违背党的群众路线，严重损害党群干群关系。再次，威胁党的生命安全。形式主义诱发懒惰思想和投机心理，助长哗众取巧、虚与委蛇的不良倾向。形式主义蔓延，导致弄虚作假之风盛行、务虚不务实的歪风盛涨，败坏党风政风，带坏社风民风，损害党的形象，最终误党误国又害己。形式主义就如同党身体上的毒瘤，如果不坚决挖除，就会严重侵蚀党的细胞和肌体，严重腐蚀党员干部队伍，严重威胁党的生命安全。

邪风涨则正气衰，正气扬则邪风止。形式主义居"四风"之首，此风不除，官僚主义、享乐主义和奢靡之风就难以得到遏制，党风政风就难以有根本性的转变。必须从思想源头抓起。形式主义，归根结底是少数党员干部党性不纯、思想不正、宗旨观念淡薄的问题。因此，戒除形式主义首先要从思想源头抓起。必须大力加强思想教育、党性教育和宗旨教育，引导教育党员干部不断强化"为民服务"的宗旨观念，始终坚持"求真务实"的思想路线，树立正确的人生观、价值观、权力观和政绩观，自觉清除形式主义的思想根源。要坚决贯彻落实中央"为民务实清廉群众"路线教育实践活动的各项部署，引导教育党员干部常照思想之镜、时正作风之冠，及时清洗思想上的灰尘，以对党和人民高度负责的态度和踏石有印、抓铁留痕的精神，切实抓好各项工作。

必须从领导干部做起。戒除形式主义，关键是要领导干部带头。各级领导干部要按照"照镜子、正衣冠、洗洗澡、治治病"的总体要求，力争做到"认识高一层、学习深一步、实践先一着、剖析解决突出问题好一筹"，带头以整风的精神开展批评和自我批评，查找自身的问题和不足，坚决改正不正之风，以自己的实际行动纯化党风政风和社风。

必须从监管查处着力。戒除形式主义，既要对党员干部加强教育，更要对党员干部强化监管，做到软硬兼施，双管齐下。要严肃政治纪律，对那些弄虚作假，热衷于搞"形象工程"、喜欢做表面文章的形式主义者，必须及时提醒，及时教育。要加大监管力度，对那些"虚、假、大、空"、误党误国害民的形式主义做派，必须及时发现，及时查处，问题严重的要按党纪国法论处。要充分发动群众，引导和支持群众同形式主义作斗争，让形式主义在群众监督的阳光之下无立足之地、藏身之所。

（4）抓落实必须抓好基层工作。基层是一切工作的落脚点。我们的各项政策措施落实了没有，落实得好不好，基层群众最有实际感受。落实得好、落实得快，群众就拥护；落实得不好、落实得慢，群众就会有反映。因此，抓落实的重心一定要放在基层一线，解决落实不到位问题的思路和办法也要到基层和群众中去寻找。各级领导干部都要坚持眼睛向下看、身子往下沉，深入基层、深入群众开展调查研究，及时了解在上面难以听到、不易看到和意想不到的新情况新问题，掌握第一手资料，向群众问计问策。调查研究要善于总结群众的经验和创造，也要善于发现问题和触及矛盾，以利于不断推进和深化各项工作的落实。

总之，清谈也好空话也罢，任何时候都不应该成为社会风气。在今天的中国，我们正面临历史的重大机遇转折，我们再也不能空谈，坐而论道了。今天我们需要的，就是真干实干苦干。提倡实干兴邦，有两层基本含义：第一，有方向，不争论，埋头干，想明白的事情，就要认真去做。无谓的争论毫无意义。第二，为官一任，造福一方。从政治文化的角度，我们一定要反对政府官员陷入清谈文化之中，防止政府官员只会"空谈大义"，而不愿意解决任何具体问题。我们坚信，全国人民在新一届中央领导集体的领导下，一心一意谋发展，聚精会神搞建设，一定能早日实现国家和民族伟大复兴的中国梦。

第十二章

中国梦的世界影响

    中国梦这个词有很深的历史渊源，最早由国内专家学者提出，其意义在很大程度上归属于学术范畴，但让中国梦上升为国家的意志、理想和目标并赋予其世界意义的是习近平同志。2012 年 11 月 29 日，作为党中央新一届总书记，习近平在参观《复兴之路》展览时首次提出中国梦，即"实现中华民族的伟大复兴，就是中华民族近代以来最伟大的梦想"。习总书记首次从国家和民族的高度阐述了中国梦的基本内涵。2013 年 3 月 17 日，举世瞩目的第十二届全国人民代表大会闭幕，习近平在闭幕会上的讲话更令中国人印象深刻。习近平的讲话 9 次提及中国梦，并对中国梦的内涵给予了精辟论述，即"国家富强、民族振兴、人民幸福"，"中国梦归根到底是人民的梦"。在就任国家主席不到一周，习近平主席对俄罗斯和非洲三国进行了其履职后的为期 8 天的首次外访。在莫斯科国际关系学院，习近平主席在演讲中从内外两个层面对中国梦进行了系统的诠释。习近平指出，中国将坚定不移走和平发展道路，同时呼吁各国共同走和平发展道路。中国发展壮大，要实现的中国梦，不仅造福中国人民，而且造福各国人民。在坦桑尼亚首都达累斯萨拉姆，习主席发表题为《永远做可靠朋友和真诚伙伴》的重要演讲，深刻总结了中非友好关系发展的历史经验，精辟阐述了新时期中非共谋和平、同促发展的政策主张。习主席的首次外访活动引起了国际社会的密切关注，国际社会不仅关注中国梦本身的内涵、特征和国内意义，而且试图将中国梦与"俄罗斯梦"、"非洲梦"及"世界梦"相联系，努力探寻中国梦所能给世界带来的福祉。

一　国际热议中国梦

自从习近平提出中国梦之后，中国梦就成为了国际社会所关注的热点话题之一。从国际政要到新闻媒体和专家学者，国际社会都在关注中国梦，并对中国梦进行深度剖析。毫无疑问，国家主席习近平关于中国梦的阐述和解读以及习主席的一言一行都是国际社会讨论的重点话题。

（一）国际政要眼中的中国梦

1. 美国政要眼中的中国梦

作为世界上的唯一超级大国，美国政要对中国梦给予了高度关注。

2012 年 12 月 16 日，美国第 39 任总统吉米·卡特在海南三亚接受《南方日报》记者的专访时表示，中国梦就是改革开放。卡特指出，1978年，邓小平拉开了中国梦的序幕，给中国和世界都带来了梦想。现在，在中国新一任领导班子的领导下，中国梦会更加精彩。

2013 年 4 月 8 日，美国前驻华大使骆家辉在接受财新网记者采访时则表示，随着中国的崛起和人民生活水平的提高，中国的孩子应该被鼓励有自己的宏大梦想。"应告诉中国的年轻人，如果认真学习，努力工作，他们也能实现自己的梦想。"

2013 年 4 月 13—14 日，美国国务卿克里对中国进行了为期两天的访问。在访华期间，克里指出："美国的利益是继续在亚洲发展经济，搞好关系，航海自由，尊重个人、使每个人都能有梦想。我今天在讨论中听到中国国家主席习近平提出了'中国梦'，我想美国在这一过程中也可以尽一份力。今天的访问证明，美国期待着一个强健、正常并特殊的中美关系。特殊是因为中国是一个大国，对世界事务有着强大的影响力，我们需要共同合作以实现这一目标。"

2013 年 4 月 23 日，美国前国务卿舒尔茨在会见中国财政部亚太财经与发展中心副主任时主动谈及中国梦。他说，他为中国领导人在推动国家现代化方而采取的各项有力措施、显示的非凡胆略及驾驭困难的能力而折服，他祝愿中国在前进道路上不断取得新的成绩，最终实现伟大的中国梦。①

2013 年 4 月 24 日，美国前劳工部长赵小兰在接受《第一财经日报》专访时指出，美国人对中国新任领导人提出的中国梦充满好奇，但她表示对更好生活的渴望是普世的，源自人类内心的向往。美国梦是根植于美国人民心中的梦想，是对更多机遇和为家庭创造更美好生活的一种渴望。我在全世界的旅行中感受到了这一点。当然，我在中国也目睹了这种精神。中国人都在很努力地工作，为了支撑他们的家庭，也为了让他们的孩子拥有更美好的明天。中国和美国都需要彼此来获得成功。中美拥有很重要的贸易关系，而确保中美双方可以在一个公平、稳定的氛围中持续成为贸易伙伴，也是双方共同的长远利益。两个国家也都需要经济的发展来为我们各自的公民创造更美好的生活水平。

2013 年 12 月 13 日，另一位前美国驻华大使芮效俭在接受《人民日报》记者采访时表示："我在中国的经历使我相信，绝大多数中国人拥有一个共同的梦想，那就是实现民族复兴……中国人民完全有理由为过去取得的成就感到自豪，他们也热切盼望一个更加光明的未来，那时，人民更加富裕，国家强盛、统一、和平。"芮效俭还说："一个国家最崇高的梦想莫过于拥有能够为地区和世界所有国家的和平、安全、富裕和幸福做出贡献的实力。这应是中国和美国共同的梦。"②

2. 欧洲政要眼中的中国梦

2013 年 4 月 9 日，芬兰总统尼尼斯托参加博鳌亚洲论坛 2013 年年会后接受央视记者采访时表示，自己非常希望中国能够实现中国梦，别的国家也会因此受益，如果中国人实现了自己的梦想，这对全世界都是有益的。中国不断帮助穷人摆脱贫困的环境，这一点非常重要。

德国社民党副主席、汉堡市市长奥拉夫·朔尔茨在接受《人民日报》记者采访时表示，德国汉堡市过去数十年同中国结下了深厚的友谊，期待在未来各自追逐梦想的过程中，进一步加强分享、讨论和相互学习借鉴。朔尔茨还表示，中国人正在努力实现中国梦，即以和平、可持续和包容的

---

① 陈茜、燕晓春：《"中国梦"引发国际社会热议》，《中国财政》（China State Finance）2013 年第 13 期，第 33—35 页。

② 吴成良：《梦想复兴，梦想未来（外国政要眼中的中国梦）》，《人民日报》2013 年 12 月 13 日。

方式将中国发展为一个繁荣昌盛的国家。过去 35 年间，中国发展势头迅猛，增长战略给全球留下了深刻印象。

2013 年 3 月两会期间，法国参议院副主席、前总理拉法兰在接受新华社记者专访时表示，在当今世界充满"不确定因素"的情况下，期待中国为世界的和平与经济增长"确定一条强有力的政治路线"。拉法兰还表示，中国梦是一个"和谐之梦、和平之梦、发展之梦"。在其中，个人与社会都得到发展，个人与社会之间达到平衡。他认为，这是拥有古老哲学和深厚文化传统的中国向世界发出的信息，是一个"和谐的信息"。他还指出，中国政府采取的措施契合了当今处于困境中世界的要求。当今世界需要就业、发展和经济增长。中国采取了一种新的发展模式：这种模式引起的污染更少，更加公正，更加平衡；既促进国家进步，也满足了人民所需，而且更具包容性。中国作为世界主要国家之一，站在世界的前列，并且"承担了作为世界大国的责任"。

波兰前总理、民主左派联盟党副主席约瑟夫·奥莱克西在接受《人民日报》驻波兰记者采访时指出，中国梦是造福中国人民的和平发展梦，它将给世界带来共同发展的历史机遇。世界不应担心中国发展会带来威胁，因为中国一直主张在和平的基础上发展本国经济。奥莱克西表示，随着中国经济的快速发展，全世界都对中国所取得的成就刮目相看，中国在国际舞台上的地位发生了根本性的变化，在包括气候、能源等重大国际问题上，中国的声音都非常重要。所有人都希望中国能够发挥更大的作用。没有中国的参与，就无法有效地建立国际新秩序。没有中国的参与，就无法真正解决目前世界上所存在的一系列政治、经济和环境等问题。

西班牙前驻华大使欧亨尼奥·布雷戈拉特表示，中国有着辉煌的历史和灿烂的文化，事实上，在工业革命之前，几乎所有的重大发明都来自中国。而从清朝末期开始，中国经历了苦难的一个世纪，这种经历扎根在中国的民族意识之中，也让中国梦寄托了中国实现民族复兴的强烈愿望。"任何国家和任何人都无法在未来让中国屈膝，我对此确信无疑。"布雷戈拉特认为，中国的崛起将是和平的崛起。"中国政府一直坚持和平的外交政策，在此方面，中国有着非常让人信服的'履历'，即使是在古代非常强大的时候，中国也从未殖民其他国家。"他指出，中国在国际舞台上发挥的作用越来越明显，尤其是在经济和政治领域的影响力越来越重要。对于许多国家和企业来说，中国发展都意味着机遇。布雷戈拉特还说：

"中国政府是与时俱进的政府，中国领导人是真正的精英。基于对中国社会、历史和领导人的认识，我十分看好中国的未来。"

哈萨克斯坦前总理捷列先科在接受《人民日报》记者专访时表示，中国梦与哈萨克斯坦国家发展之梦不谋而合，未来两国合作前景光明。捷列先科表示，短短几十年内，中国实现了举世瞩目的跨越式大发展，成为当今世界第二大经济体，日益成为全球经济增长的"火车头"。他认为，这给其他国家特别是发展中国家实现跨越发展带来了启示。中国的飞速发展不仅表现在经济领域，2008 年北京奥运会集中展示了中国的综合国力。"这正是逐步实现中国梦的一个具体体现。"在捷列先科看来，既努力实现自身发展，又助力周边国家进步，这是中国梦的一个特别之处。他认为，说中国梦是"霸权梦"、"强权梦"，完全是无稽之谈。①

瑞典前首相英瓦尔·卡尔松在接受《人民日报》记者采访时表示："中国 30 多年来经济发展迅速，社会生活发生翻天覆地变化，取得举世瞩目的成就，这其中成功的一个重要原因就是中国政府大力投资于科研、教育等战略领域。这些是中国发展的重要支柱，是中国领导人带领人民向现代化目标前进、实现中国梦的重要保障。"②

2013 年 7 月 9 日，欧洲智库"布鲁塞尔公共事务"在当地举办的"'中国梦'与'欧洲梦'是否相容"的研讨会上，英国前首相布莱尔说，提出中国梦的大背景是中国已摆脱贫困，发展到了新阶段，民众对国家发展有了新要求。芬兰总统相信实现中国梦会使所有人受益。伦敦前副市长约翰·罗思义相信中国梦是欧洲人个人发展的福音，"每个欧洲人通过参与'中国梦'，既可见证世界上既古老又现代的国家大踏步进步，也可以获得个人的商业机遇"。

3. 亚洲政要眼中的中国梦

2013 年 5 月，尼泊尔前总理、共产主义理论家巴特拉伊在接受新华社记者采访时称，中国梦完全不同于西方梦，后者靠的是殖民和剥削第三世界。他说："中国梦是要结束那种统治，让全世界人民享受自由，让全人类享受和平、繁荣与民主。所以，从根本上说，中国梦不同于旧时代的西方梦。"巴特拉伊还说，尼泊尔梦与印度和中国紧密相关。"如果这里

①　黄文帝：《中哈梦相通，共筑新丝路》，《人民日报》2013 年 11 月 7 日第 3 版。
②　刘仲华：《科技实现强国梦》，《人民日报》2013 年 11 月 18 日第 3 版。

政局稳定，政治领导层执政有方以及与邻国——中国和印度——的关系均衡发展，那么我们也可以实现自己的梦想。"

2013年6月29日，韩国总统朴槿惠在清华大学发表演讲指出，中国人民正在习近平主席的领导下朝着中国梦奋勇前进，韩国也有着"韩国梦"。中国梦与"韩国梦"是一致的，都是为了国民幸福。"韩国梦"如能与中国梦携手同行，两国一定会有更加光明的未来。

2013年10月23日，印度总理辛格与国家主席习近平在钓鱼台国宾馆会谈时表示，进一步发展与中国的关系是印度外交的首要任务之一。辛格祝贺中国发展取得巨大成就，表示中国梦与"印度梦"息息相通，相互契合，印中携手将构成世界和平发展不可阻挡的力量。

巴基斯坦前驻华大使、伊斯兰堡战略研究所前所长卡兹在接受《人民日报》记者专访时表示："中国人深知，只有通过实践才能让梦想变为现实。"卡兹指出，中国梦是一种事关战略、计划和路线方针，建立在事实基础上，具有很强的操作性，能够通过不懈努力最终实现的梦想。卡兹指出："'中国梦'是共赢的梦。"中国梦与巴基斯坦梦相容相通，有很多共同点。中国的不断强大，也将使巴基斯坦的发展前景变得更加美好。卡兹还认为，中国领导人和中国人民的梦想是一致的，每一个人都感觉到自己是实现梦想的重要组成部分，通过从上至下的集体努力，梦想就可能成为现实。"梦想有着无限的指引力量，而实现梦想从来就不是一个简单的过程，但我相信，在中国政府的领导和人民的努力下，中国梦一定会在不久的将来得以实现。"

老挝总理通辛·塔玛冯在老挝首都万象接受国际在线记者专访时表示，在新一届中国领导人的带领下，中国梦必将梦想成真。作为中国的好邻居、好伙伴、好朋友，老挝愿进一步密切与中国的合作。通辛总理还指出，中国的发展将惠及世界各国，特别是为邻国提供很多机会。老挝愿进一步密切与中国的全面战略合作伙伴关系，全面推进双边友好合作。

4. 非洲政要眼中的中国梦

2013年7月23日，来自尼日利亚、波兰、法国等近20个国家的前政要、智库专家齐聚中国北京，出席民间多边论坛"理解与合作"对话活动。尼日利亚前总统奥巴桑乔认为，中国梦不仅仅是一个吸引人心的口号，而是由中国各行各业的人以其各自生活去诠释的梦，并且在中国的内外政策中得以体现。奥巴桑乔希望非洲国家能够从中有所借鉴，"像中国有一个'中国梦'一样，世界上每个国家都应该有各自的梦想。这也是非洲应该向中国学习的地方，我们必须规划出可实现的梦想，并且共同努力，每一个人都参与其中，让非洲变成这个世纪飞速发展的一片土地。我们必须小心谨慎地开展工作，来防止发展带来不想要的结果"。

2013 年 12 月 15 日，正在中国访问的埃及外交部长纳比勒·法赫米在接受新华社记者专访时表示，在全球化背景下，埃中两国应该加强双边合作，努力实现互利共赢以及自身民族梦想。法赫米表示，埃及的民族梦想和当前中国提出的中国梦相一致。埃及希望尽快实现内部局势的稳定，加强自身建设，对外不断延伸，创造更加美好的未来。埃及希望同中国一道致力于建设更加公平、公正的国际秩序。

刚果共和国宪法法院副院长帕西在接受《人民日报》记者采访时表示："中国和刚果共和国梦想相连，两国人民心相知，友谊不断深化，合作不停发展。"帕西指出，中国是世界上最大的发展中国家，中国的发展模式很典型、很有特点，非洲国家和世界其他国家都看到了中国的崛起。中国是很好的榜样，许多人都说最好是向中国人学习，跟随中国的步伐来一起实现我们国家的梦想。"我希望刚中合作结出更丰硕的果实，希望两国人民友谊永存，希望中国梦和刚果共和国的梦想都顺利实现。"

5. 拉美政要眼中的中国梦

巴西驻华大使胡格内认为，中国梦和"巴西梦"有相似之处——建立一个更加公平正义、更加开放、收入分配更加合理的社会；公众可以积极地参与政治、经济生活，拥有属于他们的空间，享受更富有成果的人生。胡格内还认为，中国正在把自己的梦想变得更加重"质"而非只重"量"，中国应该更加注重环境生态、收入分配、施政透明。

智利前驻华大使雷耶斯指出，如果给中国实现中国梦建立一个参照系，这个概念应涉及三个具体的行动目标：全面建设小康社会、一个富裕和强大的国家、充满活力和幸福的人民。

阿根廷副总统兼参议长布杜在接受《人民日报》记者专访时表示："中国梦对阿根廷来说是一个巨大的机会。首先，只有当中国这样一个人口众多的大国发展良好时，世界才能发展顺利。一个发展不顺利的世界，不可能是一个和平的世界。其次，中国进入小康阶层的人口越多，阿根廷能够参与和分享的机会就越多。"布杜还说："我希望中国梦也是世界梦。

中国梦意味着中国人过上更高水平的生活，这必然会提高中国对粮食的需求。对于世界上重要的粮食出口国阿根廷而言，这就是一个重要机会。当然，我希望阿中合作关系不仅仅是粮食合作，而且包含科技、文化等各个方面，希望更多的阿根廷产品能够进入中国市场。"[1]

此外，国际多边机构的重要领导人也对中国梦表示了关注，寄予了良好祝愿。2013 年 3 月 21 日，国家主席习近平应约与联合国秘书长潘基文通电话。潘基文表示，联合国高度赞赏中国坚定走和平发展道路，希望中国在国际上发挥更大更积极的作用，感谢中国给予联合国强有力的支持，相信联合国同中国的合作将不断扩大。潘基文相信，在习近平主席的领导下，中国人民一定能够实现中华民族伟大复兴的中国梦。2013 年 3 月 23—25 日，在由国务院发展研究中心主办、中国发展研究基金会承办的主题为"中国：改革开放与全面建成小康社会"的中国发展高层论坛上，世界银行常务副行长英卓华指出，城市化将会成为 21 世纪中国经济增长的另一个引擎，帮助建立一个繁荣的中国，实现中国梦。英卓华指出，真正的中国梦的含义是每个人都可以去拥有，他们的工作可以得到公平的回报，每个人都得到公平的对待，同时也可以公平的获得医疗、卫生、教育、社会保险。国家需要支持这样的改革，世界银行业做好了准备，为中国做一个好的合作伙伴。2013 年 4 月 8 日，国际货币基金组织总裁拉加德在参加博鳌论坛时表示，中国梦是中国人民的梦，中国近年的发展正是逐步实现中国梦。现在，亚洲是全球贸易中心，这与金融危机后亚洲经济发展息息相关。在过去五年中，亚洲是金融危机爆发以来全球经济增长的引擎，其中百分之五十的贡献来自中国，三分之二的全球增长是由亚洲贡献的。2013 年 11 月 29 日，任联合国拉丁美洲和加勒比地区经济委员会执行秘书巴尔塞纳女士在接受《人民日报》记者专访时表示，近年来她每年都去中国访问，每年也都会在拉美接待中国领导人，对中国人民为实现梦想而努力奋斗的精神感受很深。"我从中国梦中，看到了拉美和加勒比地区的身影。"巴尔塞纳说，拉美国家深知中共十八届三中全会推动全面深化改革意味着什么。中国梦与其他国家和民族的梦想没有冲突，中国梦还是"拉美梦"的重要推力。[2]

---

[1]　范建清：《让我们向着中国梦前进》，《人民日报》2013 年 11 月 22 日，第 3 版。

[2]　颜欢、丁刚：《中国梦助力拉美梦》，《人民日报》2013 年 11 月 29 日，第 3 版。

（二）国际主流媒体视角下的中国梦①

自从习近平总书记在参观《复兴之路》展览时首提中国梦之后，国际主流新闻媒体对中国梦给予了长篇累牍的跟踪报道，从关注习总书记对中国梦含义的阐述，到习总书记的首次外访，再到习总书记在两会上的讲话，国际主流媒体所关注的不仅仅是中国梦的内涵、本质和特征，更关注中国梦对中华民族和世界人民的影响和意义。

2009年11月29日，习近平总书记在参观《复兴之路》展览时首次提出中国梦的含义，即"实现中华民族的伟大复兴，就是中华民族近代以来最伟大的梦想"。新加坡《联合早报》网站29日第一时间报道了新一届中共中央政治局常委参观《复兴之路》展览的消息，并对习近平总书记的讲话给予了全面的分析报道。文章称，29日上午，习近平、李克强、张德江、俞正声、刘云山、王岐山、张高丽到国家博物馆，参观《复兴之路》展览。习近平发表讲话，他表示，现在比历史上任何时期都接近中华民族伟大复兴的目标，也更有信心和能力实现这个目标。他表示，落后就要挨打，发展才能自强。审视现在，全党要牢记，道路决定命运，找到一条正确道路是多么不容易，必须坚定不移地走下去。习近平还说："每个人都有理想和追求，每个人都有梦想，现在大家在讨论中国梦。何为中国梦？我以为，实现中华民族伟大复兴，就是中华民族近代最伟大的中国梦。"他表示，每个人的前途命运都与国家和民族的前途命运紧密相连。国家好，民族好，大家才会好。实现中华民族伟大复兴是一项光荣而艰巨的事业，需要一代又一代中国人共同为之努力。空谈误国，实干兴邦。美国《赫芬顿邮报》网站则刊登了中欧国际工商学院教授戴维·戈塞特撰写的题为"中国复兴与新世界形成"的文章。文章指出，习近平在当选中共最高领导人后的首次新闻发布会上三次说到"复兴"一词，这个概念正重塑全球权力分配。1978年以来，我们一直夸大与北京治理有关的危险，而事实却无比清晰：1980年，中国经济产值仅为美国的7%，现在却是美国的一半，2025年将超越美国。2045年，中国经济将是美国的两倍。这显然与美国19世纪跻身世界舞台相似：1820年，

① 部分内容参考江河《中国梦震撼全球——国内外媒体热烈解读"两会"》，载《决策与信息》2013年第4期，第5—11页。

美国经济仅为英国的1/3，1870年两国并驾齐驱，1913年美国经济已是英国两倍。德国《南德意志报》29日以"上升和下降的两个世界大国"为题称，20年前，还没有中国和美国的比较。在邓小平的改革政策下，20年后中国已经是与美国并行的世界大国。高速列车奔驰在广阔大地，高楼大厦拔地而起，数以百万计的人摆脱贫困，中国正在经历繁荣时代。日本时事政治网站29日说，中国经济总量和国际影响力扩大是近十年来国际社会上最为显著的大趋势。一个强大且增长潜能依然深厚的大国崛起究竟对国际格局产生怎样的化学反应，这成为诸多兴趣、赞赏、忧虑乃至敌意被引发的主要背景。文章称，中国作为一流强国崛起后究竟选择怎样的国家战略，在外界看来依然不透明。

2013年3月17日，国家主席习近平在第十二届全国人民代表大会第一次会议闭幕会上的讲话号召各族人民团结一心，共同实现中国梦。世界新闻媒体对此给予了密集报道。

美国有线电视新闻国际公司网站报道，中国全国人大今天闭幕，习近平发表讲话，承诺在国家争取实现中国梦的过程中维护公平、厉行节约。习近平的讲话言简意赅，语言较为朴实，符合他不讲套话的主张。美国《华尔街日报》网站报道，中国新领导人习近平承诺，要建设一个更加廉洁、更有效率的政府。中国新一届领导层强调的工作重点包括：增加社会支出并实施其他举措，以实现共同富裕、缩小可能导致政治动荡的贫富差距，同时还要打击令公众不满的腐败成风现象。《今日美国报》网站报道认为在中国完成领导人换届之际，新当选的国家主席和总理决心要解决中国人的主要困扰——腐败问题。国家主席习近平承诺，将坚决反对形式主义、官僚主义，坚决反对享乐主义、奢靡之风，坚决同一切消极腐败现象作斗争。国务院总理李克强承诺，要让腐败行为、腐败分子依法受到严惩，绝不手软。

法新社则指出，中国新国家主席习近平今天发表了作为世界第一人口大国元首的首次讲话，他表示要为实现"中华民族伟大复兴"而努力奋斗。习近平同中国军方关系密切，他呼吁武装部队加强"打胜仗"的能力。北京与日本就东中国海岛屿陷入激烈的领土争端，与邻国在南中国海也存在领土争端。路透社援引北京一名独立政治评论人士的话说："李克强和一些改革派经济学家关系密切，从他十八大以来的一系列讲话就能看出，他们之间的差距并不大。"法国《欧洲时报》以中国梦绽放"民本"

光彩为题发表社论指出，中国梦将全体炎黄子孙的视线聚焦在"中华民族伟大复兴"的圆梦憧憬之中。习近平完整阐释的中国梦概念，最令人印象深刻的，莫过于这个"梦"的"高而可攀"，这个"梦"的"深而不晦"，这个"梦"的"美且朴实"。中国梦将始于对当前一个个民生难题的破解、一个个改革领域的攻坚。"中国梦归根到底是人民的梦"，"行大道、民为本、利天下"，这两句话的指向与分量，将引领中国新执政团队，脚踏实地，在中国自己选择的道路上，依法治国，执政为民，展开逐梦之旅，圆梦之旅。

日本朝日电视台网站指出，习近平在全国人大闭幕会上的讲话中 9 次提到中国梦，用中国梦引出对未来的期待。习近平着重展示他倾听国民心声的姿态，表示实现中国梦需要国民的团结。日本《产经新闻》报道说，中国国家主席习近平在讲话中多次热情洋溢地提到中国梦这一讲话实际上是习近平担任国家主席后发表的就职演说，除中国梦之外，他还提到了"中国道路"、"中国力量"。与大洋彼岸的美国倡导的"美国梦"不同的是，中国梦带有强烈的民族主义色彩。日本《产经新闻》报道称，中国新领导人支撑着中国梦的一项重要支柱是建设"海洋强国"，这是长期未能实现的梦想。中国越是提"强军梦"，力争回归亚洲的美国就越担忧，更不用说日本等周边的亚洲国家了。在增强海军力量的同时，中国政府将对美国和邻国实行何种外交政策，将在很大程度上决定今后周边局势的走向。

英国广播公司网站指出，中国国家主席习近平今天发表了充满爱国激情的讲话，呼吁全国人民更紧密地团结起来。虽然说国家面临众多挑战，但中国新主席的这番讲话基调乐观。讲话的民族主义调门将增强人们的以下观点：他将奉行更自信的外交政策。该网站还指出，在本次全国人大上被选为国家主席的习近平在大会闭幕讲话中表现出对中国发展方向的自信，说中国几代领导人摸索出的中国特色社会主义道路的正确性历经考验。英国《每日电讯报》网站认为，中国梦就是要让中国恢复其在中世纪的地位——世界上最先进的国家。习近平意识到了中国经济奇迹中存在的精神力量匮乏。他似乎决心要用中国可以让光辉历史重现的感觉来填补这种匮乏。英国《每日邮报》评论称，中国新领导人习近平将推动中国梦，未来十年内让数亿中国公民成为中产阶级。中国共产党希望中国不断发展的经济让它到 2030 年超过美国和欧洲。

俄塔社指出，十二届全国人大一次会议今天闭幕。中国权力交接正式完成，以习近平为首的第五代领导人开始履职。人事调整有条不紊，习近平和李克强构成的"习李组合"将在今后十年完成一揽子艰巨任务，包括民众最关心的腐败问题。从习近平和其他领导人的表态可以看出，对于解决面前的诸多问题，第五代领导人具有足够乐观的态度。俄罗斯《莫斯科共青团员报》指出，现在中国在新领导人领导下开始了未来10年的新时代。10年后，他们会将一个强大、富裕和在国际上极具影响力的国家交给新一代领导人。俄罗斯《观点报》以《10年后，中国会是什么样?》为题发表文章说，中国已经正式完成权力移交，但现在中国面临着与10年前不同的新问题和新任务，包括社会保障、贫富差距及腐败等问题。因此，习近平必须采取新的方法解决这些问题。可以说，这是中国新的改革时期的开端，如果习近平成功解决这些问题，那么在他任期届满时，中国有可能成为一个新的超级大国。

《印度时报》网站认为中国新任国家主席习近平在政府的支持和投入下，他的"中国梦"理念将付诸政策，而不会只是政治口号。"中国梦"的提法与"美国梦"相似。它表明中国领导人希望实现中国人对分享机会和繁荣日益强烈的愿望。中国国家主席习近平勾画的中国梦无论在中国的互联网还是全世界的舆论场都成为热点，未来五年乃至十年的中国，国际媒体的主流声音均怀有期待，大都认为中国这艘大船"不会大转弯"，只会稳步向前。印度媒体说，李克强获任总理几个小时之后，就与印度总理辛格通电话，北京寻求与新德里的合作和伙伴关系推到一个"新阶段"。

西班牙中国政策观察网站指出，在外交方面，我们也将看到一种振兴。中国将不再着力掩饰自己的利益。谦虚、谨慎、不破坏和平发展方向，中国外交将恢复曾经的辉煌。西班牙《先锋报》网站认为，作为总理，李克强将是中国未来经济改革和现代化进程的主要负责人之一。他需要采取快速的办法，使中国经济深入改革和实现现代化。新领导集体希望通过科技革新促进经济发展，从而确保中国未来几十年的经济地位并解决一些长期存在的问题。习近平和李克强都提出，要关注养老、住房、教育和卫生医疗等基本民生问题的改革。

2013年3月22日至30日，国家主席习近平履职后首次对俄罗斯、坦桑尼亚、南非、刚果共和国进行了国事访问，并出席了在南非德班举行的金砖国家领导人第五次会晤。习主席的首次外访受到了国际媒体的关注，多家媒体纷纷从不同角度解读。有文章称，中国梦倡议共赢、和谐。习近平此次访问，就成功树立"新型大国关系"之"名"，向世界传递了"正能量"。习主席首次外访受到高度关注的主要原因在于国际媒体试图探索中国梦的国际意义。

美国《纽约时报》网站以《"世界梦"，中国主席首次海外之行的议程》为题发表文章，文章引述中国人民大学国际关系学院教授时殷弘的话称："实现中华民族伟大复兴的'中国梦'有利于中国'世界梦'的实现，而中国'世界梦'实现过程又为'中国梦'的实现提供了良好外部环境。"

英国BBC中文网文章则以《习近平时代的中国新外交》为题指出，中国领导人将充分利用德班峰会的契机，与一同出席峰会的印度和巴西领导人加强交流、互动，向国际社会发出团结、合作、共赢的积极信息。综观习近平此次访问，从其路线图与访问内容设计看，它展现的是中国的国际视野与胸怀。

法国《欧洲时报》发表的文章指出，习近平访俄，成功树立"新型大国关系"之"名"，开启了中国新一代领导人，在全新国际环境下，以中华传统"和合文化"为底蕴与底气，积极将自己"多极多赢不独享"的观念推向世界，将积极参与建立更公平的国际新秩序的愿望与强有力的"正能量"，推向世界。

香港《大公报》以"中国梦非洲梦相互契合"为标题指出，国家主席习近平在坦桑尼亚演讲时提及中国梦和非洲梦时，博得了全场热烈的掌声。非洲问题研究专家分析说，随着中国打造经济升级版，非洲将不断分享中国产业链转移成果，中国梦和非洲梦将有更多的契合点。

（三）国际知名专家学者笔下的中国梦

毫无疑问，中国梦的提出成为了国际知名专家学者研究的热门话题。专家学者关注的是中国梦的起源、内涵与目标、中国梦所产生的共鸣与共识、国际社会对中国梦的希冀以及中国梦实现的条件与世界意义。

俄罗斯科学院远东研究所副所长、中国经济和社会问题研究中心主任安德烈·奥斯特洛夫斯基在接受俄罗斯《共青团真理报》访谈时表示，中国梦根源可追溯到源远流长的儒家思想，其主要目的是实现社会的"大同"。

肯尼亚经济事务研究所首席执行官奥维诺的理解是：中国梦源于经历30多年改革发展后，中国人民对更高质量生活的向往。实现中国梦，意味着约占全球 1/5 人口的国家将得到很大发展，这本身就是对世界的一大贡献。中国梦的实现过程也将给其他国家带来更多发展机遇。

美国威尔逊中心公共政策学者汪铮在接受新华社记者专访时指出，中国梦的提法在中国社会有高度一致的认同。

韩国檀国大学政治外交系教授金珍镐对新华社记者说，一个没有梦想的民族是无法在世界民族的竞争中生存的，中国这样一个人口大国，要想继续在发展道路上有所作为，就要树立自己的目标，坚定自己的梦想。

阿根廷拉普拉塔大学国际关系研究所专家西蒙诺夫说：中国梦为中国发展设定了"一个能在人们心中激起共鸣的目标"。

乌兹别克斯坦国际问题专家穆哈梅多夫说，习近平主席提出的中国梦鼓舞着中国人，他们会以自己天生的勤劳和智慧实现中国梦的构想。习近平主席的中国梦是很实际的，可以将其主要内容概括为三点：一是让中国人民生活得更幸福安康，二是巩固中国共产党的执政地位，三是保障国家安全，包括经济安全。他认为，中国梦的实现不仅会使中国将变得更加强盛，中国的强盛也将惠及世界，特别是我们发展中国家，尤其是我们与中国相邻的国家将会先受益。目前国际金融危机的影响仍在持续发酵，世界的目光都聚焦到中国，希望中国经济的发展给世界经济复苏带来希望。

埃及前驻华大使、国际事务与中国问题专家穆罕默德·贾拉尔指出，中国梦是为了让更多的中国人过上好日子，包括改善人们的居住环境和经济条件，增加人民的收入，完善医疗保障体系，让更多的孩子接受更好的教育等。贾拉尔强调，在领导人提出理念、画出蓝图之后，中国梦的真正实现，需要依靠中国全体人民的努力。

比利时布鲁塞尔当代中国研究所所长古斯塔夫·格拉茨指出，中国经济已经历了 30 多年的高速增长，中国梦概念的提出实际上是对中国发展提出了更远的目标，这也体现了当前中国人追求更高质量的物质和精神生活的需求。他说："物质和精神都很重要，越来越多的中国人渴望有更干净的环境，也渴望接受高等教育。"

韩国中国政经文化研究院理事长李映周表示，相信中国人民在新一届领导人的带领下，会更加团结，民族自信心会更强。以中国现在的经济增长潜力和发展速度，到中国共产党成立 100 周年时全面建成小康社会的宏伟目标一定能实现。

日本北海道大学传媒研究院教授渡边浩平表示，中国已发展成为世界第二大经济体，作为一名邻国的百姓，期待着中国梦不仅仅属于中国，也能与周边国家共同分享。

肯尼亚埃格顿大学发展研究学教授詹姆斯·奥如库有相同见解。他认为，中国梦将提升中国国民的进取心，促进国家进步。

巴基斯坦政策研究所所长哈立德·拉赫曼确信，中国梦将对世界经济贸易产生积极影响。

俄罗斯远东研究所副所长奥斯特洛夫斯基则主张中国加强国际体系框架内的合作，因为这有助于中国梦的实现。

俄罗斯科学院远东研究所资深研究员亚历山大·罗曼诺夫认为，中俄最基本的"梦"是一样的，就是和平与发展之梦。此外，民生问题、为老百姓创造更美好的生活，也是中俄一个共同的梦。世界历史进入一个深刻变革的时代，无论中国梦还是俄罗斯的"强国梦"都需要大战略的配合。中俄两国能够形成成熟而稳定的战略框架，并且彼此能够兼容，中俄关系才可能成为世界上最重要的一组双边关系，中俄之间构建起最好的一组大国关系才会成真。①

值得关注的是，2013 年 3 月 25 日，国家主席习近平在坦桑尼亚首都达累斯萨拉姆发表题为《永远做可靠朋友和真诚伙伴》的重要演讲，受到国际知名专家学者的高度关注。西班牙中国问题专家马埃斯特罗认为，习近平在概括中非关系时提出的"真"、"实"、"亲"、"诚" 4 个字是非常贴切的中非关系的写照，同时也是中国在发展对外关系问题上的真实声音。《龙的礼物——中国在非洲的真实故事》一书作者、美国约翰·霍普金斯大学高级国际问题研究院国际发展项目主任黛博拉·布罗蒂加姆教授指出，习近平的演讲阐述了中国发展同非洲关系的原则立场，与西方在此问题上的立场形成鲜明对照。几十年来，西方对非洲政府的援助附加了许多经济、政治条件，如贸易自由、私有化、透明度等等。中国并不对非洲国家指手画脚。中国并不要求自己的发展模式成为效仿的榜样，但别国的

---

① 《决策与信息》编辑部：《各国热议"中国梦"》，载《决策与信息》2013 年第 8 期，第 5—7 页。

确可以从中国的发展经历中获益良多。肯尼亚智库"跨地区经济网络"负责人詹姆斯对"中非从来都是命运共同体"的提法赞不绝口。他指出，过去，中国支持非洲国家争取民族独立和解放，而非洲兄弟也把中国"抬"进了联合国；如今，中非合作论坛机制更是把中国和非洲紧密地联系在了一起。中国的发展离不开非洲，而非洲想要发展也离不开中国。泰国《亚洲日报》副社长钱丰认为，习近平所说的非洲是非洲人的非洲，充分显示了中国对非洲的尊重。卡塔尔大学教授喀西姆指出，习近平站在宏观和战略高度，全面阐释了中国对非洲政策。这是一份中国在未来几年内对非洲新举措的宣言，对于澄清和纠正西方的不实报道和负面影响、正面宣传中国的对非政策主张和外交布局、为中非关系的进一步发展注入新动力，都有着十分积极而重大的作用。南非金山大学商务学院研究生院学者科菲·库阿库表示，习近平在坦桑尼亚的演讲对非洲国家非常重要，非洲人民期待这一时刻已经很久，这也是非洲重要的历史时刻。习近平在演讲中提到非洲梦，中国梦要与非洲梦联合起来一起实现。尼日利亚和平与冲突解决研究所所长助理萨姆·阿比表示，习近平在演讲中提到中国梦、非洲梦和世界梦的关系，这三个梦想的实现都离不开国际和地区安全稳定的大环境。比利时布鲁塞尔欧亚研究中心主管弗拉瑟·卡梅隆博士表示，中国同非洲国家的互利合作对欧盟来说，既是挑战也是机遇，欧盟乐见中方在中非合作领域取得的成果，欧盟将在今后强化对非援助的同时，考虑同中国在对非支援上进行合作。

二　与众不同中国梦

梦想不仅是个人前进的动力和力量源泉，也是一个民族、一个国家永葆生命力和活力的基石。翻开世界历史的篇章，美国人有"美国梦"，欧洲人有"欧洲梦"。在"美国梦"和"欧洲梦"的激励下，一代代美国人和欧洲人通过各种方式和手段去实现他们的理想，这其中既有欢歌笑语，也夹带着血雨腥风。在中国综合国力增长、国际影响力提升的今天，中国人有了自己的梦想。人们更多地会将中国梦与"美国梦"、"欧洲梦"相比较。人们会担心中国梦的实现是否要走美欧道路？事实上，中国梦在诸多方面不同于"美国梦"和"欧洲梦"，中国梦的独有特质是"民族复兴"、"国家富强"和"世界和平"。这也是中国梦能够在未来引领世界部分国家实现本国梦想的根基所在。

（一）"美国梦"的轨迹

提到"美国梦"，这始终是世界各国人民乐此不疲的话题。追溯"美国梦"的历史渊源，其与美国的成立相伴而生。

17 世纪，当"五月花"号搭载着 100 多名受英国基督教迫害的清教徒来到美国这片土地上时，"美国梦"已经悄然萌芽。一批怀揣自由民主梦和世俗的发迹梦的清教徒在北美建立了第一个殖民地。随着北美殖民地反对英国统治的独立战争的胜利，美国给了全世界每一个人均等的机会，只要努力奋斗，都可以实现自己的梦想。只不过这一时期的"美国梦"属于欧洲移民，而不属于被欧洲殖民者屠戮的印第安人。

19 世纪，随着美国的独立和国土的不断拓展，"美国梦"的内涵也在不断发生变化。1863 年美国总统林肯颁布了《解放宣言》，这成为激发普通美国人追逐"美国梦"的精神动力和制度保障。

20 世纪 20 年代末至 30 年代初，美国陷入了严重的经济危机和经济大萧条，此时美国历史学家詹姆斯·亚当斯在《美国史诗》一书中提出了"美国梦"的含义。亚当斯对"美国梦"定义是：不论家世和背景，每个人依靠自身的能力和成就，都有机会能获得更好、更富裕和充实的生活。在美国处于危难时刻，亚当斯的"美国梦"感染、激励了很多美国人，美国也顺利渡过了经济危机期。

20 世纪美国最伟大的总统之一罗斯福被美国人视为"美国梦"的杰出代表，他不仅带领美国渡过了经济危机，而且引领美国赢得了第二次世界大战，从此美国逐步成为了世界上数一数二的国家。1963 年，美国黑人马丁·路德金"我有一个梦想"的演讲激发了不少美国人对"美国梦"的认同与向往。在不同的历史时期，"美国梦"也曾受到人们的质疑与批评，但是"美国梦"的基本要素始终没有改变，依然被多数美国人视为一种基本的信仰。

从某种意义上讲，现代意义的"美国梦"的基本内涵是：在美国，每个人通过自己努力不懈的奋斗都可以获得成功，过上理想的生活，亦即人们必须通过自己的勤奋、勇气、创意和决心迈向繁荣，而非依赖特定的社会阶级和他人的援助。其中，人人平等、机会均等乃是其灵魂，而人的才能、勤奋与坚忍不拔则是必要条件，其最为显著的特征则是社会提供了下层向上层流动的通道，使整个社会充满创造的活力。①

因此，在 21 世纪，信息化时代的到来为微软的比尔·盖茨、苹果的乔布斯、Facebook 的创始人扎克伯格以及 Google 创始人拉里佩奇、谢尔盖布林等提供了实现梦想的机会。他们也成为激励当代美国人追求"美国梦"的楷模。2006 年，美国现任总统奥巴马在《无畏的希望：重申"美国梦"》一书，讲述了自己奋斗的故事。2012 年 9 月，奥巴马夫人米歇尔发表演说称赞丈夫实现了"美国梦"，并将帮助其他人实现梦想。可以看出，美国总统在通过"美国梦"向全世界宣扬美国的价值观。对美国人来说，"美国梦"所蕴含的深层意义就是：只要努力奋斗，就可以实现自己的梦想，就可以成就一切。

（二）"欧洲梦"的逻辑

"欧洲梦"最初的含义是指中世纪晚期以来，欧洲人在分裂、战乱不断的大陆追求和平共存的梦想。然而，"欧洲梦"的起源要追溯到工业革命之前，即 14—16 世纪的欧洲。

开端于 1348 年的鼠疫扩展到了整个欧洲，延续了 300 年的黑死病使欧洲至少 2500 万至 3000 万人丧失了生命。这场黑死病极大地动摇了教会的权威，欧洲社会盛行"死亡面前人人平等"的思想。这在一定程度上促成文艺复兴和宗教改革，知识获得了尊重，开始挑战传统的科学和神学教条。同时，伴随资本主义生产关系的萌芽，欧洲第一次思想解放运动的出现，西欧国家也开始了以资本积累为目标的对亚非拉的殖民扩张，而世界上也诞生了第一个资本主义国家。

如果说这一时期是欧洲人萌发反对封建主义和专制、追求平等与思想解放的初步尝试，那么 17—18 世纪欧洲早期资产阶级革命则是欧洲人向封建专制和压迫的正式宣战。经过资产阶级革命，欧洲主要的英法等国确立了资本主义制度。随着资本主义的进一步发展，资产阶级革命的理论也更加成熟，以理性主义为旗帜的启蒙运动从英国传到了欧美，其中法国的启蒙思想成就最高。启蒙运动比文艺复兴更加广泛和深刻，它倡导自由、平等、天赋人权，不仅成为法国和欧美资产阶级革命的思想武器，还为新

---

① 周显信、卞浩煊：《美国梦的特色及其对中国梦的启示》，载《探索》2013 年第 2 期，第 15—19 页。

的资本主义社会提出了一套政治构想。为了争夺海外市场和殖民地，资产阶级开始了征服世界的梦想，而荷兰、英国和法国之间也进行了多次争霸战争，以增加本国的资本原始积累。

18世纪60年代，起源于英国的工业革命不仅为欧洲资产阶级彻底战胜封建阶级提供了物质基础，而且为欧洲人攫取海外财富和征服世界的梦想提供了保障。资本主义制度在欧洲得以完全确立，以欧洲为主导的资本主义世界市场体系初步形成，欧洲人初步实现了征服世界的梦想。

19世纪末20世纪初，由于资本主义经济发展的不平衡，资本主义国家之间的矛盾与斗争最终演变为第一次世界大战。第一次世界大战的最大后果是，欧洲逐步丧失对世界事务的主导权。欧洲人也开始对战争进行反思，寻求避免战争的方法，更加珍视和平的价值。然而，20世纪30年代世界经济大危机再次将欧洲带向了战争的深渊。经过第二次世界大战，世界上诞生了两个超级大国美国和苏联，欧洲人主导世界的梦想彻底毁灭。欧洲人开始经营属于欧洲人自己的梦想，纯真的"欧洲梦"。这才有了此后的"欧洲煤钢共同体"、"欧洲原子能共同体"和"欧洲经济共同体"以及"欧盟"的出现。这一切可以理解为欧洲为避免战争、追求和平而采取有效措施的见证。

当前，对"欧洲梦"的解读和诠释最具权威性的是美国著名经济学家、社会批评家杰里米·里夫金。里夫金在《欧洲梦：21世纪人类发展的新梦想》中提出了"欧洲梦"创造崭新历史的观点，认为欧洲模式代表着人类的未来。里夫金指出："当美国精神正在疲倦枯萎之时，一个崭新的欧洲正在诞生。这个梦想更好地适应着人类旅程的下一个阶段——它允诺将人性提升为全球意识，以同一个日益彼此关联的全球化社会合拍。"他还指出，"欧洲梦"是一种新的历史观，是一个基于"生活质量"而非个人无限敛财的"可持续性的文明"。根据里夫金的说法，欧洲梦强调的是共同体中的相互依赖，而不是个体的绝对主义；强调的是文化的多样性，而不是文化的相似性；强调的是生活质量，而不是财富积累；强调的是可持续发展，而不是无限制的物质增长；强调的是投入与享受并行，而不是疯狂的苦干；强调的是普遍人权和自然权利，而不是私有财产；强调的是全球合作，而不是单边主义的权力滥用。① 可见，"欧洲梦"是一

---

① 汪玉奇等：《中国梦：昨天·今天·明天》，社会科学文献出版社2013年版，第257页。

个包罗万象的东西,尽管追求财富和权力,但更主张敛财有度和人文精神的全面提升,这也许就是里夫金主张用"欧洲梦"取代"美国梦"的原因所在。

"欧洲梦"是否能够获得世界的普遍认可?"欧洲梦"是否能够引领未来世界的发展模式?中国社会科学院哲学研究所研究员赵汀阳指出,欧洲梦也是一个地区保护主义的梦,一个保护既得利益的策略,同样不是一个可以普遍化的世界梦想。

(三)中国梦的演绎

纵观近代以来的中国历史,中国梦就是中华民族的"探索梦"与"富强梦"。经过一代代仁人志士艰苦卓绝的努力和奋斗,中华民族终于迎来了实现自己梦想的时机。2012 年 11 月 29 日,习近平主席在参观《复兴之路》展览时指出,实现中华民族伟大复兴,就是中华民族近代以来最伟大的梦想。

回顾中国梦的演变,我们发现这是一条不寻常之路。鸦片战争后,一批有志于救国的人士开始了中华民族的"救国梦"。洋务派主张"师夷长技以制夷";以康有为、梁启超为代表的资产阶级维新派掀起了救亡图存的戊戌变法;以孙中山为代表的资产阶级革命派经过革命和武装斗争结束了清政府的封建帝制,建立了资产阶级民主共和国。由于中国的特殊国情,这些探索之路和救国之梦都宣告失败。

1919 年的五四运动为中华民族的探索和救国之路开启了明灯。五四时期,一批先进知识分子举起了民主与科学的旗帜,大力宣传十月革命,马克思主义开始在中国传播,一批先进的知识分子积极向马克思主义靠拢。随之,中国共产党宣告成立。在中国共产党的领导下,经过 20 多年的努力,中华民族实现了完全独立的梦想。1949 年新中国的成立,中国共产党领导中国人民要建设起强大的社会主义经济,要花 100 多年的时间赶上和超过世界上最先进的资本主义国家。这是新中国成立后中国人的新梦想。

1978 年 11 月,十一届三中全会召开标志着中国走向了改革开放之路。邓小平提出中国发展的道路包括两个步骤:第一步是经过 20 年的努力,实现国民生产总值翻两番;第二步,经过 30 年到 50 年的发展,经济水平接近发达国家。这是改革开放后中国人的梦想。

从 20 世纪 80 年代现代化发展"三步走"战略，到党的十五大上将
其具体化提出"两个百年目标"，从"翻一番实现温饱"到"翻一番达到
小康"，从"21 世纪中叶达到中等发达国家水平"到"本世纪中叶建成
社会主义现代化国家"，从"建设小康"到"建成小康"。"两个百年目
标"成为实现中国梦的中心任务和核心环节。[①]

（四）中国梦的特色

与曾经风靡全球的"欧洲梦"和当今世界占主流地位的"美国梦"
相比较，中国梦展现出了其独有的特质和魅力。中国梦不仅属于每个中国
人和整个中华民族，更属于全人类，它与世界人民的梦想相通。

第一，梦想实现的领导者不同。当今中国梦的领导者是中国共产党，
其代表中国无产阶级和广大劳动人民的利益，它是一个无私奉献、为人民
服务的政党。在中国共产党的领导下，中国人民实现了真正独立，真正实
现了当家作主。当前，中国人民在中国共产党领导下正稳步迈向国家富强
和民族复兴的伟大梦想。反观"欧洲梦"和"美国梦"，其领导者是代表
资产阶级利益的政党，其代表的也仅是极其少数的有产阶层的利益而不具
有普遍性和广泛性。因此，资产阶级政党领导的"欧洲梦"和"美国梦"
必定会陷入某种困境，近两年的欧债危机和美国经济的低迷就是最好的
明证。

第二，梦想的价值观不同。从某种意义上讲，个人主义是"美国梦"
和"欧洲梦"的思想基础和灵魂，两者的核心是个人价值的实现，即通
过个人奋斗实现自由、民主核心价值观。然而，中国梦是建立在爱国主义
与集体主义基础上的，中国梦的核心是实现集体或整体的价值，是通过集
体即全体中华儿女的共同奋斗实现中华民族共同的理想。

第三，梦想实现的方式或途径不同。纵观"欧洲梦"和"美国梦"
的实现途径，其时常带有对外扩张、掠夺和侵略的特质。欧洲国家从早期
的殖民扩张到 19 世纪末 20 世纪初对世界的瓜分，到第一次、第二次世界
大战，再到当前对利比亚的军事打击，其对外活动时刻充斥着扩张、掠夺
和剥削。反观美国，从 1898 年发动美西战争实施对北美大陆以外的第一

---

① 杨阳、宋秀芝、安超、陆欣：《透视中国梦和"美国梦"》，《世纪桥》2013 年第 4 期，
第 61—63 页。

次扩张并借此占领了菲律宾，到 21 世纪为了转移经济衰退的巨大压力而公然入侵伊拉克、南联盟、利比亚等，美国的历史就是一部不断对外扩张、掠夺甚至侵略的历史。与二者相反，中国梦实现靠的是全国人民的辛勤劳动和汗水，靠的是全党全国人民团结协作，靠的是中国的和平崛起，靠的是和平发展。

第四，梦想的目的不同。中国梦的最终目的是国家富强和民族振兴，"欧洲梦"和"美国梦"的目的是追求个人富裕和成功。中华民族是一个优秀的民族，也是一个多灾多难的民族。历史的遭遇使中华民族尤其重视国家的富强和民族的振兴。历史的教训告诉我们：国家的富强是人民安居乐业的前提和保障；民族孱弱，任人欺凌，个人的尊严就会丧失，生命财产就会得不到保护，也无幸福可言。因此，中国梦必须把"国家富强"和"民族振兴"放在第一位。对于欧洲国家和美国而言，独特的经济、文化、科技和地理优势不但使这些国家为个人的发展创造了宽松的条件，而且决定了其民族特性中的优越感，因此其国民可以利用一切有利因素实现属于自己的梦想。

第五，梦想对世界的影响不同。"欧洲梦"和"美国梦"所具有的一个共同本质是排他性。两者都强调追求自己主导的世界，甚至为了自己国家的利益而不惜损害和牺牲其他国家人民的利益和整个世界的利益。中国梦追求的是促进世界共同发展、共同进步、建设和谐世界，这个伟大梦想不仅属于中国也属于世界。实现中国梦不仅有益于整个中华民族，而且也是全世界人民的福音。只有中国梦才能在未来造福于全人类。

三　世界共享中国梦

（一）中国梦与"世界梦"的统一性

自从习近平同志提出中国梦之后，中国梦的声音始终萦绕在世界舞台的天空。关于中国梦的国际和世界意义，习近平主席都曾给予精辟和深刻的阐述。2013 年 3 月 17 日，国家主席习近平在十二届全国人大一次会议闭幕会上发表重要讲话指出："中国人民爱好和平。我们将高举和平、发展、合作、共赢的旗帜，始终不渝走和平发展道路，始终不渝奉行互利共赢的开放战略，致力于同世界各国发展友好合作，履行应尽的国际责任和义务，继续同各国人民一道推进人类和平与发展的崇高事业。"由此可以看出，中国梦的深刻寓意是：它既是一个"和平梦"、"发展梦"、"合作梦"、"共赢梦"，又是一个"构建国际新秩序之梦"。中国梦的提出顺应了世界的发展潮流和时代主题，它不仅属于中国，更属于世界。对此，习近平主席在不同的国际场合给予深刻阐述：中国梦是"顺应时代前进潮流，促进世界和平发展"，"中国梦，不仅是造福中国人民，而且要造福世界各国人民"；"中国越是发展，就越需要一个稳定的地区环境与和平的国际环境"；"世界潮流，浩浩荡荡，顺之则昌，逆之则亡。要跟上时代前进步伐，就不能身体已进入 21 世纪，而脑袋还停留在过去，停留在殖民扩张的旧时代里，停留在冷战思维、零和博弈的老框框内。各国应该共同推动建立以合作共赢为核心的新型国际关系。"当前，和平与发展是时代的主题，合作与共赢是世界各国的共同追求，构建国际新秩序更是绝大多数发展中国家实现梦想的有效途径。因此，中国梦能够与"世界梦"相容，两者能在国际舞台上携手并进、共创人类的美好明天。

发展是中国梦和"世界梦"的第一要务。当今时代，一切问题的解决都要靠发展。只有发展才能摆脱贫穷落后，只有发展才能实现进步，只有发展才能实现人类美好的梦想。中国是世界人口大国，中国以有限的资源养活了占世界约 1/6 的人口，这本身就是对世界发展的一大贡献。改革开放以来，中国人民聚精会神搞建设，一心一意谋发展，取得了举世瞩目的成就，为世界经济发展做出了巨大贡献。根据国际货币基金组织的数据显示，自 2009 年国际金融危机爆发以来，全球近 1/4 的经济增长量都来自中国的贡献，而中国的经济总量却不到全球的 1/10。中国经济为全球经济的复苏做出了重大贡献，诠释了"发展"是全世界人民共同梦想的意义。

和平是中国梦与"世界梦"的保证。和平是当今时代的主题之一。人们常说，发展是目的，但和平才是发展的基础和前提。没有和平，就没有发展，更不会有全人类的共同发展梦想的实现。中国人民与世界人民都是爱好和平的。坚持走和平发展道路是中国的时代选择。《中国的和平发展》白皮书明确指出："始终不渝走和平发展道路，在坚持自己和平发展的同时，致力于维护世界和平，积极促进各国共同发展繁荣"，中国主张和平解决国际争端和热点问题，倡导互信、互利、平等、协作的新安全观。中国致力于争取和平国际环境发展自己，同时又以自身发展促进世界和平。中国积极参与国际安全对话与合作，对一系列热点问题的解决和降温发挥了重要建设性作用，为世界和平做出了重大贡献。

合作是实现中国梦与"世界梦"的主要途径。当今世界，伴随科技的飞速发展和世界经济的一体化与全球化，世界各国的相互依赖、相互依存达到了前所未有的高度。每个国家和民族不能仅仅依靠自身的发展来实现自强和矗立于世界民族之列，坚持对外开放与世界各国有效合作成为各国的共识。中国坚持开放、包容的对外合作理念，积极推进同各国的务实合作，坚持向发展中国家提供力所能及的帮助。此外，中国始终将对话和谈判作为解决分歧的最优手段，致力于与守成大国开创一条新型大国共处之道。中国的合作之路越走越宽，并得到世界各国越来越多的认可。

共赢是中国梦与"世界梦"的最终目标。实现全人类的发展和进步是中国梦和"世界梦"的共同夙愿，也是两者的契合点。中国梦与"世界梦"是共通的，中国梦的所有外延性特点，都依存于世界可持续发展的客观需要，而"世界梦"的实现在很大程度上依赖于中国梦所能带来的福祉。2013年4月8日，国家主席习近平在同参加博鳌亚洲论坛2013年年会的中外企业家代表座谈时指出："中国发展是惠及世界的，首先是惠及邻国。未来5年，中国需要进口10万亿美元左右的商品，对外投资也将持续较快增长，我们正大力推动同周边国家的互联互通，所有这些举措都将为本地区和全球经济增长作出更大贡献。"在全球化的大背景下，中国梦也属于世界，在与世界各国的密切合作中，中国梦必将与"世界梦"共同成长。

中国梦与"世界梦"是一个有着密切关系的统一体。中国梦与"世界梦"只有在互相支持中才能共同进步。正如中国人民大学国际关系学院教授时殷弘指出："实现中华民族伟大复兴的'中国梦'，有利于中国'世界梦'的实现；而中国'世界梦'实现过程又为'中国梦'的实现提供了良好外部环境。"我们期待中国梦与"世界梦"能够为人类带来更加美好的明天。

（二）中国梦的国际效应

从某种意义上讲，中国梦的国际效应就是中国梦在国际舞台上的示范、榜样作用。这也成为中国梦在国际社会引起热议的重要原因之一。简单地说，中国梦在国际舞台上的示范、榜样作用就是中国梦所能给世界各国尤其是发展中国家的发展带来的启示与启发，中国的发展道路、发展模式、发展理念等能够为全人类可持续发展所做出的贡献。由此，中国梦获得世界多数国家的认可和效仿，中国梦真正引领未来世界发展的趋向。

2013 年 3 月 3 日至 17 日，全国两会期间，中国梦、"7.5% 的经济增长目标"、"中国机遇"、"效仿范例" 等成为世界热议中国的一连串关键词。这表明，国际社会不仅关注中国梦本身，而且更关心与中国梦直接相关的内容以及中国梦的外在意义。国际社会很清楚，中国梦成功与否对世界多数国家都将产生重大影响。

对于中国梦，国际媒体给予了全新的解读。日本《外交学者》杂志网站发表文章指出，中国梦可以被理解为一种 "集体承诺"；日本《产经新闻》则指出，中国梦是一个民族的 "朴素的愿望"，它体现了 "无法抗拒的民族感情"。

对于设定的 7.5% 经济增长目标，国际社会也给予了肯定。美国《华尔街日报》认为这一目标 "温和"，而《日本经济新闻》的分析是中国政府寻求旨在提高民生的 "高质量" 稳定增长。国际社会之所以密切关注中国的经济增长目标，其深刻的根源在于世界各国期待中国经济的顺利转型能为它们带来 "中国机遇"。正如美国金融服务论坛执行副主席约翰·迪里指出，中国经济更加受消费驱动，会大幅度增加对美国产品和服务的需求。

对于广大发展中国家来说，中国梦具有不同寻常的意义。作为世界上最大的发展中国家，近些年中国的发展无疑是最具成效的。中国追求发展梦想的路径与方式对一些国家尤其是广大发展中国家政府的发展战略都具有强大的示范效应。多哥国民议会第一副议长克拉苏格将中国比作 "牵引许多国家的火车头"；墨西哥《至上报》国际新闻版主编卡雷尼奥将中国比作 "世界经济发动机"；阿根廷国际战略计划研究所所长豪尔赫·卡斯特罗认为，南美洲是中国发展的最大受益者；肯尼亚经济事务研究所首席执行官奥维诺认为，中国梦的具体内容以发展民生为主，是值得借鉴的新发展模式。

事实上，从 "北京共识" 到 "中国模式" 再到中国梦，这体现的是国际社会对中国发展的关注、期待、认知和理解，这是一个不断深入了解的过程，也是一个被接纳和实现共荣的过程。相比较而言，"北京共识" 所带来的影响要逊于 "中国模式" 和中国梦，其主要的原因在于 "北京共识" 被理解为是与世界超级大国美国共同管理世界。因此，"北京共识"很快被"中国模式"取代。"中国模式"最早由外国学者提出,中国学者对"中国模式"给予了不同解读。俞可平认为,"中国模式"实质上就是中国作为一个发展中国家在全球化背景下实现社会现代化的一种战略选择,是中国在改革开放过程中逐渐发展起来的一整套应对全球化挑战的发展战略和治理模式。① 娄伟则认为,"中国模式"指,在全球化背景下,后发国家在保证国内政治稳定的前提下,通过渐进式改革所确立的一种涵盖政治、经济、文化、外交等全方位的、富有成效的、具有世界意义的发展模式。②"中国模式"提出后,国际社会给予了长时期的关注。作为中国的老朋友,非洲国家对"中国模式"赞叹不已。2009 年 10 月 15 日,中非通讯社发文指出,中国模式对中非具有相当重要的借鉴意义。中国模式的最大特点是自身的多元化色彩和从未被外来干涉打断而形成的独特传统,这给予了中国发展的扎实根基和永恒动力。2010 年 5 月 8 日,突尼斯《新闻报》指出,中国模式之所以能成功,是因为中国人民创造了适合自己的发展模式。这种发展模式既不是从国外引进的,也不会对外输出。作为中国的好邻居、好伙伴、好朋友和忠实的盟友,巴基斯坦《观察家报》于 2010 年 5 月 15 日指出,中国的人民不受任何模式的影响,他们有自己的模式。他们影响着其他国家,而不是被其他国家所影响。因此,伴随着某些备受瞩目的社会和政治变革,他们创造了一个经济奇迹。此外,国际政要也给予了"中国模式"以高度赞赏。前越共书记胡志明指出,"中国的改革照亮了越南的革新之路"。联合国前秘书长安南指出,中国依靠独特模式实现发展的有益经验的确值得其他国家,特别是发展中国家借鉴。巴基斯坦总理基拉尼也指出,中国是世界上最大和最成功的发展中国家,中国用自己辉煌的业绩证明了中国发展模式,为发展中国家的经济腾飞树立了榜样,是发展中国家经济腾飞的希望。未来巴基斯坦将更多地学习借鉴"中国模式",体现"中国模式"。然而,"中国模式"也面临来自内外的挑战:西方出现了"捧杀派"、"威胁派"和"'中国模式'不定论"三种论调,企图扼杀和否定"中国模式";中国内部越来越多民众对"中国模式"框架下中国是一个什么样的国家的认识越来越模糊。由此,从一定意义上可以认为中国梦的提出是为了解决"中国模式"

---

① 俞可平:《关于中国模式的思考》,《红旗文稿》2005 年第 19 期,第 13—15 页。
② 娄伟:《中国模式的分析框架与世界意义》,《学术与交流》2009 年第 11 期,第 29 页。

所面临的内外困境。可以说，中国梦的提出顺乎中国民心，合乎世界民意。这是中国梦在国内外受热捧的根源所在。

中国梦之所以受到国际社会的高度关注，其原因在于：第一，世界各国尤其是发展中国家和陷入经济困境的发达国家希望从中国充满活力的经济增长中受益。中国是当今国际社会发展最稳步、最快的国家之一，其发展前景不可估量。第二，与欧美、拉美以及印度发展道路相比，中国发展道路具有独特优势：蓬勃的生命力、增长的高速性、稳定性和可持续性、以人为本和全面发展。中国的发展优势为世界各国所青睐。第三，中国梦倡导和平、开放、合作、共赢的理念。中国梦不是关起门来搞发展，而是要在与世界各国合作中实现共同富裕梦想。此外，中国梦"的内涵，决定了中国将继续推行负责任外交，中国外交政策是世界的"稳定因素"。中国对外政策也将会继续促进世界的和平与稳定。第四，世界希望从中国梦的实现途径、方式等方面获得启发。对于世界而言，中国梦的最大意义在于能够提供一种新思路。正如联合国"全球经济与可持续发展"课题组协调人多斯·桑托斯认为，2008 年以来的国际金融危机证明了新自由主义的局限性，中国将为世界带来"深层社会经济战略与政策的重新定义"。

中国梦不仅是中国人民实现个人理想和民族复兴之梦，也是世界和平、发展、合作与共赢之梦。中国梦不仅使"小梦"得到了发展，更使"小梦"与"大梦"实现了共赢。正如法国参议院副主席、前总理让－皮埃尔·拉法兰在接受新华社记者采访时指出，中国梦是一个"和谐之梦、和平之梦、发展之梦"。在其中，个人与社会都得到发展，个人与社会之间达到平衡。这是拥有古老哲学和深厚文化传统的中国向世界发出的信息，是一个"和谐的信息"。对于当今世界各国而言，中国梦的现实意义在于：一方面，在当今世界充满"不确定因素"的情况下，中国梦为世界的和平与经济增长提供了一条具有借鉴意义的政治与经济路线图；另一方面，中国梦包含的新发展模式——污染更少，更加公正，更加平衡；既促进国家进步，也满足了人民所需，而且更具包容性——有助于解决当今世界各国发展面临的困境。因此，从国际层面上讲，中国梦的本质就是世界共同富裕之梦。这也是中国梦在当前备受国际赞誉和在未来引领世界效仿中国发展路径的源动力所在。

参考文献

1. 《马克思恩格斯选集》第 1 卷，人民出版社 2012 年版。

2. 《列宁选集》第 2 卷，人民出版社 1995 年版。

3. 《毛泽东选集》第 1—4 卷，人民出版社 1991 年版。

4. 《毛泽东文集》第 7 卷，人民出版社 1995 年版。

5. 《邓小平文选》第 3 卷，人民出版社 1993 年版。

6. 《邓小平文选》第 2 卷，人民出版社 1994 年版。

7. 《江泽民文选》第 1—3 卷，人民出版社 2006 年版。

8. 胡锦涛：《在纪念辛亥革命 100 周年大会上的讲话》，人民出版社 2011 年版。

9. 胡锦涛：《在庆祝中国共产党成立 90 周年大会上的讲话》，人民出版社 2011 年版。

10. 胡锦涛：《高举中国特色社会主义伟大旗帜　为夺取全面建设小康社会新胜利而奋斗》，人民出版社 2007 年版。

11. 《十八大报告辅导读本》，人民出版社 2012 年版。

12. 习近平：《关键在于落实》，《学习时报》2011 年 3 月 15 日。

13. 《中共中央文件选集》第 15 册，中共中央党校出版社 1991 年版。

14. 《十七大以来重要文献选编》（上），中央文献出版社 2009 年版。

15. 清华大学历史系编：《戊戌变法文献资料系日》，上海书店出版社 1998 年版。

16. 中山大学历史系孙中山研究室等合编：《孙中山全集》第 6 卷，中华书局 2011 年版。

17. 中国史学会编：《辛亥革命》第八册，上海人民出版社 1957 年版。

18. 费孝通等：《中华民族多元一体格局》（修订本），中央民族大学出版社 1999 年版。

19. ［德］卡尔·雅斯贝尔斯：《人的历史》，上海人民出版社1982年版。

20. ［英］韦尔斯：《文明的脚步：世界简史》，刘大基等译，黑龙江人民出版社1987年版。

21. ［德］卡西尔：《人论》，甘阳译，上海译文出版社1985年版。

22. 冯天瑜等：《中国文化史》，上海人民出版社1990年版。

23. 张岱年、方克立主编：《中国文化概论》，北京师范大学出版社2004年版。

24. 吴忠民：《走向公正的中国社会》，山东人民出版社2008年版。

25. 高兆明：《制度公正论》，上海文艺出版社2001年版。

26. 汪玉奇等：《中国梦：昨天·今天·明天》，社会科学文献出版社2013年版。

27. 胡鞍钢：《中国道路与中国梦想》，浙江人民出版社2012年版。

28. 刘明福：《中国梦——中国的目标、道路及自信心》，中国友谊出版社2013年版。

29. 欧阳康等：《中国道路——思想前提、价值意蕴与方法论反思》，中国社会科学出版社2013年版。

后 记

　　2013 年 10 月，中宣部在《关于马克思主义理论研究和建设工程实施情况和下一步工作的意见》中，把研究阐释中国特色社会主义和中国梦作为今后五年该工程的第一项任务。《意见》明确提出："要进一步深化中国特色社会主义和中国梦理论研究，特别是要深入研究阐释中国梦的重大意义和精神实质，研究阐释国家富强、民族振兴、人民幸福的基本内涵，研究阐释坚持中国道路、弘扬中国精神、凝聚中国力量的重要遵循，研究阐释中国梦承载着中华儿女的共同向往、是凝聚全国各族人民团结奋斗的共同理想，研究阐释中国梦是和平发展合作共赢的梦、与世界各国人民的美好梦想是相通的，激励人们在中国特色社会主义伟大实践中同心共筑中国梦。"如何学习研究践行中国梦？我们认为，作为教育文化领域的一分子，首先要做到两个结合：一是要把学习中国梦与研究中国梦结合起来，变学习过程为研究过程，提高学习的热情，加强研究的深度，争取推出一批有关中国梦的研究成果；二要是把理论学习与实践活动结合起来，把中国梦的精神实质落实到每个人的实际工作之中，落实到每个人的梦想之中，以个人梦托起中国梦。

　　为了响应党中央的号召，落实中央宣传部的通知精神，2013 年 10 月，河南科技大学党委组织力量，成立了中国梦学习研究小组，开展对中国梦的深度研究与系统阐释。经过半年多的分工协作，大家克服重重困难，《多维解读中国梦》一书的书稿终于完成了，这本书是集体智慧的结晶。全书由闫纪建拟定研究框架和撰写提纲，在撰写过程中多次召集撰写小组成员研讨，并对相关章节做了仔细的修改；杨国欣、刘振江为本书的写作和出版花费了很多时间和精力，多次提出修改意见；彭富明在全书的统稿中做了大量的工作；王智、王灿、任金帅、纪中强、李清聚、张丽、梁爱强、蔡中华、范迎春、师学伟等在书稿撰写过程中也付出了艰辛的努力和辛勤的汗水！

　　由于中国梦提出的时间较短，中国梦蕴含的丰富思想、价值取向等，还有待深入研究，更由于我们水平有限，书中定有疏漏和不足之处，敬请专家、学者们批评指正！同时，感谢中国社会科学出版社对本选题的认可，给予我们极大的鼓励和信任，使我们有勇气完成这一任务。感谢郭沂纹副总编提出许多宝贵的修改意见，使本书得以进一步完善。同时，本书在写作过程中参考了同行的相关研究成果，在此也表示衷心的感谢！

《多维解读中国梦》撰委会

2014 年 6 月于河南科技大学